# Beichtgeheimnis

**Drei Fälle für Baltasar Senner**
Band 1: Bußpredigt
Band 2: Stoßgebete
Band 3: Beichtgeheimnis

*Über den Autor:*

Wolf Schreiner wurde 1958 in Nürnberg geboren. Er wuchs in Oberbayern in der Nachbarschaft zum katholischen Wallfahrtsort Altötting auf und studierte in München Politik, Volkswirtschaft und Kommunikationswissenschaft. Wolf Schreiner arbeitete als Journalist für Zeitschriften, Rundfunk und Fernsehen, bevor er seine Leidenschaft für Krimis entdeckte. Er lebt heute in München.

Wolf Schreiner

# Beichtgeheimnis

Krimi

Weltbild

Besuchen Sie uns im Internet
*www.weltbild.de*

Genehmigte Lizenzausgabe für Verlagsgruppe Weltbild GmbH,
Steinerne Furt, 86167 Augsburg

Umschlaggestaltung: Alexandra Dohse - www.grafikkiosk.de, München
Umschlagmotiv: Bildmontage unter Verwendung von Bildern von
Alexandra Dohse und www.shutterstock.com (© FooTToo, © Cornfield)
Gesamtherstellung: CPI Moravia Books s.r.o., Pohorelice
Printed in the EU
ISBN 978-3-95569-448-7

2017 2016 2015 2014
Die letzte Jahreszahl gibt die aktuelle Lizenzausgabe an

# 1

Baltasar Senner liebte Beerdigungen. Nichts übertraf die Zeremonien, die sich um den Tod rankten. Akte des Abschieds. Beschwörungen des Lebens. Die Gesänge in der Kirche, das Gebet am Grab, Blumengestecke. Der dumpfe Ton, wenn die Erde auf das Holz des Sarges prasselte. Es war jedes Mal wieder faszinierend, das Nebeneinander von Trauer und Scheinheiligkeit zu beobachten, den berechnenden Blick der Erben, die Scheu vor dem Sarg und dem Toten, als fürchte man dessen plötzliche Auferstehung. Und nicht zu vergessen der Leichenschmaus! Höhepunkt jedes Begräbnisses. Ob Victoria Stowasser, die Wirtin, heute wieder ihre unvergleichlichen Maultaschen in gebräunter Mandelbutter servierte? Vielleicht spendierte die Witwe Plankl sogar einen italienischen Brunello-Rotwein? Ja, kein Zweifel, der Tod ging durch den Magen. Essen und Trinken linderte den Schmerz der Seele, eine spirituelle Erfahrung, zu der man sich Zeit nehmen musste. Auch wenn die Trauergäste sich für gewöhnlich einfach nur den Bauch vollschlugen, weil es etwas umsonst gab.

Der Ministrant schwenkte den Weihrauchkessel. Der Duft traf Baltasars Nase. Er nahm einen tiefen Zug, darauf achtend, dass es den Versammelten nicht auffiel, und beglückwünschte sich im Stillen zu seiner Wahl. Hatte er doch die Weihrauchlieferung erst vor zwei Tagen erhalten, aus Oman, eine seltene Sorte von der Ebene bei Hadramaut. Dafür hatte er die Witwe Plankl um eine Extra-Spende bitten müssen, die Einnahmen in die Kirchenkasse flossen derzeit etwas spärlich. Aber die Sorte war das Geld wert, und seine Idee, der Herr möge ihm verzeihen, noch etwas zerstoßenen Rosmarin beizumischen, das Aroma – einfach himmlisch!

Doch niemand schien seine Begeisterung für den Weihrauchduft zu teilen. Keiner verzog genussvoll das Gesicht. Ein wenig enttäuscht blickte Baltasar in die Runde. Die Witwe Plankl saß in der ersten Reihe, ein Taschentuch ins Gesicht gedrückt, der Hut mit der Zierfeder war verrutscht. Die Witwe schluchzte, jede Bewegung ließ die Feder vibrieren. Baltasar ertappte sich dabei, wie er auf die Hutfeder starrte, als erwarte er von dort die Ankunft des Heiligen Geistes. Die arme Frau, den Mann so überraschend zu verlieren. Alois Plankl war offiziell Landwirt gewesen, in Wirklichkeit aber ein erfolgreicher Immobilienhändler, bekannt, besser berüchtigt, für seine hemdsärmeligen Methoden. Das Erbe solle beträchtlich sein, erzählten sich die Leute, es gab Millionen zu verteilen. Wer übernahm jetzt das Geschäft? Vielleicht die Tochter, Isabella, die neben der Witwe saß und nervös mit dem Bein wippte. Sie hatte die Figur der Mutter, eine attraktive Erscheinung. Der Freund saß zwei Reihen weiter hinten, sein Blick klebte an ihrem Nacken wie Honig. Isabella schien es zu bemerken, sie drehte sich um, ihre Lippen zuckten. Die Plankl-Tochter arbeitete im Nachbarort als Sekretärin. Eigentlich hätte sie nach dem Willen der Eltern auf die Universität gehen sollen. Vor einem Jahr war sie von zu Hause ausgezogen, die Leute erzählten, es habe Streit mit dem Vater gegeben. Der Freund, Ende zwanzig, Aussehen wie ein Sportstudent, sei der Anlass gewesen sein. Hieß es.

Baltasar hatte das Lied »Gott tilge mein Vergehen« ausgewählt. Er intonierte die ersten Takte, sogleich fielen die Trauergäste ein. Die Stimmen hallten in der Kirche wider, verbanden sich zu einem Geflecht von Tönen, schraubten sich in die Höhe, schienen sich zu verwirbeln und zu einem Körper zu formen, der in der Luft schwebte. Baltasar war wie immer von der Magie dieses Moments ergriffen, er spürte die tiefere Wahrheit des Gesangs, Gefühle, die hinter den Tönen hervorschimmerten wie blank geputztes Silber.

... *Wasche mich rein von Schuld, nimm meine Sünden von mir!*

Die Bänke waren bis auf den letzten Platz besetzt: Auswärtige, die Frau mit dem Gehstock aus dem Altenheim, die keine einzige Beerdigung versäumte, seitdem ihr Fernseher den Geist aufgegeben hatte. Die Honoratioren der Stadt waren gekommen, der Bürgermeister, der Sparkassendirektor, der Leiter des lokalen Parteibüros, die Vorsitzende des Tierschutzvereins. Routinetermin, wenn ein Prominenter verstarb. Aus den Augenwinkeln beobachtete Baltasar, wie manche auf den Bänken hin und her rutschten, nach der Uhr schauten oder mit geschlossenen Augen lauschten, Hingabe vortäuschend, in Wirklichkeit aber ein Nickerchen haltend, bis der Kopf zur Seite fiel und sie hochschreckten und sich verstohlen umsahen.

*Mir steht meine Schuld vor Augen, ich bekenne, dass ich Böses getan ...*

Das Ableben hatte auch sein Gutes, dachte Baltasar. Denn dann strömten die Menschen in die Kirche, zahlreicher noch als bei Hochzeiten. Eine morbide Mischung aus Drama, Neugierde und dem angenehmen Gefühl, nicht selbst betroffen zu sein, zog Massen von Besuchern an, machte sie zu Zaungästen des Ewigen. Hier erfuhren sie von der Unerbittlichkeit des Lebens, von der Endlichkeit des Daseins, egal, wie man sich dagegen sträubte. Das war die Botschaft des Herrn an alle Irdischen: Das Sterben gehört zum Leben wie der Schatten zur Sonne. Da solche Meldungen die Menschen aufschreckten, versprach der liebe Gott gewissermaßen Freibier für alle: Der Tod war nicht das Ende, danach kam das Paradies, ein Ort ohne Not und Sorgen, Anreise, Unterkunft, Verpflegung: all-inclusive. Auch wenn Baltasar glaubte, dass den Trauergästen diese Art von Erholung gestohlen bleiben konnte und sie lieber ihr Bier zu Hause in ihrer gewohnten Umgebung tranken. Er wusste ja selbst nicht, wie er sich das sogenannte Paradies genau ausmalen sollte, und spürte insgeheim wenig Lust, diese Erfahrung bald zu machen.

*... ein zerknirschtes Herz verschmähst du nicht, du nimmst es an als Opfer.*

Die Orgel hatte aufgehört zu spielen. Baltasar schoss hoch. Die Menschen starrten ihn an. Hatte er seinen Einsatz verpasst? Er straffte seinen Talar und ging drei Schritte auf die Gemeinde zu, postierte sich direkt neben dem Altar. Er wusste, was die Menschen von einem Pfarrer erwarteten, der Gottesdienst, zumal ein katholischer, versprach Spektakel, auch wenn Baltasar es hasste, das Wort Event dafür zu gebrauchen, wie es einem heutzutage so schnell über die Lippen hüpfte. Seinen Auftritt hatte er hundertfach wiederholt, die jahrelange Routine eines Priesters, und doch den Ablauf immer wieder variiert. Die Menschen hier im Bayerischen Wald verlangten die große Geste, deshalb tat er ihnen den Gefallen und breitete die

Hände aus wie ein Vater, der seine Kinder nach langer Abwesenheit begrüßte, leitete mit einer ausladenden Bewegung der Arme den Segen ein, hielt einen Moment inne, ein besonders theatralischer Effekt, der seine Wirkung nie verfehlte, und machte das Kreuzzeichen. Die Orgelmusik hob wieder an, die Menschen strömten zum Ausgang, die Bänke leerten sich.

Baltasar ging zur Sakristei, um sich für das Begräbnis auf dem Friedhof vorzubereiten. Es sah nach Regen aus, sollte er einen wetterfesten Umhang anlegen? Ein Ministrant kam herein.

»Was ist?« Baltasar drehte sich herum.

»Is jemand in der Kirch', Herr Pfarrer.« Es klang, als ob die Worte Mühe hatten, die Zahnspange des Buben zu überwinden. »A Frau.«

»Ja und? Ein Trauergast, der zum Beten geblieben ist.«

»Die Frau sitzt im Beichtstuhl. Hat mich nach Ihnen geschickt, Herr Pfarrer.«

»Im Beichtstuhl?« Er konnte seine Überraschung nicht verbergen. Wer wollte denn jetzt beichten? Wo doch in einer halben Stunde die Leichenzug auf dem Friedhof begann. Er spürte leichten Ärger aufwallen, die Zeit drängte, warum hatte die Frau nicht zu einem anderen Termin kommen können? Um alles in der Welt wollte er vermeiden, dass das Essen bei Frau Stowasser mit Verspätung beginnen musste. Schließlich schmeckten die Maultaschen am besten, wenn sie auf die Minute genau serviert wurden und nicht unnötig im Wasser schwammen.

»Wer ist die Frau, hast du sie erkannt?«

»Ich weiß es nicht, sie saß schon im Beichtstuhl und rief mir zu, als ich vorbeiging.«

Baltasar seufzte. Sein Magen knurrte. Manchmal verlangte der Priesterberuf einem wirklich Opfer ab. Aber wenn ein Gemeindemitglied das Bedürfnis hatte, sich die Sorgen von der Seele zu reden …

»Na gut.« Er wandte sich zu dem Ministranten. »Geh mit den anderen voraus, und bereite alles vor. Ich komme gleich nach.«

Der Andachtsraum lag verlassen da. Ein Weihrauchrest hing in der Luft. Baltasar schnupperte. Würzig. Intensiv. Er durfte nicht vergessen, sich später Notizen zu machen. Vielleicht sollte er ein zweites Paket bestellen. Für diese Ware fanden sich sicher Abnehmer, und der Klingelbeutel konnte eine Geldspritze gut gebrauchen. Er betrat den Beichtstuhl, rückte das Kissen zurecht, setzte sich. Für einen Moment versuchte er an nichts zu denken, bevor er die Holzklappe beiseiteschob.

»Gott, der unser Herz erleuchtet, schenke dir wahre Erkenntnis deiner Sünden und seiner Barmherzigkeit.« Er sprach die Worte schneller als sonst.

»Amen«, tönte es von der anderen Seite. Die Stimme der Frau war kaum zu verstehen.

Baltasar forderte sie auf, ihre Sünden zu bekennen, und machte es sich auf seinem Kissen so bequem wie möglich. Sein Fuß ertastete die Mulde in der Bodenleiste, die seine Vorgänger im Laufe der Jahrhunderte hinterlassen hatten, er lehnte den Kopf an das Holz des Beichtstuhls und schloss die Augen. Die Frau berichtete davon, wie sie in den letzten Wochen mehrmals gelogen hatte. Sie flüsterte, die Worte perlten Tropfen gleich durch das Eisenfenster, das die einzige Verbindung zwischen beiden Sektionen des Beichtstuhls bildete. Baltasar achtete kaum darauf. Er kannte diese immer gleichen Bekenntnisse, die immer gleichen Verfehlungen und Vergehen, klein und unscheinbar wie Blätter auf der Straße, kaum der Rede wert, mit einem Wort: sterbenslangweilig. Hoffentlich würde Frau Stowasser daran denken, die eingelegten Birnen auf den Tisch zu bringen, als Abschluss der Feier, mit einem Obstler als Finale.

Die Frau erzählte von einem sündigen Gedanken, den sie bei einem fremden Mann hatte. Er hörte nur mit halbem Ohr hin, bestärkte sie mit einem »Hmm«. Manchmal kamen Mädchen und junge Frauen in die Beichte und schilderten ihre Erlebnisse. Wobei es weniger um Liebe und mehr um körperliche Dinge ging, in allen saftigen Details. Als ob er, Baltasar Senner, sechsundvierzig Jahre alt, ledig, Geistlicher von Beruf, in solchen Dingen Nachhilfe brauchte. Als ob er ein Fossil wäre, ein Lebewesen aus einer anderen Zeit, geschlechtslos, unfähig zu Gefühlen und Sinnlichkeit. Wenn er an seine eigene Vergangenheit dachte ... Der Papst hatte seine Diener zum Zölibat verpflichtet. Aber Gott hatte Mann und Frau geschaffen, und die Heilige Schrift forderte keine Ehelosigkeit. Zumindest interpretierte Baltasar Senner das so. Er pflegte die Bibel auf seine ganz spezielle Weise auszulegen.

Die Frau hatte sich einem neuen Thema zugewandt, Streitereien mit Verwandten. Baltasar entspannte sich wieder. Der Tag war anstrengend gewesen. Er hatte sich in der Frühe seinen Kaffee selbst aufgebrüht und die Küche aufgeräumt, zum Putzen war er nicht gekommen, weiß Gott, er konnte eine Hilfe brauchen. Dann der Ärger mit dem Blumenschmuck für die Kirche, die Witwe Plankl bestand auf einem Bouquet weißer Nelken direkt vor dem Altar, dabei hasste er Nelken, diese Symbole der Trostlosigkeit, sie lösten bei ihm Niesreiz aus. Am Ende hatte er nachgegeben. Und dann die Stichworte, die sie ihm für die Predigt aufgeschrieben hatte. Für einen Moment hatte er geglaubt, sich angesichts der Elogen auf den Verblichenen übergeben zu müssen. Als würde Alois Plankl demnächst heiliggesprochen. Dabei waren die Gerüchte über die windigen Geschäfte des Verstorbenen allen bekannt. Doch die Hoffnung auf eine weitere Spende der Witwe für sein Herzensprojekt hatte Baltasars Protest im Keim erstickt. Im Gegenzug hatte er die Predigt mit einigen zweideutigen Formulierungen gespickt, aber von den Trauergästen schienen die Spitzfindigkeiten niemandem aufgefallen zu sein. Die waren in Gedanken schon längst beim Mittagessen.

Er streckte sich, versuchte sich in der Enge des Beichtstuhls zu orientieren. Sein Fuß war aus der Mulde gerutscht. Irgendetwas hatte seine Gedanken unterbrochen. Etwas ... Es war ein Begriff gewesen. Ein Wort. Ein schlimmes Wort.

Mord.

Baltasar war verwirrt. Das konnte nicht sein, nicht hier in der Kirche, an einem heiligen Ort. Hatte er sich verhört? Geträumt? Warum hatte er nicht besser aufgepasst? Er räusperte sich. »Entschuldigung, was haben Sie gerade gesagt?«

»Manchmal denke ich an Mord«, sagte die Schattenperson hinter dem Gitter.

»Sie machen Witze. Wir alle haben mal einen schlechten Tag und reden so daher. Daran ist nichts Schlimmes.«

»Ich meine es ernst. Ich werd ihn umbringen, diesen Haderlumpn. Ich halt's nicht mehr aus. Nicht mehr lange. Ich muss es tun. Ich *muss.*« Die Stimme der Frau blieb ob des ungeheuren Vorhabens seltsam unberührt. Vielleicht lag es daran, dass sie immer noch flüsterte. Baltasar brachte sein Gesicht in die Nähe des Gitters und versuchte, einen Blick auf die Besucherin zu erhaschen. In der Dunkelheit des Beichtstuhls konnte er nur die Umrisse ihres Gesichts erkennen. Sie trug einen Schleier und, seltsamer noch, eine Sonnenbrille. Ihr Mantelkragen verdeckte den Hals. Er mühte sich, eine Brise ihres Parfums zu erschnüffeln, aber das Einzige, was er roch, war Weihrauch vermischt mit Rosmarin.

»Beruhigen Sie sich.« Baltasar sprach durch das Gitter. In diesem hartnäckigen Fall von Widerspenstigkeit war Basisarbeit notwendig, wie beim Katechismusunterricht für Kinder. Er versuchte es mit einem Pädagogentonfall: »Das fünfte Gebot zu missachten zählt zu den Todsünden. Das ist ein schweres Vergehen in der katholischen Kirche. Und nicht nur dort.« Dabei musste er daran denken, dass seine Kirche den Ehebruch als Todsünde gleichwertig neben »Du sollst nicht töten« stellte, ein Unding, wurden doch viel mehr Menschen untreu als zum Mörder. Die Versuchung, dem Reiz der Frauen nachzugeben, beherrschte die Menschen seit Adam und Eva, diese Sünde war den Lebewesen auf der Erde eingegeben, ein Naturgesetz quasi. Besonders in Niederbayern. Baltasar gab es einen Stich ins Herz. Wer wüsste das besser als er! Wenn er an diese Frau dachte, deren Namen er längst aus seinem Gedächtnis verbannt hatte …

»Es ist schlicht eine Frage der Gerechtigkeit, verstehen Sie, Hochwürden. Wenn die Menschen nicht für Gerechtigkeit sorgen, wer dann? Gott?« Die Frau atmete hörbar aus.

»Wie oft habe ich darum gebetet. Lieber Gott, habe ich gesagt, sorg dafür, dass das Unrecht vergolten wird. Bestraf die Deifi auf Erden, lieber Gott. Auge um Auge, Zahn um Zahn, wie die Bibel sagt. Aber er hat meine Gebete nicht erhört. Deshalb muss ich selbst handeln.«

»Gottes Gerechtigkeit ist größer, als Sie denken. Er wird das Schicksal in die richtigen Bahnen lenken. Vertrauen Sie ihm.« Doch schon als er es ausgesprochen hatte, ärgerte er sich über sein Wortgeblubber. Ausgestanzte Sätze, die er benutzte, um das Gerede der Übereifrigen ins Leere laufen zu lassen. Jeder gute Pfarrer hatte einen solchen Korb professionell klingender Standardantworten parat, aus dem er sich bediente, um allzu lästige Schäfchen abzuschütteln. Andererseits hatte sich Baltasar vorgenommen, sich als Seelsorger ernsthaft der Nöte anderer anzunehmen. Natürlich waren die Wege des Herrn für die meisten undurchschaubar. Auch für ihn. Die Menschen mussten ihre Entscheidungen allein treffen und dafür beten, das Richtige zu tun. Gott war für den himmlischen Frieden zuständig. Die Menschen für die irdische Gerechtigkeit. »Wer ist es denn, den Sie auf den Tod nicht ausstehen können?«

»Dieser Kerl ... Diese Wuidsau ... Herr Veit.« Die Worte der Frau waren kaum zu verstehen.

»Korbinian Veit, der Sparkassendirektor?«

Ein Zischen war die Antwort. Senner schluckte. Er hatte mit Veit erst vor wenigen Tagen zu Mittag gegessen, um mit ihm die Einzelheiten für den Mietvertrag des Hauses zu besprechen, für das geplante Jugendprojekt der Gemeinde. Seine Herzensangelegenheit. Der Bankchef hatte sich sehr entgegenkommend gezeigt, würde der Gemeinde das Anwesen zu einem Spottpreis vermieten, eine noble Geste. Quasi eine Spende für die Kirche. Ein guter Mensch, dieser Veit.

»Ich kann mir nicht vorstellen, dass der Direktor ein Gauner ist. Er ist in unserer Gemeinde aktiv und sehr hilfsbereit. Hat eine liebe Gattin. Sie müssen sich täuschen.«

»Glauben Sie mir: Ich weiß mehr über diesen Herrn als Sie, Hochwürden. Viel mehr. Ein sauberer Direktor ist das, dieser Veit. Dass er überhaupt noch hinter seinem Direktorenschreibtisch sitzen darf, dieser sogenannte Herr. Ins Gefängnis gehört er, jawohl!« Die Frau war für einen Augenblick laut geworden. Senner rätselte, ob er die Stimme kannte. »Er ist ein Schwein. Ein erbarmungsloses Schwein. Er hat es nicht anders verdient. Der Deifi soll ihn holen!«

»Nun beruhigen Sie sich doch! Kein Mensch ist perfekt. Vielleicht hat sich Herr Veit in der Vergangenheit einige Fehler geleistet. Aber Gott verzeiht reuigen Sündern.«

Es raschelte. Die Frau holte ein Taschentuch hervor und schnäuzte sich. »Ich will nicht über die Einzelheiten reden. Meine Gedanken sind dunkel, ich weiß. Trotzdem ... Dieser Mensch ... Jemand muss etwas tun. So wahr mir Gott helfe!«

»Wir können nichts an unseren Gedanken ändern. Sie fließen uns zu, sind ein Teil von uns. Aber Sie sollten nicht zulassen, dass diese Gedanken Sie beherrschen. Nehmen Sie es so, wie es ist – eine Phantasie. Nichts weiter.«

»Erteilen Sie mir die Absolution?«

»Denken Sie über meine Worte nach. Lesen Sie nochmals die Zehn Gebote. Und beten Sie fünf Ave Maria und fünf Mal das Glaubensbekenntnis.« Baltasar machte das Kreuzzeichen. »So spreche ich dich los von deinen Sünden, im Namen des Vaters und des Sohnes und des Heiligen Geistes.«

»Amen.«

»Dankt dem Herrn, denn er ist gütig.«

»Sein Erbarmen währt ewig.«

»Der Herr hat dir die Sünden vergeben. Geh hin in Frieden.« Er lehnte sich zurück. Auf welche Gedanken die Leute kamen. Korbinian Veit! Wenigstens blieb genug Zeit, um in Ruhe zum Friedhof zu gehen.

»Wollen wir noch gemeinsam ein Dankgebet sprechen?«

Nichts rührte sich in dem Nebenabteil.

»Hallo?«

Stille. Er wartete einige Sekunden, dann verließ er den Beichtstuhl. Kein Ton war zu hören. Die Kirche schien verlassen. Der Priester zögerte einen Augenblick, klopfte an die Nebentür. Das Einzige, was er hörte, war sein Atem. Er wusste, es entsprach nicht der Regel, aber es drängte ihn nachzuschauen.

Er zählte still bis zehn, bis er es wagte, die Tür zu öffnen.

## 2

Der Regen war stärker geworden, kroch in Schuhe und Krägen, nistete auf Hüten. Der Wald in der Ferne wirkte wie eine körnige Schwarzweißfotografie seiner selbst, die Luft war kühl wie Pfefferminzatem, rein und klar. Wiesen und Häuser schienen sich zu ducken unter der Last des Himmels, nur der Kiesweg glitzerte und funkelte, tausend weiße Edelsteine, verstreut am Boden. Die Regenschirme der Trauergäste passten nicht recht ins Bild, farbige Kreisel mit geometrischen Linien oder Blumen rahmten die Grabstätte und durchbrachen die Monotonie. Zwar hatte vermutlich jeder männliche Bewohner dieses Landstrichs einen schwarzen Anzug im Schrank hängen, genau ein einziges Exemplar, das er zu Beerdigungen genauso trug wie zu Hochzeiten, Firmungen oder beim Besuch des Rathauses, aber wer leistete sich schon einen besonderen Beerdigungsschirm in Schwarz? Da musste der Alltagsschirm reichen, die Leute dachten eben praktisch, auch wenn sich Baltasar durch die Muster an Vorhänge der fünfziger Jahre erinnert fühlte.

Schon die ganze Zeit während der Beerdigung konnte er sich eines dumpfen Gefühls der Unzufriedenheit nicht erwehren, eines Sandkorns, implantiert in seinen Kopf, das im Gehirn wanderte und seine Gedanken reizte. Warum hatte er bloß den Regenumhang vergessen? Wie gerne hätte er jetzt zu einem Schirm gegriffen, und sei es einer aus den fünfziger Jahren, aber das verbot die Würde seines Amtes. So etwas stand natürlich nicht in den wolkigen Stellenbeschreibungen der Diözesen. Auch nicht, dass man sich gefälligst selbst um die finanzielle Ausstattung seiner Gemeinde zu kümmern habe, schließlich reichten die Gelder nur fürs Allernotwendigste. Die katholische Kirche musste sparen, die Leute traten reihenweise aus, die Einnahmen flossen spärlicher, da konnte nicht jeder Landpfarrer kommen und Ansprüche stellen. Baltasar ballte die Faust, als er an das letzte Gespräch in Passau dachte. Diese Pharisäer in ihren holzgetäfelten Büros. Diese Beamten mit ihrem erotischen Verhältnis zu Stempelkissen und Ablageordnern. Kirchenverwalter. Eine eigene Rasse, die sich – o Wunder – von ganz allein vermehrte.

Gerade ging auch noch Baltasars Idee, auf dem Friedhof eine andere Sorte Weihrauch zu benutzen, einen Rosenweihrauch vom Berg Athos in Griechenland, den Bach hinunter. Die Regentropfen fraßen den Rauch aus dem Messingkessel, den der Ministrant neben ihm lustlos schwenkte. Dabei sollte der Rosenduft doch den Kontrapunkt zu den Nelken setzen. Vergebens. Am meisten ärgerte Baltasar, dass er wegen der Regenschirme die Gestalten hinter der ersten Reihe der Trauergäste kaum ausmachen konnte. Versteckte sich die unbekannte Frau in der Menge? Verbarg sie ihr Gesicht unter einem Schirm? War sie überhaupt auf den Friedhof gegangen? Baltasar hatte den Beichtstuhl leer vorgefunden, offenbar hatte sich die Frau davongeschlichen. Wo steckte sie? Würde er sie überhaupt erkennen? Mit einem Mal wurde ihm bewusst, wie geschickt es die Besucherin verstanden hatte, ihre Identität zu tarnen. Einzige Aussicht auf Trost an diesem trostlosen Tag waren die Maultaschen von Frau Stowasser, die drüben in der »Einkehr« auf ihn warteten.

Die Prozession der Friedhofsbesucher zog am offenen Grab vorbei Richtung Gasthaus. Es lag etwas abseits auf dem Weg zur Ortsmitte. Von außen war das Gebäude unscheinbar, ein umgebautes ehemaliges Bauernhaus, Blumenkästen an den Fenstern, eine Steinmadonna über dem Eingang. Auch innen unterschied sich wenig von der Standardausstattung eines bayerischen Wirtshauses: Tische und Bänke aus Massivholz, blau-weiß-karierte Stoffdecken, Holzpaneele an den Wänden. Nur die japanischen Farbholzschnitte an der Wand und eine Buddhafigur neben der Theke fielen etwas aus dem Rahmen, eine Extravaganz der Wirtin. Denn Victoria Stowasser verfolgte ihre ganz eigene Mission: Sie wollte die Menschen zu ihrer Vorstellung von Essen bekehren – einer verwegenen Mischung aus bayerischer und asiatischer Küche. Leider wäre sie mit ihrem Kreuzzug längst gescheitert gewesen, hätte sie sich nicht, die Pleite vor Augen, auf einen Kompromiss eingelassen und Klassiker wie Schweinsbraten, Leberkäse und Wurstsalat auf die Speisekarte gesetzt. Daneben servierte sie unverdrossen fernöstlich Inspiriertes. Die Begeisterung der Gäste, von Baltasar abgesehen, blieb überschaubar. Dazu hatten wohl ihre frühen Menü-Experimente beigetragen: Die Idee, rohen Fisch und Reis in gebleichte Kohlblätter zu rollen und als »Weißwurst-Sushi« anzubieten, stieß auf wenig Gegenliebe. Und vor dem Fleischpflanzerl »Indonesian Style«, mit zerstoßenen Kroepoek-Krabbenchips, zuckten selbst unerschrockene Gaumen zurück. Das Gericht war schnell wieder von der Karte verschwunden.

Baltasar bewunderte Victoria Stowassers Entschlossenheit hinsichtlich einer Aufgabe, an der selbst die himmlischen

Heerscharen gescheitert wären. Schließlich hingen die Bewohner des Bayerischen Waldes seit jeher der traditionellen Kost an, so wie sie gewohnheitsgemäß in der katholischen Kirche beteten und alles Fremde misstrauisch beäugten. Vermutlich hatten die Eingeborenen ihren Nachwuchs hier schon vor Urzeiten mit püriertem Schweinsbraten großgezogen, mit der Folge, dass die Ernährungsgewohnheiten über Jahrhunderte die DNA verändert hatten und jeder Bewohner dieses Landstrichs bei einem Bluttest einwandfrei an seinem Schweinefleisch-Gen zu identifizieren war.

Auch wie Victoria Stowasser es schaffte, als alleinstehende Frau ihren Betrieb zu organisieren, nötigte Baltasar Respekt ab. Einen Mann gab es nicht in ihrem Leben, niemals wurde sie in Begleitung gesehen, der Gemeindeklatsch, sonst zuverlässige Nachrichtenbörse, gab zu diesem Punkt bemerkenswert wenig her, sehr zum Ärger der Damen aus dem Bibelkreis, die gerne mehr über die Zugereiste erfahren hätten. Die Informationen waren dürftig; Victoria Stowasser, achtunddreißig Jahre alt, war vor einigen Jahren von Stuttgart hergezogen, was man ihr aber nicht anhörte: Sie sprach einwandfreies Hochdeutsch. Sie hatte das heruntergekommene Haus gepachtet und renovieren lassen. Nachfragen beantwortete sie unverbindlich: Sie habe in der Gastronomie gearbeitet und rausgewollt aus der Stadt. An Verehrern hatte es in ihrer neuen Heimat nicht gemangelt, aber niemand konnte Vollzug melden. Baltasar verstand, warum ihre Reize die Männer betörten – die vorteilhafte Silhouette, die sich durch ihre Schürze wie auf Pauspapier abzeichnete, ihr Lachen, die Anmut ihrer Bewegung, wenn sie unbewusst ihr Haar hinters Ohr streifte, die Augenbraue, die sich bei Kritik nach oben zog und eine kleine Falte über ihrer Nasenwurzel hervorzauberte. Bei der Andacht hatte er Victoria nicht gesehen. Konnte sie die Frau gewesen sein, die ihm in der Kirche beichtete? Er ärgerte sich darüber, dass ihm die Unbekannte und ihre alberne Geschichte nicht aus dem Sinn gingen. Jetzt fing er schon an, alle möglichen Frauen zu verdächtigen. Wohin sollte das führen? Das verdarb ihm am Ende noch die Vorfreude auf seine Maultaschen. Dabei wollte er jetzt nur noch ans Essen denken und damit Schluss.

Die Menschen füllten die Wirtsstube, schüttelten Jacken und Schirme aus, suchten sich einen Platz an den Tischen. Die Wirtin wies auf die Garderobenhaken, dirigierte die Gäste zu freien Stühlen und nahm zugleich Getränkebestellungen entgegen. Baltasar stand noch in der Nähe der Tür, von wo er die Hereinkommenden musterte, als er plötzlich eine Hand auf seiner Schulter spürte. »Herr Pfarrer, wollen Sie Ihre Haare mit einem Handtuch trockenreiben? Sie erkälten sich noch.«

Die Worte streiften sein Ohr. Er erschauerte. Die Stimme! Victoria Stowasser. Er zögerte einen Wimpernschlag, bevor er sich umdrehte. Die Wirtin hatte einen dezenten Lippenstift aufgetragen, sie duftete nach Jasmin und Zitronenöl.

»Schön, Sie zu sehen. Ihr Parfum riecht wunderbar. Wenn Ihr Essen auch so toll wird …«

»Lassen Sie sich überraschen. Frau Plankl hat alles arrangiert. Brauchen Sie nun ein Handtuch?«

»Ja, gerne. Danke für das Angebot.«

Die Wirtin lotste ihren Gast in den Vorratsraum, nahm ein Handtuch aus dem Regal und reichte es ihm.

Baltasar fuhr sich damit durchs Haar, schnupperte heimlich, ob er in dem Stoff den Duft der Frau aus dem Beichtstuhl wiederfinden konnte. Ihm war bewusst, wie albern diese Aktion war. »Sie waren heute gar nicht in der Kirche.«

»Was glauben Sie, wie sonst das Essen auf den Tisch hätte kommen können?« Victoria stemmte die Hände in die Hüfte. »Ich hatte jede Menge Besorgungen zu machen.«

»So beschäftigt? Sie haben doch Helfer.«

»Die haben das Lokal auf Vordermann gebracht. Um den Einkauf kümmere ich mich selbst. Schließlich will ich sichergehen, dass die Qualität stimmt. Außerdem bin ich immer auf der Suche nach neuen Menü-Ideen. Und jetzt, lieber Herr Senner, entschuldigen Sie bitte, ich muss mich um die Gäste kümmern.«

Baltasar brachte seine Haare in Ordnung, legte das Handtuch beiseite und folgte der Wirtin. Weitere Gäste drängten in den Saal.

»Wie geht's, Herr Pfarrer?« – »Eine schöne Predigt war das heute.« – »Schade, dass es geregnet hat.« Baltasar reagierte mit mechanischen Antworten und musste sich zwingen, seine Gedanken auf sein Gegenüber zu konzentrieren. Als Geistlicher war man in diesem Landstrich Teil der Lokalprominenz, ob es einem passte oder nicht. Das konnte schnell lästig werden, jeder kannte einen, jeder sprach einen an. All die Verpflichtungen eines Pfarrers, bei Vereinstreffen zu erscheinen oder irgendwelche neugebauten Häuser zu segnen, als sei man ein Voodoo-Priester, der böse Geister austreiben könne. Das Amt hatte aber auch seine angenehmen Seiten: die ständigen Einladungen zum Essen und zum Trinken, man versäumte keine Feier und hatte ansonsten seine Ruhe.

Nicht ohne Hintergedanken versuchte Baltasar, die Frauen bei der Begrüßung in ein Schwätzchen zu verwickeln und ihre Hände beim Händeschütteln etwas länger als gewöhnlich zu halten, was natürlich als Geste des Zuspruchs gewertet wurde. In Wirklichkeit hoffte er, bei den Frauen eine Reaktion auszulösen, die sich ihm über die Hände mitteilte, ein verräterisches Zögern, das Wegziehen der Hand, ein Flackern in den Augen, ein Zittern in der Stimme. Als Seelsorger war es Baltasar gewöhnt, auf solche kleinen Signale zu achten, sie als Detektor der Seele zu deuten. Aber wenn er ehrlich war, diente seine Aktion jetzt einzig dazu, die geheimnisvolle Beichtende von vorhin zu identifizieren. Er wollte ihr die Meinung sagen. Wie kam sie überhaupt dazu, ihn mit dieser Mordgeschichte zu veralbern! Doch je mehr Hände er schüttelte, desto größer wurde seine Unsicherheit. War das Lächeln der Frau Bürgermeister ein Signal ihrer geheimen Komplizenschaft oder bloß Freundlichkeit? Errötete die Vorsitzende des Tierschutzvereins, weil sie sich an ihr Geständnis im Beichtstuhl erinnerte oder weil sie Baltasars Zuwendung als Kompliment auffasste? War das dahingehauchte »Hochwürden, Sie verstehen einen zu trösten« der Hinweis auf seine Schweigepflicht oder ein Flirtversuch? Je mehr Hände Baltasar schüttelte, je öfter er die Gesichter seiner Gesprächspartnerinnen fixierte, desto weiter entfernte er sich von jeder Erkenntnis.

»Ah, Eure Heiligkeit zählen Ihre Schäfchen?« Baltasar sah sich um. »Wie ich höre, hast du heute eines deiner Lämmer verabschieden müssen. Zu schade.« Die Stimme troff vor Sarkasmus. Sie gehörte Philipp Vallerot, einem Mann mittleren Alters, hochgewachsen und dünn, fast schlaksig. Er war ein überzeugter Atheist, der sich einen Spaß daraus machte, den Pfarrer zu provozieren. Vallerot behauptete, seine ablehnende Haltung gegenüber der Kirche sei das Erbe protestantischer Vorfahren, Hugenotten, die in Frankreich nach der Bartholomäusnacht von den katholischen Schergen des Königs Karl verfolgt worden seien. Er selbst bezeichnete sich als Dozent oder, je nach Laune, Privatier. Woher sein Geld stammte, wusste niemand so genau. In der Gemeinde galt er als Außenseiter, aber er wurde geduldet, weil er Schülern umsonst Nachhilfe gab und sich allen Bewohnern gegenüber ausgesucht höflich verhielt – was ihn in den Augen der Alteingesessenen natürlich nicht vor der Hölle retten würde, die auf alle Ungläubigen wartete.

»Grüß Gott, Herr Vallerot«, antwortete Baltasar. »Hab dich gar nicht in der Kirche gesehen. Was treibt dich ins Wirtshaus? Der Leichenschmaus?« Normalerweise parierte Baltasar die Sticheleien des Mannes äußerst schlagfertig, doch heute fehlte ihm die Konzentration.

»Das mit den Leichen und der Himmelfahrt ist doch *deine* Spezialität, Hochwürden. Wieder einen großen Auftritt gehabt?«

»Ich verspreche dir, ich werde auch bei deinem Begräbnis einen großen Auftritt haben. Ob du willst oder nicht.«

»Nein, danke. Auf die Mitgliedschaft in deinem Klub kann ich verzichten – auch nachträglich. Trink in dem Fall lieber eine Flasche auf mein Wohl, und spiele eine schöne Rock-Ballade.«

»Dir würde es im Himmel gefallen, glaub mir. Dort gibt es Schlagzeug-Sessions, der liebe Gott spielt Elektrogitarre in Lederklamotten, Maria zupft den Bass. Und die Engel machen den Begleitchor. Aber lass uns mit dem Trinken nicht erst bis zu deinem Ableben warten.« Baltasar lächelte. »Ich habe noch eine Flasche Meursault im Keller, die können wir jederzeit köpfen.«

»Dahin fließt also die Kirchensteuer!« Vallerot rollte übertrieben die Augen. »Da bringe ich doch lieber zwei Flaschen Bordeaux mit.«

»Abgemacht. Und ich sorge für die passende Musik. Aber der Meursault war ein Geschenk. Da darfst du ruhig probieren.«

»Solang keine Oblaten drin schwimmen. Übrigens ...« Vallerot grinste. »Ich habe dich vorhin mit der entzückenden Frau Wirtin in einem Nebenzimmer verschwinden sehen. Wolltest du der Dame deine Heiligenbildchensammlung zeigen, oder hast du ihr die Beichte abgenommen?«

Baltasar erschrak. Warum sprach Vallerot die Beichte an? Wusste er etwas? Oder war es nur Gerede? »Scherzbold. Schauen wir lieber, was Frau Stowasser heute auftischt.«

Leider hatte die Witwe Plankl Ochsenbrust für alle bestellt, statt freie Auswahl von der Speisekarte zu gestatten. Im Stillen verabschiedete sich Baltasar von seinen Maultaschen. Das Weinangebot beschränkte sich auf einen Trollinger und einen Veltliner. War das Respekt vor dem Verstorbenen? Ein gewöhnlicher Veltliner? Baltasar spürte den Druck in seinem Kopf. Er konnte nicht anders: Falscher Geiz beim Essen und Trinken machte ihn krank.

Das lag daran, dass ihn sein verstorbener Vater schon als Kind gelehrt hatte, sorgfältig darauf zu achten, was man sich in den Mund schob. David Senner hatte ein kleines Feinkostgeschäft in Regensburg betrieben und großen Wert auf die Qualität seines Angebots gelegt. Die Kindheit in Regensburg waren unbeschwerte Jahre, Baltasar half nach der Schule im Laden mit, lernte alles über Würste, Schinken und Käse, über Antipasti aus Italien, Pökelfleisch aus Frankreich und Kaffeebohnen aus Guatemala. Das Feinkostgeschäft war besser als jeder Abenteuerspielplatz, immer gab es etwas zu entdecken, alles war vollgestopft mit Waren, in den Regalen standen Gläser mit Eingelegtem und Gewürzen, von der Decke hingen Schinken und geräucherte Würste, die die Verkaufstheke wie der Vorhang einer Theaterbühne einrahmten.

Die Gespräche der Gäste in der »Einkehr« lullten Baltasar ein. Es summte und surrte, zappelte und zischte, pochte und plätscherte, ein Springbrunnen von Geräuschen, Stimmen wurden lauter und ebbten wieder ab, Zwischenrufe schossen empor wie Fontänen, Gelächter schwamm als Schaumkrone obenauf. Die Trauermienen der Besucher waren weggespült, man erzählte Witze und Anekdoten, das Leben ging weiter, mit jedem Bissen Fleisch, mit jedem Schluck Bier verblasste die Erinnerung an den Tod. Was für eine herrliche Einrichtung das Leichenmahl war! Allein mit der Kraft von Essen und Trinken die Seele wieder aufrichten, mit dem Jenseits Frieden schließen – und das Bewusstsein der eigenen Sterblichkeit unter einem vollen Bauch begraben.

Baltasar bestellte ein weiteres Glas Wein. Die Geschichten an seinem Tisch kreisten um das Vermögen des verstorbenen Immobilienkaufmanns Plankl, wer erbte und wer nicht und warum oder warum doch nicht, auf welchen krummen Touren der Mann zu seinem Besitz gekommen war, die Dummheit der geprellten Opfer. Geschichten, die weit in die Vergangenheit reichten und Baltasar langweilten. Und wenn die geheimnisvolle Frau ihn nun beobachtete, ohne dass er es merkte? Er musterte die Menschen an den Tischen, konnte nichts Verdächtiges entdecken. Obwohl – hatte die Gattin des Bürgermeisters ihn nicht gerade fixiert? Baltasar nahm einen Schluck. Nur nicht verrückt machen lassen. Das Essen genießen. Auch wenn es keine Maultaschen waren. Vermutlich war die Frau gar nicht gekommen. Warum auch? Beim Eingang sah er eine Gestalt stehen. Korbinian Veit. Der Sparkassendirektor. Baltasar wollte die Chance nutzen, einen Termin für den Vertragsabschluss zu vereinbaren. Auch wenn es nur noch Formsache war, ein schriftliches Dokument musste sein. Baltasar drängte sich zwischen die Leute und erwischte Veit, als der sich gerade setzen wollte.

»Verzeihung, Herr Direktor ...«

Veit drehte sich um. »Ah, Hochwürden, schön, Sie zu sehen. Ihre Predigt heute: wunderbar, wirklich wunderbar.«

»Ich wollte Sie nicht stören. Es ist nur wegen des Mietvertrags ...«

»Der Vertrag, ja, genau.« Veits Atem roch nach Alkohol. »Ich hab Sie nicht vergessen, Hochwürden. Die Sache. Ihr Projekt, genau.«

Baltasar überlegte, ob er die Sprache indirekt auf die abenteuerlichen Vorwürfe lenken sollte, die er in der Kirche gehört hatte. Ohne die Quelle zu nennen. Aber im nächsten Moment kam ihm das lächerlich vor. Wer wollte schon Korbinian Veit ermorden, einen Familienvater mit zwei Kindern, dessen schlimmstes Vergehen vielleicht ein Strafzettel wegen Falschparken war? Baltasar hatte Mühe, sich den Herrn mit der Halbglatze und Brille vor ihm als Zielscheibe mörderischen Hasses vorzustellen. Mit den quer über den Kopf gelegten und mit Gel angeklebten Seitenhaaren erinnerte Korbinian Veits Schädel an einen Zengarten und reizte dazu, eine Gabel vom Tisch zu nehmen und die Linien wieder in Unordnung zu bringen. Der Bauch, durch Bier in seine jetzige Form gebracht, führte beim Gehen ein Eigenleben und versuchte, sich aus dem Hosenbund zu zwängen. Veit hatte die Gemeinde immer mit Spenden unterstützt, wenn Geld fehlte. Seine Bank hatte einen guten Ruf, von Skandalen und dubiosen Geschäften hielt sich die Sparkasse fern, verdiente mit Zinsanlagen und Krediten.

»Mir liegt viel daran, dass wir das Projekt endlich starten können«, sagte Baltasar, »es fehlt nur noch Ihre Unterschrift.«

»Ich weiß, wie viel Ihnen an der Sache liegt, Hochwürden. Es ist bloß momentan nicht der richtige Zeitpunkt für so was. Kommen Sie doch einfach die nächsten Tage bei mir vorbei.«

»Warum nicht gleich morgen?«

Veit zögerte. »Meinetwegen, am späten Nachmittag. So um fünf Uhr. Da können wir ausgiebig plaudern.« Er schob seinen Stuhl zu sich. »Wir sehen uns morgen, Hochwürden.«

Baltasar beschloss, noch ein Glas auf die gute Nachricht zu trinken. Sein Platz war mittlerweile besetzt, der Metzger Max Hollerbach hatte sich halb über den Tisch gebeugt und mit dem Knie auf den Stuhl abgestützt. Er rief einem anderen Mann, den Baltasar nicht kannte, etwas zu.

»Er war ein Hamme, jawohl, eine Drecksau«, wiederholte

der Unbekannte. Baltasar erstaunte es immer wieder, welche virtuosen Beleidigungen die Niederbayern beherrschten, wohl ein heimlicher Volkssport in diesem Landstrich. Und bei den Schimpfworten rangierten sicher die Schweine-Varianten an erster Stelle: Saukopf und Saukerl waren genauso beliebt wie Saufraß, Saupreiß oder Sauweda – zu jedem Anlass fand sich die passende Abwandlung.

»Nimm das zurück, du Soizneger.« Die Stimme des Metzgers überschlug sich.

»Da gibt es nichts zurückzunehmen. Das soll jeder hören. Ich wiederhole es gerne für Sie noch einmal: Alois Plankl war eine Wuidsau.« Der Mann blieb gefasst.

»Reden S' nicht so blöd daher, Sie Schmatzer.« Der Metzger hatte sein Gegenüber am Kragen gepackt. »Solch einen Mist zu verzapfen. Das ist Verleumdung eines Toten. Schäbig is so was.«

»Wenn Sie die Güte hätten, mich loszulassen«, antwortete der Mann. Seine Worte bohrten sich wie Eiszapfen in seinen Kontrahenten. »Ich könnte Ihnen jede Menge Beweise liefern. Aber wir sind hier nicht vor Gericht. Und Sie stecken offenbar mit dem Schwein unter einer Decke.«

»Sie ... Sie ...« Der Metzger zog den Mann zu sich her. Die anderen Gäste am Tisch hatten ihre Gespräche längst eingestellt und verfolgten den Streit, offenbar in der Hoffnung auf ein größeres Spektakel.

»Lassen Sie mich los. Sofort!«, zischte der Mann. Seine Hände ruhten nach wie vor auf der Tischplatte. »Sie Luschn.«

»Selber Oaschloch!«

»Gatzlmacher!«

»Brunza!«

Dann ging alles schnell. Der Metzger zog mit dem Schrei »Jetzt reicht's!« sein Gegenüber noch weiter zu sich heran, holte mit der Rechten zum Schlag aus. Der Fremde drehte sich reaktionsschnell zur Seite, griff sein Bierglas und schüttete dem Metzger den Inhalt ins Gesicht. Frauen schrien, Menschen sprangen von ihren Stühlen auf, von den Nachbartischen strömten Zuschauer herbei. Die beiden Männer hingen über dem Tisch, ineinander verkeilt, brüllend die Gelegenheit zu einem Konter suchend.

Plötzlich flog der Metzger gegen Baltasar. Ohne nachzudenken, packte er den Mann, umklammerte ihn mit beiden Armen und versuchte ihn von seinem Gegner wegzuziehen. »Aufhören. Das ist hier kein Bierzelt.« Da spürte er einen Schlag auf seinen Oberarm, stolperte nach hinten und fiel zu Boden. Der Rest ging im Tumult unter.

# 3

Der Schädel schmerzte. Nein, es war nicht der Schädel. Jedenfalls nicht nur. Der Oberarm, die Brust. Er bewegte seine Hand. Funktionierte. Jetzt der ganze Arm. Ein Stich auf der linken Seite. Luftholen. Das Atmen fiel schwer. Baltasar beschloss, die Augen zu öffnen. Die Wand, der Tisch – kein Zweifel, er war zu Hause in der Pfarrei. In seinem Schlafzimmer. Die Morgensonne warf Muster des Vorhangs an die Wand. Baltasar drehte sich im Bett um. Blinzelte auf den Wecker. Schon halb neun. Gott sei Dank stand keine Frühmesse auf dem Plan. Peinlich, wenn der Pfarrer sich verspätete. Warum hatte er sich gestern auch eingemischt, ganz gegen seine Gewohnheit? Man sah ja, wohin das führte. Nur am dicken Schädel war wohl der Wein schuld. Kein Wunder bei dem Gesöff. Man sollte an seinen Prinzipien festhalten, das predigte er immer wieder. Nur guten Wein trinken zum Beispiel. Kopfweh war die Strafe für den Sündenfall. Baltasar verabscheute Gewalt. Nach schlimmen Erfahrungen in der Vergangenheit hatte er sich vorgenommen, sich nicht mehr in das Leben anderer einzumischen. Er war Auseinandersetzungen aus dem Weg gegangen. Des eigenen Seelenfriedens willen. Um sein Leben nicht noch mehr zu verkomplizieren. Um Ruhe zu haben.

Andererseits: Er mochte die Art der Menschen in dieser Gegend. Und Rangeleien gehörten hier einfach dazu. Ihm kam ein Buch des königlich bayerischen Statistikers Joseph von Hazzi in den Sinn, das er im Archiv der Pfarrei gefunden hatte. Darin beschrieb der Beamte schon Anfang des neunzehnten Jahrhunderts die Bewohner des Bayerischen Waldes als trinkfest, aufbrausend, rauflustig, frömmelnd und dem anderen Geschlecht frönend: »Sie überlassen sich dem Genuss der Liebe ohne Rückhalt und leider gar zu früh«, beklagte der Chronist und registrierte: »Die Mädchen bewahren ihr Jungfräulichkeit nicht lange, jedes fünfte oder sechste Kind ist unehelich.« Und über die Pfarrer hieß es: »Die geistlichen Herren werden hier wie Heilige geachtet, alle Monate, ja alle Wochen zu beichten ist normal.« Das waren noch Zeiten. Mittlerweile sah das Leben eines Priesters ganz anders aus, dachte Baltasar.

Er hievte sich aus dem Bett. Zum Glück war Rom weit weg. Selbst die Herren aus Passau ließen sich nicht blicken, sondern bestellten lieber ihre Untergebenen ein. Er sammelte Hose und Hemd vom Boden auf, ging ins Bad, duschte. Das warme Wasser dämpfte den Schmerz. Beim Abtrocknen entdeckte er blaue Flecken auf den Oberarmen. Sein Magen verlangte nach Kaffee. Wie schade, die Verantwortlichen der Diözese hatten ihm bisher keine neue Haushaltshilfe zugeteilt, trotz wiederholter Bitten. Er stellte Wasser auf und kramte nach Kaffee und Filterpapier. Wo hatte er gestern bloß die Kaffeedose hingestellt? Er suchte im Regal, unter der Spüle und fand sie schließlich im Kühlschrank. Neben der Milch. Die seltsam roch. Das Verfallsdatum war seit einer Woche abgelaufen. Egal, schwarzer Kaffee war noch immer der beste Muntermacher. Zu allem Überfluss war die Schachtel mit den Filtertüten leer. Er behalf sich mit Toilettenpapier, damit kleidete er den Filter aus. Als der Duft des Kaffees in seine Nase strömte, atmete er durch.

Der erste Schluck war wie ein Halleluja, ein Gruß des Tages. Bei Kaffee war er eigen, das hatte er von seinem Vater gelernt: Mit heißem, gerade nicht mehr kochendem Wasser musste das Gebräu aufgegossen sein, natürlich von Hand und mit einem Porzellanfilter. Dazu die richtige Bohnenmischung – eine Wissenschaft für sich. Das Ergebnis war die Arbeit wert. In der Schublade fand er noch Reste seines Schinkenbrotes mit Pecorino-Käse. Der Morgen war gerettet.

Er ging hinüber zur Kirche, überprüfte Weihwasser und Kerzen, untersuchte den Blumenschmuck, zupfte welke Blüten heraus. Zufrieden kniete er nieder zum Gebet. Er liebte die Einsamkeit der Kirche, wenn noch keine Besucher da waren und er den Raum für sich allein hatte. Zeit zur Meditation, zum Nachdenken. Menschen gaben Unsummen für Yoga-Kurse und Anti-Stress-Seminare aus oder versuchten, vor Statuen eines kleinen, dicken, halbnackten Mannes sich selbst zu finden. Dabei konnte man es viel einfacher haben: Man brauchte nur in die Kirche zu gehen.

Baltasars Gedanken wanderten von der Beerdigung zum Veltliner und zur Frau im Beichtstuhl. Da hatte ihm jemand einen bösen Streich gespielt. Mordgelüste! Welche Einfälle die Leute hatten. Man brauchte solches Gerede nicht ernst zu nehmen. Welcher Mensch hatte nicht schon mal einen solchen Moment erlebt, in dem er sich einen anderen am liebsten weg von diesem Planeten gewünscht hätte. Vor Gott war das ein sündiger Gedanke, gewiss. Aber ein verzeihlicher. Niemand wurde deshalb gleich zum schlechten Menschen oder gar zum Mörder. Der Mensch war nicht vollkommen, dachte Baltasar, ganz gewiss nicht. Wenn Gott eine perfekte Welt gewollt hätte, hätte er eine perfekte Welt geschaffen. Und am Ende gab es in der katholischen Kirche immer ein Happyend: Denn dem reuigen Sünder wurde vergeben.

Für den Besuch in der Sparkasse am Nachmittag hatte Baltasar seinen schwarzen Anzug gewählt. Die Bank lag in der Ortsmitte, neben dem Gasthaus »Zur Post«, dem Erzkonkurrenten der »Einkehr«. Im Schaufenster lächelten Frauen von Plakaten und priesen die niedrigen Kreditzinsen für den Autokauf oder lockten zum Investieren in »garantiert sichere Aktienfonds«, für Baltasar ein Widerspruch in sich. Das Innere der Sparkasse wurde von einer Kombination aus hellem Holz, Glas und Edelstahl beherrscht, ein Abziehbild moderner Langeweile und Beliebigkeit, wie es tausendfach im ganzen Land zu finden war.

»Zu Herrn Direktor Veit, bitte.« Baltasar lächelte die Angestellte am Schalter an. Ihre Bluse war hochgeschlossen, der Träger des Büstenhalters drückte sich durch.

»Haben Sie einen Termin, Herr Pfarrer?«

»Nun, nicht exakt auf die Minute, wir haben den späten Nachmittag vereinbart.«

»Da muss ich erst mal nachfragen. Die Bank schließt gleich. Der Herr Direktor ist immer sehr beschäftigt.« Sie telefonierte. »Wenn Sie mir bitte folgen wollen.« Sie führte ihn durch eine Türe an der Seite. Von einem Gang gingen links und rechts Büros ab, Teppichboden dämpfte die Schritte, Strahler warfen weiches Licht an die Decke. Die Frau blieb vor einer Tür am Ende des Ganges stehen und klopfte.

»Herein«, tönte es von innen. Die Angestellte öffnete die Tür, meldete den Pfarrer an und ließ ihn eintreten. »Danke, Sie können gehen«, sagte Korbinian Veit zu seiner Angestellten. Die Tür schloss sich wieder. »Mein lieber Herr Pfarrer, bitte vielmals um Entschuldigung für die Verzögerung. Eine unaufschiebbare Angelegenheit.« Veit nahm seinen Gast am Arm und dirigierte ihn in einen Sessel vor dem Schreibtisch. »Wenn Sie vorher angerufen hätten ...«

Der Direktor setzte sich wieder an seinen Platz. »Wollen Sie ein Wasser? Oder ein Glas Rotwein? Ich weiß, es ist etwas früh, aber ...«

»Danke, jetzt nicht. Vom Wein habe ich gestern genug probiert.«

»Ja, der Leichenschmaus im Wirtshaus. Das war vielleicht ein Ding.« Veits Lachen brachte seinen Bauch zum Wackeln. »Sie haben da gestern ganz neue Qualitäten gezeigt, Hochwürden. Hätte ich Ihnen gar nicht zugetraut. Zum Glück wurden die Streithähne schnell getrennt, sonst hätten wir noch den Notarzt rufen müssen, haha.«

»Eine Wirtshausrauferei. Das hat keine Bedeutung.« Baltasar lehnte sich zurück. »Aber eigentlich bin ich bei Ihnen, um über den Mietvertrag zu sprechen.«

»Gut, kommen wir zur Sache. Es geht um den ehemaligen Huberhof.« Der Direktor öffnete eine Akte. »Laut Grundbuchauszug im Flurstück siebzehn. Grundbuchschuld eingetragen auf unsere Sparkasse. Stimmt, damals haben wir die Zwangsversteigerung beantragen müssen. Der Besitzer konnte den Kredit nicht mehr bedienen. Er ist praktisch über Nacht verschwunden.«

»Das Gebäude stand lange Zeit leer ...«

»Ja, das dauert, bis alle juristischen Einzelheiten abgewickelt sind.«

»Das Haus ist stark renovierungsbedürftig«, sagte Baltasar. »Ich hab's mir angeschaut. Es fehlt so ziemlich an allem: Wände, Böden, Fenster, Türen. Ein Fall für Bastler. Ideal für unsere Zwecke.«

»Das war auch der Grund, warum ich schließlich zugestimmt habe, das Anwesen für Ihr Projekt zur Verfügung zu stellen. Für eine äußerst geringe Miete.«

»Dafür übernimmt die Gemeinde die kompletten Renovierungskosten. Alles in Eigenleistung. Das steigert den Wert der Immobilie.«

»Wovon wir die nächsten fünf Jahre nichts hätten. Aber gut, was tun wir nicht alles für die Kirche. Das war die Vereinbarung.«

Baltasar beugte sich vor: »War? Sie reden in der Vergangenheitsform. Hat sich denn was in den Vertragspunkten geändert? Wir sind das Papier mehrfach durchgegangen.«

Veit schwieg, seine Finger trommelten auf die Schreibtischplatte. Dann gab er sich einen Ruck. »Es ergeben sich tatsächlich Änderungen, über die wir reden müssen.«

»Wenn einzelne Punkte des Mietvertrages Ihnen plötzlich Bauchschmerzen bereiten, können wir darüber reden und die Punkte jetzt abändern. Ich würde aber gerne heute den Vertrag unterschreiben. Wir haben das Ganze oft genug verschoben.«

»Hmm, ja. Ich fürchte, das Problem reicht tiefer.« Veit rückte seine Brille zurecht. »Viel tiefer.«

»Dann lösen wir es gemeinsam.«

»So einfach liegt der Fall nicht. Es sind überraschend Umstände eingetreten, die das ganze Projekt zur Disposition stellen. Deswegen habe ich vorhin telefoniert.«

Baltasar merkte, wie ihm ganz anders zu Mute wurde. »Was ... Was meinen Sie damit?«

»Nun, um es ganz klar zu sagen: Die Sparkasse muss von dem Plan zurücktreten.«

»Zurücktreten?« Baltasar wurde lauter. »Warum? Es war doch schon alles fest vereinbart.«

»Sachte, Herr Senner. Lassen Sie es mich erklären. Bisher fanden wir für die Immobilie keine Interessenten. Dann kam Ihr Vorschlag einer alternativen Nutzung. Und da ich, wie Sie wissen, Ihrem Projekt positiv gegenüberstehe und es auch der Gemeinde guttut, habe ich es unterstützt – auch gegen Widerstände im Verwaltungsrat der Bank, wie Sie sich denken können.« Veit nahm seine Brille ab und putzte sie. »Jetzt haben sich die Umstände geändert – wir haben einen Investor gefunden, der das Anwesen kaufen möchte. Und die Sparkasse ist gewillt, auf das Angebot einzugehen.«

»Aber ... Aber wir haben doch einen Mietvertrag.« Baltasar hatte Mühe, seine Stimme im Zaum zu halten. Die Worte des Sparkassendirektors dröhnten in seinem Kopf. »Ich habe mehr als zwei Jahre für den Jugendtreff gekämpft. Klinken geputzt, um Spenden gebettelt. Damit die Kinder einen Platz finden, wo sie zusammen sein können und nicht gezwungen werden, in die nächste Stadt zu fahren, wenn sie ein wenig Spaß haben wollen. Das alles werfen Sie nun auf den Müllhaufen? Einfach so? Unsere Vereinbarungen sind Ihnen einen Dreck wert?«

»Langsam, langsam, Hochwürden. Beruhigen Sie sich. Rein rechtlich gesehen haben wir nur eine mündliche Absichtserklärung abgegeben. Völlig unverbindlich. Die Rahmenbedingungen haben sich nun mal geändert. Das ist Fakt. Unsere Sparkasse ist kein Wohlfahrtsinstitut, so attraktiv der Gedanke für manche auch ist. Wir sind unseren Kunden und Eigentümern verpflichtet. Und die hätten was dagegen, wenn wir deren Geld verschenken. Das verstehen Sie sicherlich.«

»Das verstehe ich überhaupt nicht!« Baltasar fuhr aus seinem Sessel. »Denken Sie nicht nur an Ihr Geld, sondern an die Jugendlichen. Für eine behütete Freizeit der Kinder ist das Geld viel besser angelegt.«

»Ich bitte Sie, Herr Pfarrer. Sie finden bestimmt bald ein anderes Gebäude für Ihre Zwecke. Und überhaupt – zu meiner Zeit reichte uns Kindern eine Wiese oder eine Turnhalle zum Spielen. Völkerball. Wir haben immer Völkerball gespielt. Nutzen Sie doch die Turnhalle für Völkerball – oder Basketball, wie es jetzt modern ist. Heutzutage brauchen die Jugendlichen gleich Treffs und Diskotheken zum Amüsieren. Mit Alkohol und Drogen, man weiß ja, wohin das führt.«

Baltasar wollte etwas sagen, aber sein Kopf fühlte sich an wie in einer Schraubzwinge. Er konnte keinen klaren Gedanken fassen. Sollte alles umsonst gewesen sein? Lieber Gott, lass es nicht wahr sein. Er merkte, wie er seine Hände gefaltet hatte. Bitte hilf, Herr. Aber er wusste im gleichen Augenblick, dass Gott ihm nicht helfen würde. Für Kleinkram war der Allmächtige nicht da. In so einem Fall mussten die Menschen ihr Schicksal selbst in die Hand nehmen.

Korbinian Veit stand auf, ging zum Schrank und holte einen Karton heraus, verpackt in Geschenkpapier. »Sie sind erregt, ich verstehe das. Die Sparkasse wird die Kirche weiterhin unterstützen, dessen dürfen Sie sicher sein. Ich weiß, das macht es nicht ungeschehen, aber ich habe hier ein kleines Trostpflaster für Sie.« Er stellte den Karton vor Baltasar auf den Schreibtisch. »Zwei Flaschen Brunello, Jahrgang siebenundneunzig. Ich habe gehört, Sie trinken so was gerne.«

Zuerst glaubte Baltasar, er müsste schreien. Seine Seele für dreißig Silberlinge verkaufen? Niemals. Baltasar starrte auf den Karton, starrte auf seine Hände, starrte auf den Direktor. Ein Gefühl machte sich in seinem Innern bemerkbar, drängte wie eine Luftblase an die Oberfläche, um dort zu platzen: eine dumpfe Mischung aus Verzweiflung und Wut. Eigenartig ... Warum kam ihm gerade jetzt die Frau vom Beichtstuhl in den Sinn? Für einen Augenblick verstand er ihren Hass auf Korbinian Veit, schämte sich aber gleichzeitig für diesen Gedanken. Er erinnerte sich an einen Satz aus dem Jakobus-Evangelium: »Jeder Mensch sei schnell zum Hören, langsam zum Reden, langsam zum Zorn. Denn eines Mannes Zorn bewirkt nicht die Gerechtigkeit Gottes.« Immer wieder wiederholte er den Satz. Es half nichts – die Wut blieb.

## 4

Korbinian Veit schenkte sich ein weiteres Glas Brunello ein. Schmeckte wirklich ganz passabel, dieser Rotwein. Kein Wunder, bei dem Preis! Für eine Flasche bekam man mehrere Kästen Bier. Aber niemand musste sich Sorgen machen, die Kosten gingen zu Lasten der Sparkasse. Betriebsausgaben. Überhaupt war das Gespräch mit dem Pfaffen viel besser gelaufen, als er es erwartet hätte. Er hatte nochmals mit dem Investor telefoniert und ihm vom Erfolg des Treffens berichtet. Das Geschäft war besiegelt.

Draußen dämmerte es. Veit schaltete das Licht ein. Von den anderen Büros waren keine Geräusche zu hören, um diese Zeit waren alle längst zu Hause. Er bewegte den Wein in seinem Mund hin und her, wie er es im Fernsehen gesehen hatte. Ordentlicher Stoff. Auf Ihr Wohl, Hochwürden, wo immer Sie jetzt stecken mögen. Veit lachte, als er an die Szene dachte: Wie der Pfarrer sein Büro verlassen hatte, wortlos, ohne sich zu verabschieden. Eigentlich unverschämt. Der frühere Pfarrer hätte das nicht gebracht. Egal. Senner hatte die Abfuhr geschluckt und nicht weiter nachgebohrt. Was musste er sich auch in ein solches Vorhaben verrennen. Als ob die Leute hier nichts Wichtigeres zu tun hätten. Dieser Narr. Das mit der Kontrolle durch den Verwaltungsrat war natürlich gemogelt, niemand wusste bisher davon. Das würde Veit morgen nachholen. Er hatte sich schon eine Gliederung für seine Präsentation ausgedacht, die Fakten sprachen für sich, die Bank profitierte.

Die zweite Flasche war halb leer. Sollte er sich noch einen Schluck genehmigen, zur Feier des Tages? Er war mit dem Rad ins Büro gekommen, einem Mountainbike, das noch nicht mal richtige Rücktrittbremsen hatte. Aber seine Frau hatte ihm das Ding zu Weihnachten geschenkt und ihn gedrängt, sich mehr sportlich zu betätigen. Wegen seiner Linie. Veit fuhr sich über den Bauch. Was sich seine Frau einbildete, sie sah auch nicht mehr gerade knusprig aus, die Kuh. Als guter Ehemann hatte er »ja, ja« gesagt und das Rad in der Garage unter einer Plane versteckt. Doch das half auch nichts, und so radelte er zumindest gelegentlich ins Büro, wenn ihm partout keine Ausrede für einen auswärtigen Termin einfiel, für den er das Auto gebraucht hätte.

Er holte zwei Klammern aus seiner Aktentasche und fixierte damit den Stoff seiner Anzughose. Wie das aussah! Wenigstens hatte er auf den Helm verzichtet, um nicht ganz als Lapp daherzukommen. Veit sperrte sein Büro ab und nahm den Ausgang zum Hinterhof. Das Aufstecklicht des Rades reagierte nicht, sosehr Veit auch darauf klopfte. Er hatte vergessen, die Batterien zu wechseln. Er fluchte. Früher hatte es noch richtige Dynamos gegeben, die ganz ohne Batterien funktionierten. Mit einiger Mühe gelang es ihm, sich auf den Sattel zu schwingen. Trotz der-Dunkelheit war die Straße gut zu erkennen. Veit beschloss, zur Sicherheit lieber die Nebenstraße zu nehmen, um mit seinem unbeleuchteten Gefährt nichts zu riskieren.

Die Vorsicht war unbegründet. Es war weit und breit kein Auto zu sehen, Veit genoss die Freiheit und fuhr auf der Mitte der Straße. Das Treten fiel ihm schwer, die Frischluft aktivierte den Alkohol in seinem Schädel. Veit zielte auf die linke Straßenseite, zog kurz vor dem Rand wieder nach rechts und dann wieder nach links. Das machte Spaß. Er musste zu Hause noch etwas essen, der Wein auf nüchternen Magen war keine gute Idee gewesen. Hoffentlich wartete seine Frau Marlies mit dem Abendbrot auf ihn.

Den Ort hatte Veit hinter sich gelassen. Die Dunkelheit wurde tiefer, er konnte kaum zehn Meter weit sehen. Dann hörte er ein Geräusch. Von ferne näherte sich ein Auto. Veit versuchte, näher am Fahrbahnrand zu fahren, den Lenker ruhig zu halten. Bald musste die Brücke auftauchen. Scheinwerferlicht bohrte sich in die Landschaft, die Strahlen tasteten sich die Straße entlang. Veit verlangsamte die Fahrt. Wo blieb die Brücke? Hätte er doch das Auto genommen, dann wäre er längst zu Hause! Die Strecke war nicht mehr lang, noch zehn Minuten strampeln. Der Motor des Fahrzeugs war nun deutlich zu hören. Es fuhr nicht besonders schnell. Veit trat in die Pedale. Es ging leicht bergan. Die Brücke. An dieser Stelle verengte sich die Straße. Er sah ein Baustellenschild, ein Teil des Geländers war entfernt und durch ein Absperrband gesichert worden.

Unvermittelt tauchte das Scheinwerferlicht auf. Veit verriss vor Schreck den Lenker, steuerte nach rechts, suchte eine Lücke zum Ausweichen. Zu spät. Er durchbrach das Absperrband und spürte, wie der Boden unter ihm verschwand.

Wie spät war es? Wie viel Zeit war vergangen, seit sie aufgestanden war? Luise Plankl hatte es aufgegeben, die Stunden zu zählen. Die Anzeige der Uhr – ein abstraktes Bild wie aus einem Dalí-Gemälde. Luise Plankl hatte gelernt, ihre Gefühle zu verbergen, die Fassade aufrecht zu erhalten, selbst bei der Beerdigung. Seit dem Tod ihres Mannes war das Begräbnis das erste Mal gewesen, dass sie aus ihrem Schmerz erwacht war, sich den Tatsachen gestellt hatte. Alois war tot. Verschwunden aus ihrem Leben. Punktum. Er war erst einundsechzig gewesen und bei bester Gesundheit. Warum musste der Herr ihn jetzt schon abberufen? Das Herz, hatte der Arzt gesagt. Konnte plötzlich zu schlagen aufhören. Ihr Alois war nie zur Vorsorge gegangen, hätte nur gelacht, wenn er das gehört hätte. Vital war er gewesen, kraftstrotzend, seine Geschäfte hatten ihn jung gehalten.

Luise Plankl hörte einen Wagen vorfahren, legte das Tuch beiseite. Die Haustür ging auf.

»Mama, bist du zu Hause?«

Ihre Tochter Isabella.

»In der Küche.«

Wo sollte sie auch sonst sein? Der einzige Raum, der sie nicht ständig an Alois erinnerte, weil der alte Kochmuffel sich nie hier hatte blicken lassen. Sie seufzte. Es hatte keinen Sinn, sich etwas vorzumachen, sie war jetzt eine – nur mit Mühe formte sich das Wort in ihrem Kopf – Witwe. Allein im Haus, ohne ihren Ehemann, ohne Isabella, die schon vor längerer Zeit ausgezogen war.

»Mama, du bist total neben der Spur. Kein Wunder.« Sorgen umhüllten Isabellas Worte.

»Ich ... Ich weiß nicht. Die Aufregung. Die Beerdigung. Mir schwirrt so viel im Kopf herum. Mein Gott, was soll ich denn nun machen, ganz allein?« Tränen liefen ihr übers Gesicht.

»Du hast doch immer noch mich. Weißt du, manchmal

kam mir Papa wie ein Fremder vor.« Isabella starrte auf ihre Tasse. »Ich habe es nie geschafft, mit ihm auf eine Wellenlänge zu kommen. Vieles schien ihm wichtiger als ich. Man konnte nicht mit ihm reden, er wurde gleich so jähzornig, wenn ihm etwas nicht in den Kram passte. Warum kümmerst du dich nicht um den Papierkram? Es sind vermutlich jede Menge Rechnungen aufgelaufen, vom Begräbnis und so. Und irgendwann ist auch der Nachlass zu regeln. Wo hat Papa denn die Akten aufbewahrt? Ich könnte dir bei der Durchsicht helfen, wenn du willst.«

»Ist alles im Arbeitszimmer, seinem ... Heiligtum.« Luises Stimme zitterte. »Ich durfte nur zum Saubermachen hinein. Alois hatte den Schlüssel.«

»Dann suchen wir ihn.« Isabella war aufgestanden. »Das ist keine große Sache. Komm schon!«

Luise ließ sich von der Energie ihrer Tochter anstecken. Gemeinsam probierten sie die Schlüssel von Alois' Schlüsselbund. Keiner passte. Dann sahen sie im Handschuhfach des Autos nach, durchsuchten die Wohnzimmerschubladen und nahmen sich den Kleiderschrank in Alois' Schlafzimmer vor: tasteten jede Jacke, jede Hose ab, inspizierten das Nachtkästchen und sahen sogar unterm Bett nach. Nichts.

»Das darf doch nicht wahr sein.« Isabella hob das Kopfkissen hoch. »Wo ist das verdammte Ding?« Luise setzte sich aufs Bett. Wie lang war es her, dass sie mit ihrem Mann hier gelegen hatte? Sie konnte sich nicht erinnern. Alois hatte es mit den ehelichen Pflichten in letzter Zeit nicht mehr so genau genommen. Vielleicht war es ein Fehler gewesen, getrennte Schlafzimmer zu beziehen.

»Ich habe eine Idee«, sagte Luise. »Jagen war Alois' einziges Hobby. Du weißt, wie penibel er seine Gewehre pflegte und immer wieder zerlegte. Ein Fimmel von ihm. Sehen wir im Waffenschrank nach! Dort hat er alles aufbewahrt.«

Der Schrank stand in der Eingangsdiele, ein geschnitztes Möbel aus dem achtzehnten Jahrhundert mit einem Glaseinsatz, der einen Blick auf die Gewehre freigab, die wie in einem Museum aufgereiht waren. Isabella öffnete die Tür. »Müsste die nicht abgeschlossen sein?«

»Alois kümmerte das nicht. Außerdem lagerte er die Munition getrennt. Die Waffen sind nicht geladen.« Luise zog die Schublade am Boden des Schrankes auf und nahm eine Schachtel heraus. »Da sind die Patronen. Jede Menge.« Sie schüttelte einige Patronen in ihre Hand. Der Geruch von Schwarzpulver hing in der Luft. »Was soll ich nun mit dem ganzen Zeug tun? Verschenken?«

»Es werden sich sicher Abnehmer finden. Der Vater hatte doch einige Kumpels, die ebenfalls begeisterte Jäger sind.«

Das linke Seitenteil des Schranks beherbergte eine Leiste mit Messern, deren gravierte Klingen in Griffe aus Hirschhorn mündeten. Rechts hing eine Jagdtasche an einem Haken. Das Leder war abgewetzt, Ölflecken bedeckten die Oberfläche. Luise öffnete den Verschluss. Im Innern fand sie etwas Munition, ein Taschenmesser, ein Fernglas – und einen Schlüsselbund. »Treffer.« Sie untersuchte den Bund genauer, zog einen länglichen Sicherheitsschlüssel hervor. »Der müsste passen. Aber wofür die anderen sind – keine Ahnung. Mir kommen sie nicht bekannt vor.«

Die Tür des Arbeitszimmers im ersten Stock ließ sich ohne Probleme öffnen. Ein muffiger Geruch schlug ihnen entgegen. Vorhänge dämpften das Licht und tauchten den

Raum in ein Halbdunkel. Isabella riss die Fenster auf. »Puh, das ist ja nicht zum Aushalten.« Am Fenster stand ein Eichenschreibtisch, übersät mit Papieren, Stiften und benutzten Gläsern. »Aufräumen war nicht gerade Papas Stärke. Wenigstens eines, was ich von ihm geerbt habe.« Eine Seite des Zimmers wurde vollständig von einem Regal eingenommen, darin ohne erkennbares System Aktenordner, Bücher und Erinnerungsgegenstände. Auf der anderen Seite standen ein Sofa sowie ein Beistelltisch mit einem tragbaren Computer und einem Drucker.

»Da hast du die nächsten Tage was zu tun, Mama, keine Frage. Wenn ich mir das Chaos anschaue …«

»Hast Recht, Liebes. Ich werd wohl die wichtigsten Unterlagen raussuchen müssen.« Luise strich ihrer Tochter durchs Haar. »Ich komm schon alleine klar. Du brauchst nicht meine Aufpasserin zu spielen. Es war nett gemeint von dir. Danke.«

»Offen gesagt, bin ich gar nicht unglücklich, wenn ich jetzt nicht helfen muss. Ich habe noch einiges zu erledigen. Ruf mich einfach an, wenn du Unterstützung benötigst.« Isabella umarmte ihre Mutter zum Abschied. »Ich muss wieder los. Bis bald!«

Luise wartete, bis sie das Geräusch des wegfahrenden Autos hörte. Dann setzte sie sich an den Schreibtisch, versuchte die Atmosphäre des Zimmers aufzunehmen. Alois' Zimmer. Hier hatte er viele Stunden verbracht und gearbeitet. Die Tür immer geschlossen. Sein persönliches Reich, aus dem er seine Frau ausgesperrt hatte. Es hatte ihr nichts ausgemacht, der Bürokram lag ihr nicht, und jeder sollte seinen Rückzugsraum haben dürfen. Doch jetzt wurde ihr schmerzlich bewusst, dass sie einen wichtigen Teil von Alois' Leben nicht gekannt hatte. Ihr Blick fiel auf die Regalwand und blieb bei den Lexika-Bänden hängen. Sie erinnerte sich an das Versteck, das sie beim Putzen entdeckt hatte, und räumte die Bücher beiseite. Dahinter kam ein Wandtresor zum Vorschein. Sie probierte Alois' Schlüssel aus, aber keiner passte. Sie rüttelte an der Stahltür. Nichts tat sich. Was mochte darin lagern? Gab es einen gesonderten Aufbewahrungsort für den Tresorschlüssel? Wie sollte sie dieses Monstrum nur aufbekommen? Luise beschloss, die Lösung für dieses Problem zu vertagen und zuerst den Schreibtisch genauer zu untersuchen.

Handgeschriebene Briefentwürfe lagen neben Reklamebriefen, Zeitungsausschnitten und Schmierzetteln mit Kritzeleien. Haftnotizen mit Telefonnummern mit Buchstabenkürzeln klebten am Rand der Arbeitsplatte. Auf dem Faltkalender waren verschiedene Tage angekreuzt. Ein Schreiben ihres Hausanwaltes Schicklinger erinnerte an einen Notartermin. Bürgermeister Wohlrab lud laut E-Mail-Ausdruck zu einem Mittagessen ein. Der Kostenvoranschlag eines Architekten über die Bebauung eines Grundstücks mit einem Zweifamilienhaus. Eine Rechnung über die Lieferung von Holzbrettern. In den Schubladen alte Jagdzubehör-Kataloge, CDs, Gummiringe, Stifte, Bonbons. Luise schaltete den Computer ein, der Bildschirm flimmerte auf, die Eingabemaske fragte nach dem Kennwort. Luise schaltete das Gerät wieder aus und widmete sich den Aktenordnern im Regal. Einige enthielten eine Sammlung von Immobilienanzeigen, ausgeschnitten aus Zeitungen, andere Rechnungen und Belege über Alltagsgeschäfte. Den Ordner mit Versicherungsunterlagen legte Luise für später beiseite, ebenso den Hefter mit Bankauszügen. Eine Dokumentenmappe aus Leder fiel ihr auf, sie lag hinter der Reihe mit den Akten, so, als wolle sie jemand dort verbergen. Luise zog sie heraus und begann darin zu blättern. Sie blieb bei einem Schriftstück hängen. Was sie las, irritierte sie. Sie setzte sich an den Schreibtisch, überflog die anderen Dokumente. Verwirrung machte sich breit. Sie wusste, sie brauchte Hilfe und Rat. Und zwar schnell.

## 5

Der Nachmittag fing schon mal gut an. Baltasar hatte gehofft, Zeit für ein Nickerchen zu finden, wurde aber vom Dauerklingeln des Telefons davon abgehalten. Widerwillig hob er schließlich ab. In der Leitung war der Assistent des Generalvikars, der zu einem Gespräch mit seinem Dienstherrn nach Passau bat. Baltasar verzog das Gesicht, eine Bitte war das nicht, sondern mehr der in Watte gepackte Befehl, endlich beim Bischof anzutanzen.

Der Herr Pfarrer möge in seinem Terminkalender blättern und einen Zeitpunkt vorschlagen, erklärte der Assistent und fügte hinzu, die Stimme zu einem Flüstern gesenkt, ob denn eine neue Lieferung Weihrauch für ihn eingetroffen sei, die Spezialmischung, der Herr Pfarrer wisse schon.

Terminkalender? Baltasar verweigerte sich der Sklaverei der Zeitbuchhaltung, egal, ob auf Papier, via Computer oder Mobiltelefon. Es sollte Leute geben, die sogar ihr Mittagessen, ihren Stuhlgang und das Gespräch mit der Freundin – »nette Unterhaltung von zwanzig Uhr dreißig bis zweiundzwanzig Uhr, danach ins Bett« – in den Planer eintrugen. Seine Termine hatte Baltasar im Kopf. Das reichte ihm.

Kaum hatte er einen Vorschlag gemacht und aufgelegt, als sich Katharina Fassoth, die Frau eines Gemeindeangestellten, bei ihm meldete und wissen wollte, ob der kirchliche Frauenkreis diesmal wie besprochen bei ihr zu Hause stattfinde. Baltasar bejahte und konnte sich gerade noch die

Frage verkneifen, welche Kuchen Frau Fassoth denn vorgesehen habe.

Und dann war da noch dieser Termin, den er bis jetzt aufgeschoben hatte. Er musste nach Freyung ins Krankenhaus. Der Unfall des Sparkassendirektors hatte sich schnell herumgesprochen. Bei dem Namen Veit stiegen noch immer Wut und Enttäuschung in Baltasar hoch, ein Reflex, gegen den er nichts tun konnte, selbst ein langes Gebet in der Kirche hatte den Zustand nur kurz gemildert. Wie konnte sich der Mann nur so gehässig verhalten, der hatte doch eindeutig die Hölle verdient, dachte sich Baltasar und wurde dabei das Gefühl nicht los, dass der Sparkassenchef die Sache mit dem Investor schon länger eingefädelt und ihm nur ein schäbiges Schauspiel geliefert hatte. Doch sei's drum, auch ein Herr Veit hatte Anspruch auf seelsorgerlichen Beistand, die Bergpredigt ließ grüßen.

Baltasar rief bei Philipp Vallerot an, um sich bei ihm das Auto auszuleihen. Es entspann sich ein kurzes Gespräch über die Sparsamkeit des Pfarrers, auf ein eigenes Fahrzeug zu verzichten, und ob er sich bei seinen außerordentlich guten Beziehungen nach droben nicht doch lieber Engelsflügel als Transportmittel besorgen wolle, schließlich jedoch willigte Vallerot ein.

Es herrschte kaum Verkehr. Baltasar hoffte, Freyung vor dem Gewitter zu erreichen. Der Wind trieb Wolken über den Himmel. Wie Daunendecken hingen sie in der Landschaft und schienen das Grün der Berge herauszusaugen, bis nur noch eine bedrohliche Kulisse dunkler Flächen übrig blieb. Baumwipfel tanzten im Takt eines geheimen

Rhythmus, den der Wind vorgab. Blätter schlossen sich auf der Straße dem Tanz an, kreisend und hüpfend, vom Auto kurzzeitig aus dem Konzept gebracht. Baltasar war in Gedanken versunken. Er wusste nicht, wohin ihn die Überlegungen führen würden, fürchtete sich aber schon jetzt vor den Ergebnissen. Was, wenn der angebliche Unfall von Korbinian Veit gar kein Unfall gewesen war? Wenn die mysteriöse Frau es nun wirklich auf den Sparkassendirektor abgesehen hatte? Andererseits: Es konnte immer noch Zufall sein, Unfälle passierten häufig, gerade im Bayerischen Wald, wie täglich in der Zeitung zu lesen war. Die Stelle des Unglücks war unbeleuchtet und schlecht einzusehen gewesen. Und doch: Hätte er den Bankier warnen sollen? Nur wie? Einfach ins Büro spazieren und sagen, Herr Veit, jemand will Sie ermorden, Indizien habe ich keine, Namen auch nicht, überhaupt darf ich als Beichtvater nichts sagen – Baltasar konnte sich ausmalen, welchen Spott Veit dafür übrig gehabt hätte. Nein, es war Gottes Weisheit, Veits Schicksal in diese Bahnen zu lenken. Außerdem hatte sich Baltasar vorgenommen, sich nicht ohne Grund in fremde Angelegenheiten einzumischen. Er billigte die unergründlichen Entscheidungen des Herrn im Falle des Bankdirektors.

Baltasar atmete tief durch, die Zweifel verdorrten, seine innere Balance kehrte zurück.

Baltasar bog von der Geyersberger Straße in die Krankenhausstraße ein und ließ den Wagen auf dem Parkplatz des Freyunger Krankenhauses ausrollen. Der vierstöckige Zweckbau mit seiner dunklen Fassade wirkte bei dem Wetter düster und feindlich. Baltasar fragte beim Empfang, in welcher Abteilung Korbinian Veit liege, nahm den Aufzug in den zweiten Stock und suchte dort nach dem Stationszimmer. Eine Schwester unterhielt sich gerade mit einem älteren Mann, ein Namensschild wies ihn als Arzt aus.

»Ja, bitte?«

»Ich möchte zu einem Patienten, Korbinian Veit. Wo finde ich sein Zimmer?«

Der Doktor blätterte in einer Mappe. »Hier haben wir es. Korbinian Veit. Wurde erst gestern von der Intensivstation zu uns verlegt. Kommen Sie, um ihm die Letzte Ölung zu geben, Herr Pfarrer?«

Baltasars verdutztes Gesicht nötigte den Mann zu einer Erklärung. »Der Zustand des Patienten ist nach wie vor kritisch, er ist ohne Bewusstsein. Laut Krankenbericht hat er sich schwere Kopfverletzungen zugezogen, mehrere Brüche, innere Blutungen. Wir haben getan, was wir konnten. Jetzt hängt es daran, wie der Körper des Mannes die Eingriffe verkraftet. Bitte bleiben Sie nur kurz, Herr Pfarrer. Zweites Zimmer rechts neben dem Aufzug.« Baltasar bedankte sich, der Arzt und die Schwester setzten ihre Unterhaltung fort, als sei nichts gewesen.

Als Baltasar um die Ecke bog, sah er eine Gestalt zum Aufzug eilen. Was seine Aufmerksamkeit weckte war die Kleidung der Person: Mantel, Kopftuch und Sonnenbrille. Eine Sonnenbrille bei diesem Wetter! Ohne sich umzusehen, verschwand die Frau im Aufzug. Seltsame Menschen gibt es, dachte Baltasar. Vor dem Krankenzimmer zögerte er kurz, dann klopfte er an und betrat den Raum. Der Geruch von Desinfektionsmitteln, Medikamenten und Krankheit schlug Baltasar entgegen, eine Mixtur, die ihm Übelkeit verursachte und den Wunsch weckte, sofort die Flucht zu ergreifen. Das Schwarzgrau des Gewitterhimmels schluckte das Licht im Zimmer. Tisch, Schrank und Bett zeichneten sich nur schattenhaft vor der Wand ab. Baltasar wagte es nicht, eine Lampe anzuschalten.

Korbinian Veit lag dort mit geschlossenen Augen, ein Pflaster klebte unter seiner Nase. Das Gesicht war unverletzt und wirkte friedlich, eingerahmt von den Mullbinden des Kopfverbandes. Die beiden eingegipsten Füße ragten unten unter dem Betttuch hervor, die bloßen Arme lagen an der Seite, übersät mit blauen Flecken. Der Atem ging stoßweise und unregelmäßig, der Körper zuckte. War das normal für einen frisch Operierten? Oder hatte Gott entschieden, Korbinian Veit zu sich zu holen? War es die gerechte Strafe für die Vergehen? Und der Herr sprach: »Nun kommt das Ende über dich, denn ich will meinen Grimm über dich schütten und dich richten, wie du es verdient hast«, zitierte Baltasar im Stillen eine Textstelle aus dem Alten Testament. »Wo du aber den Gottlosen warnst und er sich nicht bekehrt von seinem gottlosen Wesen und Wege, so wird er um seiner Sünde willen sterben, aber du hast seine Seele errettet.« Ohne Zweifel hatte Veit schwer gesündigt. Beim Anblick des Mannes empfand Baltasar Mitleid, aber seine Gefühle wirbelten durcheinander, verwirbelten das Mitleid und trieben durch ein dunkles Nichts, aus dem er sich nicht befreien konnte.

Ein Röcheln holte ihn aus seinen Gedanken. Der Patient warf den Kopf hin und her, die Arme zitterten. Baltasar trat an die Seite und legte seine Hand beruhigend auf Veits Schulter. Die Haut fühlte sich kalt an. In der Armbeuge steckte eine Kanüle. Baltasar fiel auf, dass der Schlauch der

Infusionsflasche über dem Bett nicht an der Injektionsnadel angeschlossen war, sondern lose neben dem Bett baumelte. Baltasar untersuchte den Schlauch. Flüssigkeit tropfte heraus. Ein zweiter Schlauch mit einer Atemhilfe hing von einem Versorgungsschacht an der Wand herunter und lief ins Leere. Hatte sich der Patient die Schläuche im Schlaf versehentlich herausgerissen?

*Und führe uns nicht in Versuchung, sondern erlöse uns von dem Übel.* Baltasar murmelte die Worte. *Dein Wille geschehe.*

Ob der Herr den Sterbenden zu sich rufen oder zurück ins Leben schicken würde, lag nicht in Baltasars Macht. Er würde sich nicht in die Taten Gottes einmischen.

*Wie im Himmel so auch auf Erden.*

Er beschloss, den Hinweis des Arztes zu beherzigen und Korbinian Veit das Sterbesakrament zu erteilen.

*In Ewigkeit. Amen.*

## 6

Das Haus duftete nach Schokoladenkuchen. Vanille und Zitrone schoben sich dazwischen, vermählten sich mit Kaffeearomen, ein Fest für die Sinne. Baltasars Magen meldete sich mit einem Knurren, er hatte extra auf das Mittagessen verzichtet, eine Selbstkasteiung, die ihm umso leichter fiel, da der Kühlschrank sowieso leer war. Das war eine der angenehmen Seiten des Priesterberufs, auch wenn keiner es laut aussprach: das ständige Überangebot an Naschereien, verbunden mit nettem Geplauder, offiziell als praktische Seelsorge tituliert. Die einzige Sorge war die Befürchtung, sich überflüssige Pfunde anzufuttern.

Katharina Fassoth begrüßte den Besucher mit Handschlag – ihm schien, sie wollte ihn gar nicht mehr loslassen – und geleitete ihn ins Wohnzimmer. Sie war eine kleinwüchsige Frau mit kurzem Haar und einer Vorliebe für dramatische Gesten. Das Wohnzimmer war im Stil einer Bauernstube eingerichtet, mit Blümchenvorhängen, Wandlampen in Kerzenform, Eichenstühlen und einem Jogltisch mit Massivholzplatte, alles garantiert nach alten Vorbildern gestaltet, aber doch zu auffällig alt, um wirklich echt zu sein, und so wirkte es am Ende wie die unbeholfene Ausstattung eines Bauerntheaters. Vermutlich stellte sich Frau Fassoths Ehemann so das Landleben vor. Obwohl er lieber im Gemeindebüro arbeitete, als es mit dem harten Job als Landwirt zu probieren.

Mehrere Frauen hatten bereits die Sitzgelegenheiten in

Beschlag genommen und unterhielten sich. Es war die übliche Gruppe, die sich zum allmonatlichen Kirchenkreis traf. Man bot Baltasar einen Platz an, schob ihm Kaffeetasse und einen Teller mit einem Stück Kuchen hin. Der Pfarrer hatte bei Amtsantritt die Treffen ins Leben gerufen, um gemeinnützige Gemeindeprojekte zu fördern. Und um seine Schäfchen besser kennenzulernen. Selbstverständlich stand der Kreis Männern und Frauen gleichermaßen offen, aber was ein echter Kerl aus dem Bayerischen Wald war, der rümpfte bei dem Damenkränzchen nur die Nase und war froh, endlich mal von »Frauenthemen« verschont zu bleiben. Damit hatte Baltasar gerechnet, und so ergab es sich, dass er das einzige männliche Wesen in dem Kreis war. Für die Frauen war es die ideale Gelegenheit, dem Alltag des Haushalts zu entfliehen und einen guten Grund für die Zusammenkunft zu haben – soziale Arbeit unter dem Dach der Kirche, das klang gut und verschaffte ein reines Gewissen, auch wenn es für die meisten in Wirklichkeit nur darum ging, sich den neuesten Klatsch anzuhören.

»Marlies, ich meine Frau Veit, kommt nicht«, berichtete Katharina Fassoth. »Ihr habt es wahrscheinlich schon gehört: Ihr armer Mann ist gestern Abend den Folgen seines Unfalls erlegen. Er hat nicht leiden müssen, der Gute. Ist einfach nicht mehr aufgewacht.«

»Wie traurig«, sagte Barbara Schicklinger, Rechtsanwaltsgattin und eine wahre Meisterin darin, die passenden Schmuckstücke zu ihren farblich stets wechselnden Kaschmir-Twinsets auszuwählen. »Da zeigt sich, wie gefährlich das Radeln ist. Ich bleib lieber beim Auto.«

»Es heißt, Herr Veit soll stark alkoholisiert gewesen sein«, antwortete Clara Birnkammer, eine Frau mit langen Haaren und melancholischem Blick. »Mich wundert's nicht, wenn dann so was geschieht. Besoffen sein und dann noch fahren. Dafür habe ich null Verständnis. Auch wenn's hart klingt: Der Mann ist selber schuld.«

»Was du alles weißt, Clara«, sagte ihre Sitznachbarin Agnes Wohlrab, die Bürgermeistergattin mit dem rundlichen Gesicht. Ihre Wangen waren von feinen rötlichen Adern durchzogen, die sie mit einer Extraschicht Schminke zu übertünchen versuchte. Baltasar erinnerte es an eine frisch verputzte Hauswand.

»Clara hat schon Recht, meine Liebe. Ich hab's von meiner Tante gehört. Die hat es von ihrer Cousine, deren Tochter im Krankenhaus in Freyung arbeitet.« Emma Hollerbach, die Frau des Metzgers, lud sich ein neues Tortenstück auf den Teller. Ihr Mundwinkel zuckte, ein nervöses Leiden, das sie von Zeit zu Zeit befiel.

»Genau, mein Mann hat es mir heute am Telefon erzählt. Unter dem Siegel der Verschwiegenheit. Und der muss es wissen.« Elisabeth Trumpisch blickte auffordernd in die Runde. Ihr Mann war der stellvertretende Sparkassendirektor.

»Dann darf man euch wohl bald zur Beförderung gratulieren«, sagte Barbara Schicklinger, »Xaver wird ja sicher Veits Posten bekommen. So hat der Unfall auch sein Gutes.« Sarkasmus schwang in ihrer Stimme mit.

»Nun hör aber auf! Der Mann ist noch gar nicht unter der Erde.« Katharina Fassoth hob theatralisch die Hände. »Ich habe ihn immer als netten, freundlichen Menschen gekannt. Was für ein Verlust! Oder, Herr Pfarrer?«

Baltasar zuckte zusammen. Er hatte gerade ein Stück Schokokuchen im Mund. Das verschaffte ihm einen Aufschub. Schließlich flüchtete er sich in einen Hustenanfall.

Man ermahnte ihn, beim Schlucken vorsichtig zu sein, und wandte sich wieder dem Thema Veit zu. Baltasar zog bis auf weiteres den Kopf ein.

»Da sind nicht alle deiner Meinung, glaub ich«, sagte Emma Hollerbach zu Katharina Fassoth. »Was ich g'hört hab, hatten einige einen Hass auf den Mann. Giftig wurden die, wenn sie den Namen Veit hörten. Richtig giftig.«

»Das sagt noch gar nichts.« Agnes Wohlrab machte eine wegwerfende Handbewegung.

»Aber ich hab von meiner Nachbarin gehört – die hat mit ihrer Mutter gesprochen –, dass der Herr Veit ...«

»Jeder Mensch hat Neider und Feinde. Das ist normal«, sagte Barbara Schicklinger, »gerade die Ruachn.«

»Nicht jeder, aber viele«, wandte Clara Birnkammer ein. »Was hast du denn gehört, Emma?«

»Nun, er soll ein Hundling gewesen sein, erzählte die Nachbarin. Mit dem nicht zu spaßen war, wenn's ums Geschäft ging. Hat die andern immer niedergemacht, so was in der Art.«

»Weiß man denn schon, wann die Beerdigung stattfindet?«, fragte Clara Birnkammer.

»Da habe ich leider noch keine Informationen.« Baltasar setzte die Tasse ab. Leider war der Kaffee zu kalt aufgebrüht worden, er schmeckte lasch. Der Quell des Übels war vermutlich eine dieser Standardmaschinen, wie sie millionenfach in Küchen zu finden war. »Es ist noch zu bald. Erst müssen einige Formalitäten geklärt sein.«

»Apropos Formalitäten, weiß jemand, wie das Erbe von dem Plankl aufgeteilt werden soll? Zu schade, dass die Luise nicht da ist. Da wird einiges zu holen sein. Die Gute wird sich ihr Lebtag keine finanziellen Sorgen mehr machen müssen. Wie beneidenswert!«, seufzte Agnes Wohlrab. »Was ich alles mit dem Geld anfangen würde!«

Katharina Fassoth schnalzte mit der Zunge. »Ja, da könnte man in Passau zwei Schuhgeschäfte leer kaufen. Was sag ich: gleich drei, vier Läden. Und eine Boutique. Und zwei Weltreisen wären auch noch drin. Vielleicht kriegt die Tochter alles, und Luise bleibt nur der Pflichtteil. Würd mich nicht wundern. Ganz im Gegenteil.«

»Wenn man bedenkt, dass der Alois als Landwirt angefangen hat, ist seine Karriere schon erstaunlich«, sagte Clara Birnkammer. »Dazu braucht man doch Protektion. Ein solcher Aufstieg aus dem Nichts ist wohl nur in Niederbayern möglich.«

»Er hat es eben geschickt verstanden, seinen Grund und Boden zu verschachern«, meinte Agnes Wohlrab. »Und das Geld hat er wieder investiert und neue Immobilien gekauft.«

»Nicht bloß das. Der hatte überall seine Finger drin. Ein richtiger Eigsaamter war das, bauernschlau und rücksichtslos. Sonst hätte er es nicht so weit gebracht«, sagte Emma Hollerbach. »Ein Freund meines Mannes wollte mal Geschäfte mit dem Plankl machen und hat sich dabei fürchterlich die Finger verbrannt.«

»Dafür hat sich dein Mann aber auf der Beerdigung mächtig für den Verstorbenen ins Zeug gelegt.« Barbara Schicklinger grinste. »Wenn der Herr Pfarrer nicht eingegriffen hätte, wäre dem anderen Kerl der Schädel gespalten worden.«

»Na na, so schlimm war es gar nicht. Die beiden Kontrahenten hatten eben schon ein paar Bierchen intus«, sagte Baltasar.

Emma Hollerbach lief rot an. »Mein Mann lässt sich nicht beleidigen, schon gar nicht von einem dahergelaufenen Zipfeklatscha. Und über Tote sollte man nichts Schlechtes reden, wenn man dafür keinen triftigen Grund nennt.«

»Zumindest hat der Vorfall die Trauerfeier ungemein aufgelockert. Man hätte Eintrittsgeld verlangen sollen.« Clara Birnkammer verbiss sich ein Lachen. »Wer war eigentlich der fremde Biadimpfe?«

»Den kenn ich von irgendwoher«, sagte Barbara Schicklinger, »vermutlich ein Geschäftspartner von Alois. Ich glaube, er stammt aus Grafenau.«

»Wenn sich alle Geschäftspartner von Herrn Plankl so das Maul über ihn zerreißen würden, dann gute Nacht.« Katharina Fassoth legte frischen Kuchen nach. Baltasar ließ sich noch ein Stück von der Obst-Sahne-Torte geben. Die Aprikosen schienen vorher in Rum getränkt worden zu sein, verfeinert durch einen Spritzer Kokosmilch. Annehmbar.

»Wo gehobelt wird, fallen Späne«, sagte Agnes Wohlrab. »Man hat nicht Erfolg, weil man zu allen nur lieb und nett ist. Und der Alois war sehr rührig. Immer auf Achse, immer am Ball, immer auf der Suche nach einer Gelegenheit. Ich hatte manchmal den Eindruck, er war mehr mit seinen Geschäften verheiratet als mit der Luise.«

»Was das Liebesleben betrifft, könntest du Recht haben«, sagte Elisabeth Trumpisch. »Ich würde zu gerne wissen, wann die beiden das letzte Mal ... na ihr wisst schon ... g'schnackselt haben.«

»Alois war zwar nett, aber ich hätte nicht für viel Geld mit ihm ins Bett ... Allein schon die Vorstellung ... Und wer sagt denn, dass sie allein bleiben muss?« Barbara Schicklinger zupfte an ihrer Kette. »Die wartet anstandshalber die Trauerzeit ab und sucht sich dann einen neuen Gspusi. Einen Jüngeren. Das hält frisch.«

»Du meinst, sie wird wieder heiraten? Gibt es da etwa einen heimlichen Verehrer, von dem wir nichts wissen? Das kann ich mir nicht vorstellen«, sagte Clara Birnkammer.

»Wer redet denn heute noch vom Heiraten?« Barbara Schicklinger lehnte sich zurück. »Ab einem gewissen Alter ist das doch langweilig. Und so kompliziert. Das geht auch unbürokratischer.«

Katharina Fassoth rollte die Augen. »Du meinst, man kann sich ja mal eine Kurpackung gönnen, ohne gleich den Laden kaufen zu müssen? Gibt es wenigstens eine Geldzurück-Garantie? Umtausch bei Nichtgefallen sollte schon möglich sein. Und immer schön den Kassenzettel aufheben. Jetzt weiß ich endlich, bei wem ich mir künftig in solchen Fragen Rat einholen muss. Obwohl dein Göttergatte, wenn ich mich recht erinnere, auch ein Stückchen älter ist als du.«

»Exakt neun Jahre. Aber warum sollten Frauen nicht dürfen, was Männer für selbstverständlich halten? Ich sehe da keinen Unterschied«, sagte Barbara Schicklinger.

»Das stelle ich mir schwierig vor, grad hier im Ort, wo sich nichts geheim halten lässt«, sagte Clara Birnkammer, »da müsste man sich gut tarnen.«

»Schmarrn! Man bemerkt doch nur das Offensichtliche, das, was einem auf der Straße begegnet. Die spannenden Sachen bleiben unter der Oberfläche verborgen.« Barbara Schicklinger beugte sich zu Baltasar hinüber. »Aber wir plaudern hier die ganze Zeit und vergessen, weswegen wir eigentlich da sind. Wir wollen doch den Pfarrer unterstützen. Wie geht es mit Ihrem Jugendtreff voran? Das letzte Mal klangen Sie ganz optimistisch.«

»Ach, der Jugendtreff. Eigentlich wollte ich mit Herrn Veit nur noch die letzten Details des Mietvertrags besprechen, aber sein Ableben hat den Fahrplan etwas durcheinandergebracht.« Baltasar überlegte, wie viel er preisgeben sollte. Hatte der Tod des Sparkassendirektors die Chancen für sein Projekt wieder erhöht? »Ich bin leider hinter der Zeit. Ich kann Ihnen gar nicht sagen, wie sehr mir das Thema am Herzen liegt. Vielleicht dürfte ich die nächsten Tage mit Ihrem Mann darüber sprechen, wie es weitergehen soll, Frau Trumpisch.«

»Tun Sie das, Hochwürden. Ich rede mit meinem Mann. Er soll mit Ihnen einen Termin vereinbaren.«

»Vielen Dank.« Baltasar räusperte sich. »Vielleicht könnten wir in der Gemeinde mehr für das Projekt werben. Es fehlt noch Geld.«

Es entwickelte sich eine rege Maßnahmendiskussion. Bald konzentrierten sich die Vorschläge auf die Möglichkeiten einer hübschen Feier mit Essen und Trinken. Vorausgesetzt, man fände Sponsoren für das Fest. Frau Fassoth brachte eine weitere Kanne Kaffee, Baltasar bemerkte, dass er bisher noch nicht von dem Aprikosenkuchen probiert hatte. Ob er noch einen Kaffee vertragen konnte? Oder lieber einen Tee? Bisweilen waren die Pflichten eines Pfarrers durchaus erträglich. Er hielt Frau Fassoth seine Tasse hin.

# 7

Der Verkehr auf der Nibelungenstraße drang als Hintergrundrauschen ins Büro, ein ständiger Begleiter, den Wolfram Dix schon seit Jahren nicht mehr wahrnahm. Er beobachtete, wie die Kohlensäure seines Mineralwassers an die Oberfläche drängte, und überlegte, ob der Weg der Gasperlen zufällig sei oder sich berechnen ließe. Er nahm einen Schluck und schüttelte sich. Etwas Handfestes wäre ihm jetzt lieber gewesen. Aber es war noch nicht mal Mittag. Ein Tee? Seine Frau hatte ihm eine Kräutermischung aus dem Bioladen empfohlen, für seinen empfindlichen Magen. Die Packung lag unbenutzt in der Schreibtischschublade. Vielleicht sollte er es mit einem Kaffee probieren. Obwohl der nicht gut für den Magen war. Dummerweise war die Sekretärin heute krank. Dix telefonierte nach seinem Assistenten. Nach einigen Minuten klopfte es an der Tür. Ohne das Herein abzuwarten, trat ein junger Mann Ende zwanzig ein, schlank, hochgewachsen, mit halblangem Haar, die Strähnen auf der einen Seite hinters Ohr geschoben. Genau genommen war Oliver Mirwald nicht Dix' Assistent, sondern ein Kriminalkommissar der Passauer Dienststelle, vor kurzem von der Universität gekommen, der ihm als junger Kollege zugeteilt worden war. Mirwald hatte sogar einen Doktortitel. Wolfram Dix, Hauptkommissar mit jahrzehntelanger Berufserfahrung, schüttelte sich innerlich, wenn er daran dachte. Ein Doktor! Neue Zeiten bei der Kriminalpolizei. Vielleicht würden sie bald Professoren einstellen. Hoffentlich erst, wenn er in den Ruhestand gegangen war. Selbstverständlich redete er Mirwald nicht mit Titel an, außer um ihn zu ärgern, und selbstverständlich war der junge Mann sein Assistent, schließlich musste er noch eine Menge lernen, auch wenn er intelligent war und einen brauchbaren Eindruck machte.

»Mirwald, wie schaut's aus? Was steht auf dem Programm? Ruhige Woche oder was?«

»Da hätten wir eine Ermittlung, eine Anzeige wegen häuslicher Gewalt, vier noch zu schreibende Protokolle im Fall der Altstadt-Schlägerei mit Todesfolge, ein Hinweis einer Außendienststelle, der einige Telefonate erfordert. Sonst momentan ... Flaute.«

»Wunderbar. Haben Sie heute schon gefrühstückt?«

»Selbstverständlich, das Übliche: eine Brezen mit Butter, ein Müsli und einen Orangensaft.« Er versuchte, das Wort Brezn betont bairisch auszusprechen, was ihm als Norddeutschen aber gründlich misslang.

»Wissen Sie was? Ich spendiere Ihnen einen Kaffee. Damit Sie was Warmes in den Bauch bekommen. Nur so Vitaminzeugs, das ist ja ungesund. Und dann besprechen wir in Ruhe die Fälle.«

»Danke schön. Aber ich trinke lieber Orangensaft.«

»Meinetwegen.« Dix holte seine Geldbörse hervor und drückte seinem Assistenten einige Münzen in die Hand. »Wenn Sie mir aber einen Kaffee mitbringen, einen großen.«

Mirwald blickte unschlüssig auf das Geld, nahm es und zog von dannen.

Nachdem die Getränke gebracht waren und Dix den ersten Schluck genommen hatte, breitete Mirwald die Akten auf dem Tisch aus. »Also, die Anzeige wegen häuslicher Gewalt kam von den Wohnungsnachbarn des Opfers, die einen Streit gehört hatten. Die Beamten vor Ort klingelten und fanden eine zweiunddreißig Jahre alte Frau mit Verletzungen am ganzen Körper vor. Sie weigert sich bisher zu reden.«

»Der andere Fall?«

»Ein typischer Wirtshausstreit, der ausartete. Jemand zog dem Opfer einen Maßkrug über den Kopf. Dabei stürzte das Opfer unglücklich und fiel auf eine Kante. Die Anwesenden bemerkten die Kopfverletzung zu spät, der Mann verstarb im Krankenhaus. Die Beteiligten der Schlägerei gaben widersprüchliche Aussagen zu Protokoll und beschuldigen sich gegenseitig.«

»Die laden wir vor zum Verhör. Die kochen wir weich. Aber wir müssen erst die Berichte abwarten, wegen der Todesursache. Sonst noch was?«

»Die vier Protokolle Wir haben ...«

»Vergiss es. Weiter!«

»Ein Anruf der Polizeiinspektion Freyung. Es geht um einen Todesfall im Krankenhaus.«

»So was, da sterben doch tatsächlich Leute im Krankenhaus? Wer hätte das gedacht. Und ...?«

»Die Witwe meint, das Ableben ihres Mannes sei etwas plötzlich gekommen. Sein Zustand habe sich nach einem Unfall und einer Operation stabilisiert.«

»Und ...?«

»Der Arzt, der den Tod feststellte, bemerkte, dass die Versorgungsschläuche entfernt worden waren, und meldete es vorsichtshalber der Polizei.«

»Hmm, das muss nichts Ungewöhnliches sein.« Dix studierte die Akte. »Aber wenn ich mir die Alternativen anschaue, gefällt mir der Fall für heute am besten. Da können Sie sich noch was abgucken, Mirwald. Machen wir eine schöne kleine Dienstreise nach Freyung.«

Während der Fahrt unterhielten sie sich über die Fußballergebnisse vom Wochenende. Dix erzählte von seiner Ausbildung als Streifenpolizist und seinen ersten Jahren als Kripobeamter in München. Und warum es ihn wieder in seine Geburtsstadt Passau gezogen hatte. Mirwald nickte eifrig, etwas zu eifrig für den Geschmack des Hauptkommissars. Sie nahmen die Bundesstraße nach Norden, bogen bei Waldkirchen ab und fuhren den Umweg über Böhmzwiesel. »Ich mag diese Strecke lieber, da gibt es mehr zu sehen«, erklärte Dix, obwohl sein Beifahrer gar nicht danach gefragt hatte.

Am Empfang des Freyunger Krankenhauses erkundigten sie sich nach dem Krankenhausdirektor und ließen sich von dessen Sekretärin den Namen des Arztes geben, der die Polizei verständigt hatte. Auf der Station wiesen sie sich als Kriminalbeamte aus und fragten nach Doktor Bauer. Die Schwester sagte ihnen, der Doktor sei gerade im Operationssaal, sie möchten sich ein wenig gedulden.

»Ihr Patient, Korbinian Veit, der vorgestern Abend bei Ihnen verstorben ist, in welchem Zimmer lag der?« Dix sah die Schwester auffordernd an.

»Zimmer siebenundzwanzig, gleich neben dem Aufzug.«

»Was hoffn S' dort noch zu finden? Wenn's Spurn gab, sind sie längst weggrammt worden«, sagte Mirwald, den einheimischen Dialekt imitierend.

Die Schwester starrte ihn an, als habe ihr gerade ein Alien Botschaften von einem fremden Planeten verkündet. »Bislang haben wir keine neuen Patienten in das Zimmer verlegt. Herr Doktor Bauer hat angeordnet, alle Sachen dort zu lassen und vorläufig nichts anzurühren. Nur das Bett mit dem Verstorbenen haben wir hinausgebracht.«

»Bitte schicken Sie Doktor Bauer zu uns, wenn er aus dem OP kommt«, sagte Dix. »Wir schauen uns derweil in dem Zimmer um.« Und als die Schwester sie begleiten wollte, meinte er: »Danke, wir finden uns schon zurecht. Wir wollen Sie nicht von Ihrer Arbeit abhalten.«

Sie betraten das Krankenzimmer. »Einen Moment noch, Herr Mirwald. Mir liegt was auf der Seele.« Dix fixierte seinen Kollegen. »Bei uns im Bayerischen Wald gelten bestimmte Umgangsformen, müssen Sie wissen. Andere als bei Ihnen in Hannover. Regel Nummer eins: Versuchen Sie als Zugroaster nie – ich wiederhole: nie –, Mundart zu reden. Zumindest die ersten fünfzig Jahre nicht. Das kann nur schiefgehen. Bleiben Sie ruhig bei Ihrer preußischen Aussprache. Die Menschen hier sind nämlich toleranter, als Sie denken, und akzeptieren auch schlimme Geburtsfehler. Niemand kann was für seine falsche Herkunft. Außerdem: Millionen von Bayern sprechen kein Wort bairisch, aber es gibt niemanden im Freistaat, der das spricht, was die Preißn für bairisch halten.«

»Aber ich wollte doch nur …«

»Ist schon gut. Sie sind ja noch neu hier und müssen noch viel lernen. Zum Beispiel, dass man als Bürscherl seinem Kollegen gerade vor fremden Leuten nicht widerspricht und Schlussfolgerungen über Ermittlungen ausbreitet. Und jetzt los!«

Die Einrichtung von siebenundzwanzig unterschied sich in nichts von dem Standard anderer Krankenzimmer, nüchterne Langeweile gepaart mit funktioneller Ausstattung, alles darauf ausgerichtet, viele Menschen durchzuschleusen und dazwischen schnell sauber zu machen. Dix nahm ein Paar Gummihandschuhe aus seiner Jackentasche und bedeutete Mirwald, dasselbe zu machen. »Immer vorbereitet sein, ist die Grundregel. Man weiß nie, was man findet.«

»Die Statistik besagt, je später man an einen Tatort kommt, desto weniger Hinweise gibt es.«

»Sie und Ihre Zahlen. Ihre Statistik verrät uns zum Beispiel nicht, ob es überhaupt ein Tatort ist. Das muss sich erst herausstellen. Deshalb sehen wir uns um. Was ist mit den Schläuchen?« Dix deutete auf die Sauerstoffleitung, die aus dem Versorgungsschacht an der Wand ragte. Vorsichtig hob der Hauptkommissar das Ende hoch. »Hier, sehen Sie, hier klebt noch ein Stück Pflaster.«

Mirwald untersuchte die Tropfflasche, die an einer Halterung hing. Ein Schlauch war angeschlossen. Er reichte bis zum Boden. »Da hängt noch die Nadel dran. Sieht nach eingetrocknetem Blut aus.«

»Wer sagt's denn. Das ist doch schon was. Die Schläuche und die Flasche nehmen wir vorsichtshalber mit. Sollen die sich im Labor drum kümmern, ob sie was entdecken. Bitte alles einpacken.« Dix holte mehrere Tüten heraus.

An der Tür klopfte es. Ein junger Mann trat ein. »Ich bin Doktor Bauer. Sie wollten mich sprechen?«

Dix stellte seinen Kollegen und sich vor. »Wir gehen Hinweisen wegen des Todesfalles Veit nach. Erzählen Sie, was ist Ihnen aufgefallen?«

»Laut Krankenakte wurde der Patient aufgrund eines Unfalles eingeliefert, er war vom Fahrrad gestürzt und hatte sich dabei erhebliche Verletzungen zugezogen. Die Kollegen veranlassten eine Notoperation.«

»Nicht weiter ungewöhnlich ...«

»Richtig. Bemerkenswert ist, dass der Patient eins Komma vier Promille Alkohol im Blut hatte. Es wundert, dass er sich überhaupt noch auf dem Fahrrad halten konnte.«

»Eine Fahrt unter Alkoholeinfluss also. Nicht gerade ein seltenes Delikt bei uns.«

»Nach der Operation wurde der Patient von der Intensivstation in dieses Zimmer verlegt. Sein Zustand war kritisch. Laienhaft ausgedrückt, ist die Überlebenschance in einem solchen Fall gering.«

»Wie gering – zehn, dreißig, sechzig Prozent Überlebenschance?«

»Das ist schwer in konkrete Prozentzahlen zu fassen. Wenn Sie unbedingt darauf bestehen, würde ich die Überlebenschance auf maximal zwanzig, dreißig Prozent schätzen. Aber, wie gesagt, das gilt nur unter Vorbehalt.«

Dix zeigte auf die Klarsichttüten mit den Schläuchen. »Könnte das nicht Zufall sein? Vielleicht hat sich Herr Veit im Schlaf die Schläuche versehentlich herausgerissen.«

»Ausschließen kann ich das nicht. Aber der Patient war sediert, er erhielt starke Schmerzmittel und andere lebenswichtige Medikamente. Da ist es zweifelhaft, wie weit der Mann noch in der Lage war, sich zu rühren.«

»Verstehe ich Sie richtig, Herr Veit könnte sich die Schläuche im Schlaf selbst herausgerissen haben?«

»Ja, möglich, nur nicht sehr wahrscheinlich.«

Mirwald runzelte die Stirn. »Reichlich dünn, was Sie uns erzählen.«

»Das zu klären ist nicht meine Aufgabe, meine Herren, sondern Ihre. Ich habe Ihnen nur die Fakten geliefert. Ich kümmere mich um die Lebenden, nicht die Toten. Wenn Sie mich jetzt nicht mehr brauchen, ich werde im OP erwartet.«

»Bevor Sie gehen – haben Sie vor dem Tod des Herrn Veit sonst etwas Ungewöhnliches bemerkt? Schließlich müsste es einen Täter geben, wenn Ihre Annahmen stimmen. Und was ist mit einer Obduktion?«

»Zu der Zeit hatte ich keinen Dienst. Fragen Sie bitte im Stationszimmer nach. Was Ihre letzte Frage betrifft, die Witwe hat um eine Obduktion gebeten, um Klarheit über die Todesursache zu gewinnen. Deshalb werden wir eine Obduktion vornehmen. Sie können gerne einen Experten Ihrer Forensikabteilung hinzuziehen. Einen schönen Tag noch.«

»Na, was halten Sie davon, Mirwald?«, fragte Dix, nachdem sich die Tür wieder geschlossen hatte.

»Wie gesagt, die Indizien sind mager. Ich sehe noch keinen Ansatzpunkt. Vor allem fehlt ein Motiv.«

»Bravo. Uns fehlt nicht nur ein Motiv, uns fehlt noch eine ganze Menge mehr. Erst dann können wir beurteilen, ob es überhaupt ein Fall ist oder nicht. Reden wir mit dem Personal. Was wir brauchen, sind Fakten. Erst dann is der Kaas gessn, wie wir hier sagen. An die Arbeit, Mirwald.«

# 8

Eigentlich hatte er sich vorgenommen, das Mittagessen ausfallen zu lassen. Aber dann war er in der »Einkehr« hängen geblieben. Wollte erst nur auf einen Espresso hin, hatte die Speisekarte gelesen, den Inhalt seiner Geldbörse überprüft und sich asiatische Bandnudeln mit gebratenen Shiitake-Pilzen bestellt. Er konnte eine Stärkung gut gebrauchen, schließlich stand am Nachmittag sein Termin bei der Diözese in Passau an. Baltasar beobachtete Victoria Stowasser, wie sie einen anderen Gast bediente. Wie anmutig sie den Teller servierte und zugleich ein Glas Bier auf den Tisch stellte. Sie trug eine einfarbige Schürze über dem Kleid und hatte die Haare nach hinten gebunden. Baltasar glaubte beim Vorbeigehen einen Hauch von Vanilleparfum zu riechen. Immer wieder faszinierte ihn ihre Erscheinung, sie rief in ihm Erinnerungen wach an seine Studienzeit ... War das der Grund, warum er sich von der Frau so angezogen fühlte?

»Darf's noch was sein, Herr Senner?« Die Wirtin lächelte ihn an. Er lächelte zurück, kam sich aber im gleichen Moment dämlich vor, als sei er ein Teenager bei der Verabredung ins Kino.

»Ihr Essen war wieder mal einsame Klasse. Wie die Köchin, wenn ich das so sagen darf. Ich bewundere Ihre Energie.«

»Kochen ist Leidenschaft.« Sie setzte sich zu ihm an den Tisch. »Und Sie sind mein besonderer Gast, das wissen Sie doch. Jemand mit einer ausgeprägten Liebe zum Essen. Und mit Geschmack. Einer, der das Besondere zu schätzen weiß.

Das findet man im Ort nicht allzu häufig. Manchmal ist es mit diesen Banausen hier zum Verzweifeln. Die könnte ich würgen wie einen Truthahn.« Sie lachte. Ein Lachen, das Baltasar unter die Haut ging.

»Einen Schnaps zum Verdauen? Habe einen neuen Sauerkirschbrand reingekriegt. Geht aufs Haus.«

»Nein, danke, das ist nett, ich muss noch fahren.«

»Nehmen Sie immer noch den Wagen vom Herrn Vallerot?«

Baltasar nickte.

»Sie sollten sich ein eigenes Gefährt leisten. Ohne Auto ist man hier aufgeschmissen.«

»Ach, wissen Sie, mein Gemeindebudget ist knapp bemessen. Lieber setze ich das Geld für andere Dinge ein. Und die Diözese finanziert mir leider keinen Wagen. Außerdem – solange mir Vallerot sein Auto gibt, ist alles bestens.«

»Sie müssen es ja wissen.« Victoria Stowasser beugte sich vor. »Haben Sie übrigens das mit dem Herrn Veit schon gehört? Er ist im Krankenhaus in Freyung gestorben. An den Folgen eines Unfalls, erzählt man.«

»Ja, traurige Geschichte. Kannten Sie ihn näher?«

»Den Herrn Veit? Wer kannte den nicht? Hat ab und zu bei mir gegessen mit seiner Frau. Manchmal auch mittags zusammen mit Kollegen. Außerdem bin ich Kundin der Sparkasse. Da habe ich ihn gewissermaßen dienstlich getroffen.«

»Ich bin aus ihm nicht schlau geworden«, sagte Baltasar. »Er machte eigentlich einen sympathischen Eindruck. Aber offenbar hatte er noch eine andere Seite.«

»Welcher Banker ist schon sympathisch? Mir war er nie recht geheuer. Wenn er mit Geschäftspartnern da war, setzte er sich immer abseits und tat dann geheimnisvoll.«

»Wenn es um Vertrauliches geht ...«

»Ach was. Wenn ich zum Bedienen an den Tisch kam, ging es meistens ums Jagen oder um Fußball, man lästerte über andere oder erzählte sich schmutzige Witze, was Männer halt so tun, wenn sie Geschäfte machen.«

»Für die Sparkasse ist es jedenfalls ein Verlust. Herr Veit war die letzte Instanz in Geldfragen. Vieles ging über seinen Schreibtisch. Zumindest die größeren Summen, etwa bei der Kreditvergabe.«

»Jeder ist ersetzbar. Auch ein Herr Veit. Ich weiß, das klingt jetzt hart, aber der Herr Sparkassendirektor war ja auch nicht gerade zimperlich. Noch einen Espresso, Herr Senner?«

»Nein danke, ich muss los, das Auto holen. Ich werde schon erwartet.«

Philipp Vallerot wohnte allein in einem Einfamilienhaus auf einer Anhöhe abseits des Ortszentrums. Dem Garten fehlte die übliche Ordnung von Blumenrabatten, Gemüsebeeten und Ziersträuchern, wie sie die Häuser der Gegend tausendfach schmückten. Solche Vorgärten zeugten nicht nur vom Ehrgeiz der Gestalter, sondern waren zugleich ein Signal des Besitzerstolzes an Nachbarn und Besucher. Vallerots Garten jedoch bestand aus einer von mehreren Apfelbäumen geschmückten Bauernwiese. Alles sah unberührt aus, als habe es der Besitzer den Launen der Natur überlassen, sich um die Gestaltung zu kümmern. Einzig eine hüfthohe Marmorsäule im griechischen Stil irritierte das Auge. Auf ihr thronte ein steinernes Fabelwesen, eine Kreuzung aus Drachen und Gartenzwerg, gekleidet mit einem Stoffumhang in den Farben

Frankreichs. Das sei sein persönlicher Dämon, pflegte Vallerot zu sagen, schwieg sich aber über die tiefere Bedeutung aus. Auch sonst war er recht einsilbig, besonders was seine Vergangenheit anging. Sein Lebenslauf wies bedeutende Lücken auf, welche er mit »alles Schnee von gestern« zu kommentieren pflegte. Ein Foto auf dem Schreibtisch wies darauf hin, dass er eine Zeitlang in der Fremdenlegion gewesen sein musste. Seinen Beruf gab er etwas schwammig als Sicherheitsberater an, doch um welche Art von Sicherheit es sich dabei handeln sollte, blieb unklar. Genau wie Baltasar war Vallerot nie verheiratet gewesen, Anekdoten aus seinem Leben verwiesen auf wechselnde Frauenbekanntschaften. Mit seinem Vater hatte er schon vor vielen Jahren den Kontakt abgebrochen, die Mutter hatte wieder geheiratet und lebte jetzt in Österreich. Baltasar hatte Vallerot in der »Einkehr« getroffen, wo sie ins Plaudern kamen über Essen und Wein. Ein paar Gläser diskutierten sie über klassische Rockmusik und die besten Schwarzweißfilme aller Zeiten. Zwei Seelenverwandte hatten sich gefunden, auch wenn sie sich bislang nicht darauf einigen konnten, ob *Citizen Cane*, der *Dritte Mann, Malteser Falke* oder Chaplin-Filme an der Spitze der Liste stehen sollten – oder ein ganz anderer Streifen.

Der Hausherr stand bereits an der Tür, um Baltasar zu begrüßen. »Leider wirst du um deinen Gang nach Canossa nun nicht länger herumkommen, mein Lieber«, sagte Vallerot. »Dein Arbeitgeber in Passau wartet sicher schon.«

»Ich kann dich beruhigen, es handelt sich um einen ganz normalen Besuch. Der Bischof will mich sprechen. Routinedinge. Ich habe selbst einiges zu erledigen. Wirklich nett, dass du mir wieder deinen Wagen leihst.«

»Ich bitte dich. Brauche die Karre eh kaum. Wenn ich damit einem Vertreter der kirchlichen Obrigkeit einen Gefallen tun kann, freut das meine verdorbene Seele, und man weiß nie, für was das später gut sein kann. Mir wäre es nur lieb, wenn du den Aufbruch ins Paradies noch ein wenig verschiebst und vorsichtig fährst. Täte mir leid um dich, wenn du vorzeitig vor deinen Schöpfer, den Großen Außerirdischen, treten und ›Knockin' on heaven's door‹ singen müsstest. Am Ende landest du deswegen noch im Fegefeuer. Sind dort die Temperaturen eigentlich höher als in der Hölle, rein wissenschaftlich betrachtet?«

»Im Grunde deines Herzens bist du ein Kreuzritter auf der Suche nach etwas, an das er glauben kann. Wer Rockmusik und gute Filme zu schätzen weiß, kann gar nicht völlig verdorben sein. Ich habe also noch Hoffnung für dich. Meine Kirche steht den Sündern offen.«

»Obacht! Sonst wird dein Gotteshaus noch wegen Überfüllung geschlossen. Zum Glück lassen sich die meisten Sünder mit dem Kirchgang Zeit bis nach dem Tod – siehe Alois Plankl.«

»Ich bitte dich: Der Mann war regelmäßig in der Kirche, zumindest an Feiertagen. Und er hat großzügig gespendet.«

»Wahrscheinlich einen Teil seines Schwarzgeldes. Das konnte er sowieso nicht auf die Sparkasse tragen, ohne Angst vor dem Finanzamt haben zu müssen. Da hat er es eben bei dir entsorgt.«

»Jetzt hast du aber eine zu schlechte Meinung vom Plankl. Das sind ja Klatschgeschichten wie bei meinen Bibelnachmittagen.«

»Mein Bauchgefühl sagt mir, dass ein Bauer aus dem

Bayerischen Wald verdammt viel Glück braucht, um es zu einem solchen Vermögen zu bringen. Es sei denn ...«

»Was?«

»Weiß ich nicht. Ist nicht mein Bier. Friede seiner Seele – in der Hölle oder wo sie auch sonst sein mag.«

»Vallerot, vertagen wir das Gespräch lieber. Ich muss jetzt los.«

Baltasar nahm die Autoschlüssel in Empfang und verabschiedete sich.

Das bevorstehende Gespräch mit dem Bischof und dem Generalvikar bereitete ihm Unbehagen, vielleicht lag es an der Einladung, die so verdächtig unverbindlich formuliert worden war. Das verhieß nichts Gutes. Baltasar hasste solche Besuche, die einen auf freundliche Weise nötigten, doch mal beim Chef vorbeizuschauen, es gebe was zu besprechen, nichts Wichtiges, man solle sich nur gedulden, man werde schon rechtzeitig informiert.

Er überquerte die Schanzlbrücke und fand an der Fritz-Schäffer-Promenade eine Parklücke. Da noch etwas Zeit war, ging er am Donauufer entlang, überlegte kurz, ob er im Dom Sankt Stephan um göttlichen Beistand beten sollte, unterließ es dann aber, ging über den Domplatz und betrat schließlich das bischöfliche Ordinariat gegenüber dem Dom, ein repräsentativer Bau mit Barockfassade, dessen Eingang mit Überwachungskamera und elektronischem Zugangssystem gesichert war wie ein Hochsicherheitstrakt. Baltasar atmete einmal durch, bevor er sich im Sekretariat des Bischofs anmelden ließ. Nach zehn Minuten Warten durfte der Besucher das Büro betreten. Wobei Büro es nicht ganz traf, denn das Zimmer des Bischofs war ein Repräsentationsraum mit geschnitzten Stühlen, Parkettboden, antiken Möbeln und Ölgemälden an den Wänden.

Der Bischof legte seinen Füllhalter beiseite und erhob sich – hatte er wirklich gerade etwas geschrieben, oder waren es wohl berechnete Gesten?, rätselte Baltasar. Vinzenz Siebenhaar, ein magerer, untersetzter Mann mit faltigem Gesicht, hatte sein Amt schon seit mehr als zwei Jahrzehnten inne, und man erzählte, dass er gerne in den Ruhestand gehen würde. »Der liebe Herr Senner, grüß Gott, schön, dass Sie es einrichten konnten, zu uns nach Passau zu kommen.«

»Grüß Gott, Eure Exzellenz.«

»Aber, aber Herr Senner. Nicht so förmlich. Wir sind doch unter uns. Kommen Sie, setzen wir uns.« Er deutete auf einen Stuhl. »Wie geht es Ihnen? Was macht die Gemeinde?«

Baltasar überbrückte die Begrüßungsphase mit Schilderungen seiner Arbeit und wartete darauf, dass der Bischof zur Sache kam. Doch der tat ihm noch lange nicht den Gefallen und berichtete erst ausführlichst über die Ergebnisse der Bischofskonferenz, seinen Besuch in den Wallfahrtsorten Altötting und Tschenstochau und das letzte Orgelkonzert im Passauer Dom.

»Wie ich höre, steht bei Ihnen bald wieder ein freudiges Ereignis an ... Ich meine die Hochzeit«, sagte der Bischof.

»Ach so, ach ja, ein junges Paar will heiraten, eine Bauernhochzeit mit viel Verwandtschaft.«

»Bauernhochzeit, wie schön! Bei uns werden eben die Traditionen noch hochgehalten. Wie ich gehört habe, gibt es ein kleines Problem mit dem Bräutigam, das noch zu lösen ist.«

»Was meinen Sie, Herr Bischof?«

»Tun Sie nicht so, Senner.« Die Stimme Siebenhaars verlor ihren Schmelz. »Der junge Mann ist evangelischen Glaubens. Ein Lutheraner!« Das letzte Wort spuckte der Bischof aus, als spreche er von einem Schwerkriminellen.

»Beide Partner glauben an Gott und wollen vor den Altar treten, um das Sakrament der Ehe zu begehen.«

»Gerade dieses Sakrament verpflichtet uns vor Gott zur Einhaltung der katholischen Prinzipien. Ich weiß, Sie haben früher woanders gearbeitet, da sah man solche Dinge vielleicht legerer. Aber wir sind in Bayern, mein Lieber. Hier zählt der wahre Glaube noch etwas. Natürlich sind die Evangelischen unsere verirrten Brüder im Geiste, und wer predigt mehr den gemeinsamen Dialog mit allen Glaubensrichtungen als ich? Erst auf der letzten Bischofskonferenz habe ich ... Lassen wir das. Worauf es mir ankommt: Für uns Katholiken ist die Ehe eine heilige Institution, unauflöslich vor Gott geschlossen, nur durch den Tod zu beenden, ein Sakrament, wie Sie zu Recht sagen. Und bei den Evangelischen? Eine Geste. Eine Zeremonie nach dem Standesamt. Public viewing in der Kirche. Irgendwie beliebig. Nein, nur unsere heilige katholische Kirche vertritt den Herrn auf Erden richtig, ganz nach dem Willen der Bibel, mit unserem Papst in Rom an der Spitze.«

»Worauf wollen Sie hinaus, Herr Bischof?«

»Was ich Ihnen klarmachen will, ist, dass ich kein Freund der Ökumene bin, beim Ehesakrament genauso wenig wie beim Abendmahl. Bruderschaft der christlichen Religionen schön und gut, aber wenn es um das Herz der Menschen geht, steht die katholische Kirche als Kämpferin an vorderster Front. Wir geben keins unserer Schäfchen verloren. Kein einziges. Deshalb würde ich mich freuen, wenn Sie dem

Bräutigam verdeutlichen, nur im Schoß unserer Kirche findet er sein Seelenheil. Oder um es auszudrücken wie die Menschen im Bayerischen Wald: Wir müssen unseren Stall sauber halten. Vor der Heirat ist ein Wechsel zum Katholizismus wünschens- und erwartenswert. Wer will schon zu einer Minderheit gehören? Senner, machen Sie dem Mann das klar!«

»Aber, wir haben hier zwei Menschen, die sich lieben und unbedingt kirchlich heiraten wollen. Das ist doch ...«

Siebenhaar hob die Hände. »Nun, wir wollen hier nicht bis zur Wiederkunft Christi diskutieren. Denken Sie an unseren Codex Iuris Canonici, Punkt elfhundertvierundzwanzig, in dem es heißt – ich zitiere sinngemäß –, ›die Eheschließung zwischen zwei Getauften, bei der ein Partner zu einer Kirche zählt, die nicht in voller Gemeinschaft mit der katholischen Kirche steht, ist ohne ausdrückliche Erlaubnis der zuständigen Autorität verboten‹.« Der Bischof machte eine Kunstpause. »Da haben Sie Ihren Hebel. Tun Sie Ihr Bestes. Ich verlasse mich auf Sie. Und was Ketzer betrifft ...« Der Bischof bekreuzigte sich. »Da scheinen Sie mit einem leibhaftigen Exemplar recht freundschaftlich zu verkehren, wie mir zugetragen wurde. Einem Atheisten. Einem Antichristen. Ich bitte Sie, Senner, lassen Sie das. Stellen Sie jeden Kontakt mit dem Mann ein. Überlegen Sie nur, wie fatal das auf andere Menschen wirken muss. Sie haben eine Vorbildfunktion in der Gemeinde.«

»Aber Herr Vallerot ist mein Freund.«

»Mit dem Teufel kann man keine Freundschaft schließen. Wer Gott leugnet, der ist auf ewig verdammt.«

»Machen Sie sich keine Sorgen, ich werde Herrn Vallerot

schon auf den rechten Weg führen, das ist meine Aufgabe ... meine Mission.«

»Ich *will* mir aber Sorgen machen! Das ist *meine* Aufgabe.« Die Stimme des Bischofs hallte im Raum wider. »Ich bitte Sie, nein, ich ordne an, dass Sie Abstand zu diesem Subjekt halten. Und zwar sofort. Wenn Sie mich jetzt entschuldigen, ich habe noch eine Predigt vorzubereiten.«

Baltasar saß still da, beherrschte seinen Impuls, Kontra zu geben. Einatmen. Ausatmen. Einatmen. Ausatmen. »Eure Exzellenz, da wäre noch das Problem mit der Haushaltshilfe, über das ich Ihnen geschrieben hatte ...«

»Reden Sie mit dem Generalvikar. Das fällt in seinen Bereich. Gott zum Gruße.«

Im Treppenhaus blieb Baltasar stehen und atmete nochmals durch. Die Anspannung ließ nach. Er gratulierte sich selbst zu seiner Selbstbeherrschung, beinahe wäre er da drin explodiert. Der liebe Gott erlegte einem wirklich die schwersten Prüfungen auf.

Im Vorzimmer des Generalvikars traf Baltasar dessen persönlichen Assistenten Daniel Moor.

»Hallo, dass Sie uns wieder besuchen, nach so langer Zeit«, sagte Moor und verzog den Mund zu einem Lächeln. Sein glattes Gesicht ließ ihn noch jünger wirken, als er tatsächlich war. Der Mann war Ende zwanzig.

»Ich komme auf eine Einladung hin, die ich nicht ablehnen konnte.«

»Oh ja, der Consigliere wünscht Sie zu sehen, Padre mio.« Moor imitierte die Stimme des Don aus dem Film *Der Pate*. »Sie haben hoffentlich meine Lieferung nicht vergessen.«

»Keineswegs.« Baltasar stellte seine Aktentasche ab und holte ein Paket heraus. »Beste Ware. Ägypten. Eine Spezialmischung. Der Grundstoff ist wie immer Weihrauch, dazu eine Mischung von Kräutern und Zutaten. So was haben Sie garantiert noch nicht probiert.«

»Was ist da genau drin?«

»Um ehrlich zu sein ... Ich weiß es nicht. Die Mixtur heißt ›Engelstraum‹. Der Lieferant schwört, dass alle Zutaten sortenrein sind, ohne Fremdstoffe, Pestizide oder Geruchsverstärker. Gerührt und nicht geschüttelt. Aus dem Bioladen gewissermaßen. Letztlich ist es egal, das Ergebnis zählt. Sie werden sehen – ein Genuss sondergleichen.«

»Das erwarte ich auch, wenn ich dran denke, was ich Ihnen bezahle.« Moor nahm Geld aus seiner Börse. »Aber bisher war ich immer zufrieden. Sie haben wirklich ganz exquisite Bezugsquellen.«

Die Verbindungstür ging auf. Doktor Justus Castellion, der Generalvikar, trat ein. »Herr Moor, ich bräuchte noch ...« Erst jetzt bemerkte er Baltasar. Mit einem Blick erfasste er das Geld und das Paket auf dem Schreibtisch und hob die Augenbrauen.

»Schönen guten Tag, Herr Senner. Ich wusste gar nicht, dass Sie schon da sind. Sonst hätte ich Sie nicht warten lassen.« Er schüttelte Baltasar die Hand.

»Der Herr Pfarrer hat die Probe eines aromatischen Weihrauchs mitgebracht«, sagte der Assistent. »Ich dachte, das wäre vielleicht was für die Nachtgottesdienste in der Kapelle.«

»Care-Pakete vom Herrn Senner, wie schön. Treten Sie ein.« Castellion öffnete die Tür, ließ Baltasar vorgehen und wies ihm einen Platz bei einer Sitzgruppe in der Ecke zu. »Kaffee, Tee, einen Schluck Wein?« Baltasar schüttelte den

Kopf. Der Generalvikar holte sich eine Ablagemappe und setzte sich dazu. Er war ein Mann in den Vierzigern, Typ Industriemanager, der schnell in der Kirchenhierarchie Karriere gemacht hatte und das Vertrauen des Bischofs genoss.

»Wie war Ihr Gespräch mit dem Bischof?«

»Anregend.«

»Ja, Seine Exzellenz hält den wahren Glauben aufrecht. Seine spirituelle Kompetenz ist unbestritten. Ich kümmere mich mehr um weltliche Dinge, Verwaltungsangelegenheiten.« Castellion holte einige Papiere heraus. »Sie haben also eine Erhöhung Ihres Etats beantragt, wie ich sehe.«

»Eigentlich will ich nur eine Haushaltshilfe, die mich entlastet.«

»Das bedeutet mehr Kosten, schließlich muss zusätzliches Personal bezahlt werden. Für Ihre Gemeinde ist ein gewisser Betrag pro Jahr vorgesehen, den kann man nicht so ohne weiteres überschreiten. Wie Sie wissen, ist die Kirche in den Medien unter Beschuss. Da können wir uns negative Publicity wegen angeblicher Verschwendung nicht leisten.«

»Oh, davon ist keine Rede.« Baltasar dachte an die üppige Ausstattung des bischöflichen Amtszimmers. »Ich wünsche mir einfach jemanden, der mir den Rücken für meine eigentlichen Aufgaben freihält. Und so viel zahlt unsere Diözese ihren Angestellten ja auch nicht, wie ich weiß.«

»Für die Menschen sollte es eine Ehre sein, dem Herrn zu dienen. Früher musste der Pfarrer mit dem zurechtkommen, was ihm seine Gemeindemitglieder zum Essen und zum Trinken spendeten.«

»Mit Verlaub, das ist schon ein paar Tage her – frühes Mittelalter, wenn ich mich recht erinnere.«

»Was denken Sie, mit welchen Forderungen ich mich heute herumschlagen muss. Gehaltserhöhungen sind noch das Geringste. Kürzlich kam jemand mit der Forderung zu mir, sein Büro sei zu dunkel und entspreche nicht den Vorschriften. Ich danke dem lieben Gott, dass unsere Kirche von solchen Mitbestimmungsbegehrlichkeiten ausgenommen ist. Ich habe der Person geraten, öfters mal an der frischen Luft spazieren zu gehen – außerhalb der Arbeitszeiten, versteht sich.«

»Meine Bitte bezog sich auf eine Haushaltshilfe. Ich habe mich lang genug vertrösten lassen.«

»Wo soll ich denn jemanden herzaubern?« Castellion überflog ein weiteres Dokument. »Wie ich sehe, ist Ihr Etat tatsächlich nicht besonders hoch. Sie sind sehr sparsam, das ist lobenswert. Aber weibliches Personal für Pfarreien ist schwer zu bekommen. Keiner will sich mehr diese Arbeit aufhalsen.«

»Vielleicht probieren Sie es mal mit einer Gehaltserhöhung?«

»Ja, wenn das so einfach wäre. Okay, ich will sehen, was ich tun kann. Irgendwie werde ich eine Lösung für Ihr kleines Problem finden. Aber erwarten Sie keine Wunder.« Der Generalvikar schlug die Aktendeckel zu. »Ich glaube, das wär's, Herr Senner.« Beim Hinausgehen sagte er noch: »Was macht eigentlich Ihr Jugendtreffprojekt? Geht es voran?«

»Ich bin noch nicht am Ziel. Leider dauert es länger als gedacht.«

»Na dann viel Glück. Das können Sie brauchen.«

Baltasar verabschiedete sich. Woher die Diözese nur all die Details aus seiner Gemeinde kannte? Gab es geheime Informanten? Moor blickte von seinem Schreibtisch hoch und zwinkerte ihm zu, mit einem Röcheln in der Stimme sagte er: »Möge die Macht mit Ihnen sein.«

Baltasar schnitt eine Grimasse: »Sie sehen zu viele Filme, mein lieber Obi-Wan.«

Vom Domplatz ging Baltasar zurück zum Parkplatz, wechselte im Wagen sein Hemd und tauschte die Anzugjacke gegen einen Pullover. In zivil, ohne gleich durch seine Kleidung als Pfarrer erkennbar zu sein, fühlte er sich viel wohler beim Spazierengehen. Er wollte sich zur Belohnung noch einen Bummel durch die Altstadt gönnen, die beste Methode, die beiden unerfreulichen Gespräche zu vergessen.

In den Gassen drängten sich Touristengruppen, Familien beim Einkaufen, Pärchen und Cliquen von Studenten. Baltasar überlegte, ob er ins Kino gehen sollte, dafür war es aber zu früh, so steuerte er ein Café mit Internetzugang an, bestellte sich einen Cappuccino und rief eine Webseite auf. Er hatte etwa eine Stunde vor dem Computer verbracht, als er das Gefühl hatte, beobachtet zu werden. Er sah sich im Raum um, entdeckte aber nichts Auffälliges. Da blieb sein Blick an einer Gestalt hängen, die von der Straße aus zu ihm herschaute. Als die Person, eine Frau mit Baseballkappe und Sonnenbrille, sein Interesse bemerkte, drehte sie sich schnell um und ging weiter. Baltasar lief ins Freie und versuchte der Frau zu folgen. Aber schon an der nächsten Ecke hatte er zwischen all den Menschen den Überblick verloren. Er ging zurück ins Café. Sah er jetzt schon Gespenster? Schließlich nahm er sich vor, zur Krönung des Tages noch ein Eis zu essen und sich nicht mehr von seiner Phantasie foppen zu lassen.

## 9

Seine Kontoauszüge holte sich Baltasar immer am Schalter. Die Sparkasse nötigte ihre Kunden schon länger, sich Dokumente am Automaten selbst auszudrucken, und verkaufte die Arbeitsverlagerung als »Self Service«. Wahrscheinlich durfte man bald auch den Boden der Bank selbst wischen, ein »Cleaning Service« des Instituts. Aber Baltasar liebte den Plausch mit den Angestellten, ließ sich geduldig die neuen Sparangebote der Bank erklären, genoss die Wortdusche aus Zinsanlagen, Renditen und Risikominimierung, nickte fleißig, wohl wissend, dass er nie das Geld und die Lust für solche Investments hatte. Aktuell waren die Zahlen auf seinen Kontoauszügen dazu angetan, eine schöne kleine Depression auszulösen. Er überlegte, ob er einen Teil von Daniel Moors Weihrauchgeld einzahlen sollte, sah aber ein, dass es das Minus nur geringfügig ändern würde, und entschied sich lieber für das angenehme Gefühl, die Scheine in seiner Tasche zu ertasten. Blieb also nur das Warten auf den Monatsersten.

Interessanterweise galt ein Pfarrer bei der Sparkasse als guter Schuldner, wohl in der irrigen Annahme, irgendwie würde am Ende der liebe Gott für alles geradestehen.

Eine Frau im eleganten, schwarzen Kleid kam aus dem Bürotrakt der Sparkasse und stoppte, als sie den Pfarrer sah. Den Karton, den sie trug, stellte sie am Boden ab.

»Mein Beileid, Frau Veit.« Baltasar schüttelte der Frau die Hand. »Wenn Sie Rat und Beistand brauchen, ich bin jederzeit für Sie da. Soll ich Ihnen mit dem Karton helfen?«

»Grüß Gott, Herr Pfarrer. Danke, geht schon. Wenn Sie mir die Tür aufhalten würden ...«

Baltasar begleitete Marlies Veit nach draußen. Sie ging zu ihrem Auto, sperrte den Kofferraum auf und hievte den Karton hinein. »Das sind die persönlichen Gegenstände meines Mannes aus seinem Büro. Alles, was von ihm geblieben ist. Die Sparkasse hat mich angerufen. Ich solle die Sachen abholen. Konnte ihnen gar nicht schnell genug gehen. Mein Korbinian ist noch nicht unter der Erde, und die Geier kreisen schon.« Ihr Gesichtsausdruck verhärtete sich. »All die Jahre, die er für die Bank geschuftet hat. Ein paar Beileidsworte, das war's. Er hat die Sparkasse groß gemacht. Und jetzt tun sie aus Dankbarkeit seine Sachen ausräumen und in einen Pappkarton packen.«

»Frau Veit, brauchen Sie Hilfe? Soll ich Sie heimbegleiten?« Baltasar schloss den Kofferraumdeckel. Sie lehnte sich an den Wagen, ihre Augen rotgerändert, eine Haarsträhne hing ihr ins Gesicht.

»Ein Karton. Ein schäbiger Karton. Von seinem Büro. Das ist das Dankeschön.«

»Die Bank wird schon noch die richtigen Worte finden, um ihre Dankbarkeit auszudrücken und die Arbeit Ihres Mannes zu würdigen. Spätestens bei der Beerdigung. Wenn Sie mir die Tage über Ihre Wünsche zum Gottesdienst und zur Aussegnung übermitteln, mache ich Ihnen ein paar Vorschläge.«

»Beerdigung? Ja, die Beerdigung ...« Marlies Veit blickte in die Ferne. »Das wird noch dauern. Ich habe nämlich eine Obduktion veranlasst.«

»Eine Obduktion?«

»Ja, ich will Genaueres über die Todesursache meines Mannes wissen. Ich kann einfach nicht glauben, dass er nach überstandener Operation einfach so stirbt. Vielleicht haben die Ärzte versagt. Ich weiß es nicht. Man liest ja so viel über ärztliche Kunstfehler. Und diese Unsicherheit quält mich.«

»Aber der Unfall ...«

»Mein Korbinian war noch nicht in dem Alter, in dem man aufgrund eines simplen Unfalls einfach so stirbt. Der war noch fit, fuhr regelmäßig Fahrrad. Vielleicht waren die Diagnosen im Krankenhaus falsch, vielleicht hat ein Doktor was übersehen. Mein Korbinian könnte noch leben, da bin ich mir sicher.« Marlies Veit wischte sich die Tränen aus dem Gesicht. »Bald werde ich Gewissheit haben. Sehr bald. Vorher komm ich nicht zur Ruhe. Leben Sie wohl, Herr Pfarrer. Ich melde mich wegen der Beerdigung.«

Baltasar ging zurück zum Pfarrhaus. Dort briet er sich ein Omelette, bestreute es mit Petersilie und trank dazu Leitungswasser mit einem Spritzer Riesling. Nebenbei ging er die Liste mit den geplanten Weihrauchbestellungen durch, notierte sich Ideen für eine neue Probelieferung von Messweinen. Als er einen neuen Stift holen wollte, bemerkte er die Teller und Tassen, die sich in der Spüle stapelten. Baltasar seufzte, verscheuchte die negativen Gedanken über seine Vorgesetzten, die ihm keine Haushälterin genehmigen wollten, und griff zum Spülmittel. Er schaltete das Radio ein, vielleicht ging's mit Musik schneller. Aber der Sender dudelte nur die Ohrwürmer der aktuellen Hitparade, das war in etwa so anregend wie Fast Food. Nach einiger Zeit kam Baltasar in den Sinn, dass der Küchenboden einmal wieder gekehrt werden könnte. Er legte das Geschirrtuch beiseite und griff lustlos zum Besen. Da fiel ihm aus heiterem Himmel ein Winzer ein, den er anschreiben wollte, der Besen musste Bleistift und Papier weichen, danach ging er wieder zur Spüle, entdeckte einen Apfel, ein wunderbarer Nachtisch, dachte er, setzte sich und biss hinein. Abwasch und Besen mussten warten.

Das Telefon klingelte. Luise Plankl. Sie bat ihn, wegen einer vertraulichen Sache zu ihr zu kommen, sie könne es nicht am Telefon erklären, sondern nur persönlich. Baltasar sagte zu, seine Laune hob sich.

Luise Plankl war allein zu Hause. Sie führte ihn ins Wohnzimmer, bot eine Tasse Kaffee an, die Baltasar dankend annahm, es aber nach dem ersten Schluck wieder bereute: Billigbohnen aus dem Supermarkt. Er erkundigte sich nach ihrem Befinden, berichtete von seinem Zusammentreffen mit Marlies Veit.

»Die arme Frau, jetzt ist sie auf sich gestellt«, sagte Luise Plankl. »Sie hatte es nicht immer leicht.«

»Wie meinen Sie das?«

»Der Veit hat sich sehr verbissen in seine Arbeit. Darin glich er meinem verstorbenen Mann. Die beiden waren gute Freunde, machten Geschäfte miteinander, gingen gemeinsam auf die Jagd. Manchmal hat Alois eine Bemerkung fallen lassen über die Ehe der Veits, die offenbar nicht so rosig war, wie es den Anschein hatte. Herr Veit ging seine eigenen Wege. Genaueres weiß ich nicht. Mein Mann machte nur Andeutungen über seinen Spezl.«

Baltasar sagte nichts und rührte stattdessen in seinem Kaffee. Die Information über Veit passte nicht zusammen mit dem Bild, das die Witwe Veit abgegeben hatte: eine leidende Frau, getroffen vom Schmerz.

»Warum ich Sie hergebeten habe, Herr Senner, hat einen speziellen Grund. Ich muss vorausschicken, dass ich Sorge habe, die Sache könnte die Runde machen. Das möchte ich nicht. Deshalb bitte ich um Diskretion. Das ist, ehrlich gesagt, auch der Grund, warum ich mich an Sie wende. Ich wüsste nicht, wem ich sonst vertrauen könnte. Es geht da ... Es geht um Unterlagen meines Mannes.«

Baltasar fühlte sich überrumpelt. Was sollte er als Pfarrer da schon tun? Das war nicht seine Angelegenheit. Er sollte sich besser raushalten und setzte zu einem diplomatischen Räuspern an: »Ihr Vertrauen ehrt mich, Frau Plankl. Aber ich glaube, ich bin hier nicht der passende Ansprechpartner für Sie. Bitten Sie doch Ihre Tochter um Hilfe. Oder Ihren Hausanwalt Herrn Schicklinger.«

»Ach die Isabella, die hat momentan ganz andere Dinge im Kopf. Und der Anselm, ich meine, der Herr Schicklinger ist natürlich unser Berater für geschäftliche Dinge. Aber ich habe Zweifel, ob er in diesem Fall der richtige Ansprechpartner ist. Die Sache ist, wie gesagt, etwas delikat. Sie sind von Haus aus diskret wegen Ihrer Verschwiegenheitspflicht und so. Ich möchte da nicht zu viele Personen mit hineinziehen. Vorerst jedenfalls. Erst muss ich mir selber über die Sache klar werden. Ich bitte Sie, Hochwürden, helfen Sie einer Witwe, bitte!« Sie hatte nach Baltasars Hand gefasst und drückte sie. Ihre Augen fixierten seine Augen. Er konnte ihren Kaffeeatem riechen, vermischt mit den feinen Fliederausdünstungen ihres Parfums. Für eine Sekunde gestattete sich Baltasar, den Schwebezustand aufrecht zu erhalten und über den Auftrag nachzudenken. Dann zog er die Hand weg. »Überredet«, sagte er und bereute es gleich schon wieder.

Die Witwe Plankl führte ihn in das Arbeitszimmer im ersten Stock. »Das Reich meines verstorbenen Mannes«, sagte sie und berichtete von ihrem Vorhaben, die Unterlagen für den Nachlass zu ordnen und Unwichtiges auszusortieren. »Dabei fand ich diese Mappe, versteckt im Aktenschrank. Einiges darin hat mich sehr verwirrt. Vielleicht können Sie sich einen Reim drauf machen. Wenn Sie ein wenig Zeit hätten ... Ich wäre Ihnen sehr dankbar, wenn Sie die Dokumente studieren.« Frau Plankl deutete auf den Schreibtisch. »Bitte setzen Sie sich doch. Ich bringe Ihnen noch einen Kaffee, dann lasse ich Sie in Ruhe. Rufen Sie, wenn Sie was brauchen.«

Baltasar sah sich in dem Raum um. Etwas war seltsam, es dauerte eine Weile, bis es ihm in den Sinn kam: Es fehlten die üblichen Zeichen, die ein Benutzer seinem Arbeitsplatz aufzudrücken pflegt, meist unbewusst, beispielsweise die Anordnung der Stifte, ob sie auf dem Schreibtisch drapiert oder in einer Schale oder Tasse aufbewahrt wurden. Oder Papiere, nach einem bestimmten Schema auf der Arbeitsfläche verteilt, für Außenstehende ein Chaos, für den Eigentümer Ausdruck einer verborgenen Logik. Nicht einmal das Ordnungsschema der Akten im Schrank lieferte Hinweise, die Ablage war weder nach Alphabet noch nach Jahrgängen oder Themen sortiert. Auch entdeckte Baltasar keine persönlichen Erinnerungsstücke, wenn man von zwei Fotos an der Wand absah. Das eine zeigte eine Jagdgruppe, die in Siegerpose in die Kamera lächelte, am Boden ein erlegter Hirsch. Das andere Foto zeigte die Tochter Isabella Plankl im Alter von etwa zwölf Jahren. Ein Bild der Gattin fehlte. Was für ein Mensch Alois Plankl auch gewesen sein mochte – anhand dieses Zimmers ließ es sich nicht rekonstruieren.

Doch Baltasars angeborene Neugierde war geweckt. Er schlug den ledernen Aktendeckel auf. Der Ordner enthielt eine Sammlung einzelner Dokumente, Kontoauszüge und handgeschriebene Notizen. Ein Menge Zahlenfriedhöfe, es schien sich um Kostenkalkulationen, Quadratmeterberechnungen und Investitionssummen zu handeln. Baltasar wurde nicht recht schlau aus den Daten, diese buchhalterischen Details waren nicht seine Welt. Auf einem Papier war offenbar eine Liste der Ergebnisse aus Grundstücksverkäufen verzeichnet. Die erzielten Profite machten Baltasar schwindlig – was ließe sich schon aus einem einzigen Gewinn alles für die Gemeinde tun!

Ein Zettel stach besonders heraus. Er bestand lediglich aus einem sechsstelligen Betrag und der Aufteilung dieser Summe in Teilbeträge und Prozentangaben. Dahinter jeweils ein Tiername, wie »Dachs«, »Ratte« oder »Schlange«. Was steckte dahinter, eine Abrechnung über eine Gewinnbeteiligung? Standen die Namen für Projekte oder für Personen? Wo waren die zugehörigen Belege? Baltasar überflog die Kontoauszüge, keine Überweisung passte zu den Summen. Nur ein dreistelliger Eurobetrag wiederholte sich jeden Ersten des Monats, ein Dauerauftrag, als »Wohn« bezeichnet. Baltasar rätselte, warum Plankl für diese Überweisung nicht die örtliche Sparkasse, sondern eine Bank in Passau benutzt hatte. Die Bank des Empfängers hatte ihren Sitz ebenfalls in Passau, wobei kein Name, sondern nur eine Kontonummer angegeben war. Baltasar notierte sich die Nummer.

Im hinteren Einbanddeckel des Ordners war eine Tasche angeklebt, in der mehrere Umschläge steckten. Der erste Umschlag enthielt ein Foto, das sofort Baltasars Aufmerksamkeit fesselte: ein Schnappschuss, aufgenommen in einem Lokal. Die Frau auf dem Bild, etwa Ende dreißig, saß vor einem Glas Wein, blonde, schulterlange Haare umrahmten ihr sympathisches Gesicht. Baltasar drehte das Foto um, aber die Rückseite war leer, es gab keine Hinweise auf den Ort oder den Zeitpunkt der Aufnahme. Er kannte die Frau nicht, sie war nicht vom Ort, auch sah sie nicht wie eine Verwandte der Plankls aus. Wer war diese Person, und warum hatte Plankl das Bild vor anderen verborgen? Baltasar nahm sich vor, die Witwe danach zu fragen.

Die drei restlichen Umschläge waren an »Alois Plankl« adressiert, gedruckt in einer Computerschrift, kein Absender. Der Inhalt war jeweils ein Blatt gefaltetes Papier, wiederum in Druckschrift und ohne Absender oder Unterschrift. Die Schreiben hatten es in sich. Ein Brief lautete:

*Plankl, du Sauhund.*
*Du hast Schlimmeres verdient als*
*die Hölle, du Schwein.*
*Für deine Taten wirst du büßen.*
*Der Teufel wird dich holen.*
*Warts nur ab, du Schwein!!!*

Die beiden anderen Briefe waren ähnlichen Inhalts und in ähnlichem Stil gehalten. Drohbriefe, Morddrohungen. Hatte Plankl die Polizei verständigt? Wie alt waren diese Schreiben? Welche Taten meinte der Briefschreiber? Oder war es eine Schreiberin? Baltasar merkte, dass sich diese Frage aus seinem Unterbewussten nach oben geschlichen hatte, heimlich, verstörend, nach einer Antwort drängend. Nein, nein, er durfte nicht wieder diesen Gedanken nachgehen. Er stand auf und bat Luise Plankl nach oben.

»Und, was sagen Sie?«, fragte die Witwe.

»Ich bin offen gestanden verwirrt. Meine Rolle hier behagt mir nicht. Da könnte einiger Sprengstoff drinstecken. Ich befürchte, Sie brauchen einen Finanzexperten, einen, der sich mit Bilanzen, Geldtransaktionen und Immobiliengeschäften auskennt.«

»Haben Sie die Briefe gesehen?«

»Nun ... Ja. Wer ist diese Frau, wenn Sie mir die Frage erlauben?« Baltasar zog das Foto hervor.

»Ehrliche Antwort? Keine Ahnung. Das macht mich eben so nervös. Ständig habe ich mir den Kopf zermartert, ob es ein harmloses Foto ist oder ob mein Alois jemanden ... näher kannte. Bevor Sie fragen: Bisher hatte ich keinen begründeten Verdacht, mein Mann könne mir untreu gewesen sein. Niemals. Das kann ... Das konnte ich mir nicht vorstellen. Bis jetzt. Bitte Hochwürden, Sie verstehen, wie mich diese Unsicherheit quält. Sie müssen für mich mehr rausfinden. Gar nicht auszudenken, was passiert, wenn das bekannt würde.«

»Frau Plankl, Sie sollten lieber einen Privatdetektiv oder etwas in der Richtung engagieren. Was soll ich als Pfarrer da tun?«

»Bitte, versuchen Sie es wenigstens. Sie kennen viele Leute. Man vertraut Ihnen. Und ich kann mich auf Ihre Diskretion verlassen.«

»Die Frau ist nicht das einzige Problem. Da sind noch die Drohbriefe. Ist Ihr Mann damit zur Polizei gegangen?«

»Ach, das war sicher ein Spinner. Alois hat sich um so was nicht geschert. Er konnte manchmal bei Geschäften ganz schön ruppig und hemdsärmelig sein. Da ist er schon anderen auf die Zehen getreten. Mancher glaubt wohl, übervorteilt worden zu sein, und hat nun Rachegedanken. Aber die Geschäfte wurden immer seriös abgewickelt. Wer Erfolg hat, der hat Neider und Feinde. Das gehört dazu. Konzentrieren Sie sich ganz auf die Frau, Herr Pfarrer, Sie tun damit etwas für mein Seelenheil.«

»Hmm, noch was – kennen Sie die konkreten Einzelheiten hinter den Berechnungen und Überweisungen Ihres Mannes?«

»Ich hab mir die Unterlagen durchgesehen. Scheint sich um Planungsskizzen zu handeln. Und bei den Überweisungen weiß Herr Schicklinger besser Bescheid. Er hat sich immer um diese Fragen gekümmert.« Luise Plankl zog einen Schlüssel aus ihrer Tasche. »Moment, da ist noch was. Den habe ich gefunden, er passt nirgends im Haus. Ich weiß nicht, zu welchem Schloss er gehört. Vielleicht haben Sie mehr Glück.« Sie überreichte ihm den Schlüssel.

»Also, ich weiß nicht, Frau Plankl. Das Ganze behagt mir nicht. Was Sie da von mir verlangen ...«

»Bitte, Herr Pfarrer. Ich bitte Sie von ganzem Herzen.« Luise Plankls Worte waren in Zucker gewälzt. »Sie sind der Einzige, dem ich ganz vertraue. Ich brauche Sie. Außerdem …« Sie machte eine Pause. »… Außerdem habe ich von Ihrem Projekt für die Jugendlichen gehört. Mir liegt so viel daran, dass die Kinder einen Ort zum Spielen haben. Es ist gewissermaßen Christenpflicht zu helfen, wenn ich das sagen darf. Natürlich werde ich Sie da nach Kräften unterstützen.«

Baltasar merkte die Absicht, die dahinterstand. Aber sollte man schlecht urteilen, wenn der Zweck gut war? »Na gut. Sie haben mich überredet. Ich bräuchte aber Kopien der Unterlagen.«

»Mir fällt ein Stein vom Herzen. Danke, Herr Pfarrer.« Sie drückte ihm die Hand. »Nehmen Sie die Unterlagen ruhig mit. Ich brauche sie momentan nicht. Unnötig zu sagen, dass niemand sonst die Akte zu Gesicht bekommen darf.«

Baltasar verabschiedete sich, die Ledermappe unterm Arm. An der Tür erzählte die Witwe von ihren anderen Problemen. Der Schlüssel zum Wandtresor im Arbeitszimmer fehlte, und sie konnte den Computer des Verstorbenen nicht starten, da sie das Kennwort nicht wusste. Ob der Pfarrer da eine Idee hätte?

»Und ob«, sagte Baltasar. »Ich wüsste da jemanden, der uns helfen könnte.«

# 10

Unmengen an Töpfen und Schüsseln standen aufgereiht auf dem Küchentisch. Der Raum war erfüllt von den Gerüchen eines arabischen Basars, Rosenöl und Zimt, Amber und Zistrose, Süßholz und Galbanum – ein Duftwirbel, der um die Herrschaft kämpfte, sich verführerisch um alle Dinge legte. Darüber lag die Allmacht des Weihrauchs, ein Diktator, der den Ton vorgab und niemanden neben sich duldete. Doch immer wieder fanden die Aromen einen Weg vorbei, schmeichelten sich in die Nase, betörten die Geschmacksknospen, ein Spiel, verwegen und fordernd. Baltasar füllte die Weihrauchmischung aus einer der Schüsseln in eine Plastiktüte auf der Küchenwaage, bis er genau einhundert Gramm erreicht hatte. Mit dem Löffel schlug er den Takt zu dem Ramones-Song im Radio. Er war zufrieden mit der jüngsten Lieferung aus Nahost. Die Harze waren nicht verunreinigt, die Rezepturen der Mischungen versprachen außergewöhnliche Dufterlebnisse. Besonders der Eritrea hatte es ihm angetan, die Farbe wie Bernstein, gleichmäßige Körnung, intensives Aroma.

Es klingelte an der Tür. Unwillig legte Baltasar sein Werkzeug beiseite und öffnete. Vor ihm standen zwei Männer, der eine über fünfzig Jahre alt, etwas beleibt, der andere unter dreißig, mit halblangem Haar.

»Ja?«

»Guten Tag, sind Sie Pfarrer Baltasar Senner?«

»Genau der. Was kann ich für Sie tun?«

»Mein Name ist Wolfram Dix. Das ist mein Kollege Oliver Mirwald. Doktor Oliver Mirwald«, setzte er nach einer Pause hinzu, »von der Kripo Passau. Haben Sie etwas Zeit für uns?«

»Kriminalpolizei? Wollen Sie beichten?« Baltasar hoffte, dass seine Stimme humorvoll klang. »Im Augenblick ist es etwas unpraktisch. Ich bin beschäftigt.«

»Es dauert nicht lange. Versprochen.«

»Hmm. Meinetwegen. Wenn Sie meine Unordnung nicht stört. Ich habe derzeit keine Haushälterin.« Baltasar ließ die beiden in die Küche eintreten.

»Das ist nett von Ihnen, Herr Senner.« Die beiden Beamten sahen sich um. Dix ging zur Küchenspüle, hob eine Tasse mit Gewürzen hoch, schnupperte daran, sagte »wie aromatisch«, besah sich die Schüsseln und Tüten auf dem Tisch, roch daran und wandte sich an Senner. »Sie haben ja eine richtige kleine Drogenküche hier.« Auf Baltasars verwirrten Blick hin ergänzte der Kommissar: »War nur ein Scherz. Aber im Ernst, was ist das? Weihrauch?«

»Weihrauchmischungen mit Kräutern und Gewürzen. Ich lasse mir gewisse Mengen aus dem Ausland schicken und verpacke sie in kleinere Portionen.«

»So viel benötigt doch eine Gemeinde wie Ihre gar nicht. Oder kaufen Sie für die nächsten zwanzig Jahre auf Vorrat?«

»Ich habe Abnehmer bei anderen Pfarreien und bei der Diözesanverwaltung. Jeder wünscht sich ein wenig Abwechslung. Sie trinken vermutlich auch nicht nur eine Sorte Wein, Herr Kommissar.«

»Richtig, Bier ist mir lieber. Ich habe gar nicht gewusst, dass es mehrere Sorten Weihrauch gibt. Für mich stinkt das Zeug immer gleich.«

»Weihrauch ist das Harz eines Baumes der Gattung Boswellia aus der Gruppe der Balsambaumgewächse«, sagte Oliver Mirwald ungefragt. »Vorkommen in Afrika, in Ländern des arabischen Raumes oder Indien. Auch das Harz europäischer Nadelbäume wird oft als Weihrauch bezeichnet. Medizinisch wirksame Bestandteile sind die Boswelliasäuren und Incensol. Den Stoffen werden anregende und wundheilende Wirkungen zugeschrieben.«

»Da habe ich in der Schule wohl was verpasst.« Dix quälte sich ein Lächeln ab. »Glücklicherweise habe ich meinen Assistenten Doktor Mirwald dabei. Was täte ich ohne ihn?« Er zuckte mit den Schultern. »Jedenfalls scheint die katholische Kirche auf dieses Räucherzeug zu schwören, seit die Heiligen Drei Könige aus dem Morgenland das Christuskind besucht und Weihrauch und Gold und Myrrhe als Geschenk mitgebracht haben.« Er zwinkerte Mirwald zu. »Sehen Sie, wenigstens im Religionsunterricht habe ich aufgepasst.«

»Stimmt, normalerweise denkt man bei Weihrauch an die katholischen Gottesdienste. Aber die Verwendung für liturgische und religiöse Zwecke ist viel, viel älter. Schon die Ägypter ehrten ihre Pharaonen mit dem Verbrennen der Harze und nannten Weihrauch den ›Schweiß der Götter‹. Sogar für die Einbalsamierung hat man ihn verwendet. Bei den Römern ersetzte das Räucherwerk die Tieropfer, und vor dem Tempel in Jerusalem opferten die Gläubigen ebenfalls Weihrauch. Nebenbei gesagt, antike Ärzte wie Hippokrates vertrauten schon immer auf das Heilmittel, es half gegen Husten ebenso wie gegen Allergien, Rheuma oder Hämorrhoiden. Der orientalische Heiler Avicenna beispielsweise, der um das Jahr 1000 nach Christus lebte, empfahl die Harzperlen zur Stärkung des Geistes und des Verstandes.«

»Sieh mal einer an. Sollte man mal unter Politikern verteilen, aber ich bezweifle, dass es wirken würde.« Dix rieb sich die Hände. »Wir wollen Sie natürlich nicht bei Ihren Nebengeschäften stören, Herr Senner. Wir kommen wegen einer Routineangelegenheit, bei der Sie uns vielleicht weiterhelfen können.«

»Wir sind vom Krankenhaus Freyung zu einem Fall hinzugezogen worden.« Mirwalds Stimme klang sachlich. »Es geht um das Ableben von Herrn Korbinian Veit.«

»Unser Sparkassendirektor, Gott hab ihn selig. Ich habe seine Witwe erst jüngst getroffen«, sagte Baltasar.

»Frau Veit hat vom Krankenhaus eine Untersuchung gefordert und zugleich eine Obduktion angeordnet«, sagte Dix. »Wir untersuchen den Vorgang. Wie gesagt, reine Routine. Wir sind verpflichtet, bei Todesfällen mit unklaren Begleitumständen aktiv zu werden.«

»Unklare Begleitumstände?«

»Der Arzt wies uns darauf hin, dass die lebenserhaltenden Schläuche herausgerissen waren. Die Preisfrage für uns lautet: Hat sie der Patient selbst herausgerissen oder jemand anders? Können Sie uns bei der Antwort helfen?«

Bevor Baltasar zu einer Erwiderung ansetzen konnte, sagte Mirwald: »Wir haben Recherchen angestellt und das Krankenhauspersonal verhört. Herr Veit bekam einigen Besuch. Aber einer der letzten Besucher war nach den Aussagen der Mitarbeiter ein Pfarrer, der sich nach dem Patienten erkundigt hatte. Es bedurfte einiger Telefonate, bis wir auf Ihren Namen gestoßen sind.«

»Ja, es stimmt, ich habe Herrn Veit im Krankenhaus besucht, bevor er von uns gegangen ist. Der Herr Sparkassendirektor gehört – gehörte – zu meiner Gemeinde. Es ist meine Aufgabe, mich um die Menschen zu kümmern.«

»Kommen Sie zu jedem, der krank ist?«

»Nun, nicht zu jedem, aber möglichst zu denen, denen es schlecht geht oder die darum bitten.«

»Hat Herr Veit um Ihren Besuch gebeten? Oder seine Frau?«

»Ich hatte von dem Unfall gehört und dass der Direktor in Freyung im Krankenhaus lag. Es klang ernst.«

Dix ging in der Küche umher, besah sich den Küchenschrank, stoppte, sah zum Fenster hinaus. »Wie gut kannten Sie Herrn Veit? Hatten Sie näher mit ihm zu tun?«

»Den Herrn Sparkassendirektor kannte jeder im Ort. Er gehörte zur Lokalprominenz, wenn Sie so wollen. Ich habe mein Konto bei der Sparkasse.«

»Herr Veit ist vom Fahrrad gestürzt und hat sich dabei schwer verletzt.«

»Ich weiß. Tragisch.«

»Und deshalb sind Sie nach Freyung gefahren? Hatten Sie Angst, dass er stirbt?«

»Jeder Mensch ist sterblich. Nur der liebe Gott weiß, wann die Zeit für einen gekommen ist. Als Pfarrer kann man beten und trösten, sich als Gesprächspartner oder Beichtvater anbieten oder das Sakrament der Krankensalbung spenden.«

»Was haben Sie gemacht, als Sie im Krankenhaus angekommen sind?« Mirwald feuerte die Worte ab wie Revolverkugeln.

»Verzeihung, Herr Kommissar, das klingt jetzt nach Verhör. Werfen Sie mir etwas vor?«

»Haben Sie Nachsicht mit der Kripo, Herr Pfarrer«, sagte Dix. »Das Fragen liegt uns im Blut. Wir werfen Ihnen gar nichts vor, wir sammeln derzeit nur Informationen. Also, was haben Sie im Krankenhaus getan?«

»Ich erkundigte mich auf der Krankenstation, in welchem Zimmer Herr Veit liegt. Dorthin bin ich dann gegangen.«

»Und weiter? War Herr Veit bei Bewusstsein?«

»Der Direktor lag auf dem Rücken und schien zu schlafen. Wenn ich mich recht erinnere, ging sein Atem stoßweise und röchelnd. Er sah sehr schlecht aus. Eine arme Seele.«

»Warum haben Sie dann keinen Arzt gerufen, wenn es so schlecht um Herrn Veit stand?« Mirwald verschränkte die Arme. »Das wäre doch eine natürliche Reaktion gewesen.«

»Ich dachte, das ist vielleicht nicht ungewöhnlich in seinem Zustand. Wie mir der Doktor berichtet hat, hatte Herr Veit einen schweren Eingriff hinter sich. Das würde vermutlich jeden etwas mitnehmen.«

»Ist Ihnen etwas Ungewöhnliches aufgefallen?« Dix nahm einige Weihrauchkörner aus einer Schüssel und hielt sie an die Nase.

»Ungewöhnlich? Ich weiß nicht genau, was Sie damit meinen, Herr Kommissar. Selbstverständlich ist es ungewöhnlich, allein mit einem Schwerstverletzten in einem Krankenzimmer zu sein.«

»Und sonst? Nichts Auffälliges?«

Baltasar sah Mirwald fragend an. Der öffnete seinen Aktenkoffer und holte zwei durchsichtige Plastiktüten heraus.

»Sehen Sie, diese beiden Schläuche haben wir im Zimmer sichergestellt. Klingelt's jetzt?«

Baltasar gefiel Mirwalds Tonfall nicht. Aber das war nicht der Moment für Spitzfindigkeiten. Mit ruhiger Stimme antwortete er: »Wenn das die Schläuche von der Infusion und dem Sauerstoff sind, an die kann ich mich erinnern.«

»Und?«

»Ich fand nichts Besonderes dabei. Sie schienen mir der normalen Krankenhausausstattung zu entsprechen.«

Dix stellte die Rotweinflasche wieder in die Ecke, deren Etikett er gerade studiert hatte. »Herr Senner, eine präzise Frage mit der Bitte um eine präzise Antwort. In welchem Zustand waren die Schläuche? Waren sie am Patienten angeschlossen? Überlegen Sie genau.«

»Die Schläuche hingen herunter, soweit ich weiß.«

»Und das fanden Sie nicht seltsam? Alle Systeme vom Patienten abgestöpselt? Ich hätte mir da meine Gedanken gemacht.«

»Deshalb sind Sie auch Kriminalbeamter, Herr Dix. Das gehört zu Ihrem Beruf. Ich kann nicht beurteilen, was der Behandlung angemessen ist, ob vielleicht der Arzt die Schläuche aus medizinischen Gründen entfernt hat.«

»Fällt Ihnen sonst noch was ein? Haben Sie die Schläuche angefasst?«

»Keine Ahnung. Ich habe für Herrn Veit gebetet.«

»Herr Senner, wir haben Fingerabdrücke auf den Schläuchen gefunden, die wir nicht zuordnen können. Noch nicht.« Mirwald holte ein Stempelkissen und einen Papierbogen heraus. »Von den Ärzten und den Krankenschwestern haben wir bereits Fingerabdrücke genommen. Wir möchten Sie bitten, uns Ihre Fingerabdrücke ebenfalls zu geben, zum Abgleich.«

»Muss das sein? Man kommt sich ja wie ein Verbrecher vor.«

»Herr Senner, bitte.« Dix hob die Hände gen Himmel wie ein Prediger. »Sie müssen jetzt nicht. Aber wir könnten Sie dazu zwingen. Das wollen wir vermeiden. Sie haben doch nichts zu verbergen. Uns würde es die Arbeit erleichtern, jetzt, wo wir schon mal da sind. Wie gesagt, alles Routine. Das gehört ebenfalls zu unserem Beruf.«

»Also gut, wenn's sein muss.« Baltasar hielt seine Hände hin, Mirwald drückte nacheinander die Fingerkuppen in das Farbkissen und rollte sie auf dem Blatt ab.

»Sehen Sie, hat gar nicht weh getan.« Dix reichte Baltasar ein Taschentuch. »Das war's von unserer Seite. Zumindest vorläufig. Danke für Ihre Kooperation, und entschuldigen Sie nochmals unser unangemeldetes Auftauchen. Wir finden alleine hinaus. Schönen Tag noch.«

Dix wartete, bis sein Assistent den Schlüssel ins Zündschloss gesteckt hatte. »Ihr Eindruck, Mirwald?«

»Ich bin mir nicht sicher. Das Ganze ging mir zu glatt. Irgendwie glaube ich, dass da mehr dahintersteckt. Auch wenn die Erklärungen des Pfarrers auf den ersten Blick schlüssig sind.«

»Wir wissen immer noch zu wenig. Zumindest scheint der Pfarrer eine der letzten Personen am Tatort gewesen zu sein. Oder es gibt eine andere Person, die uns bislang nicht bekannt ist. Außerdem fehlt uns ein Motiv. Kein Motiv – kein Fall. Da müssen wir ansetzen. Wir sollten mit ein paar Leuten plaudern.«

## 11

Der Besuch der beiden Polizisten hatte ihn völlig aus dem Takt gebracht. Baltasar räumte Schüsseln und Verpackungsmaterial beiseite und wischte den Tisch. Er merkte, wie seine Hände zitterten, das Blut in seinen Adern pulste. Selbst ein Glas Rotwein brachte ihm keine Erleichterung, auch nicht »It's a Long Way to the Top« von AC / DC – die Hände zitterten weiter. Er hatte in seinem Leben einiges durchgemacht, aber dieser Überraschungsbesuch und die unterschwelligen Verdächtigungen der beiden Kriminalbeamten, verpackt in scheinbar harmlose Fragen, hatten an seinen Nerven gezerrt. Etwas hatte das Verhängnis über ihn gebracht, jetzt hing er fest wie eine Fliege am Leimpapier. Ob sich der Gang der Dinge noch aufhalten ließ? Sollte er sich selbst in die Ermittlungen einmischen? Das widersprach seinen heiligen Prinzipien.

Das Bild der Frau im Beichtstuhl drängte sich in den Vordergrund, unscharf wie eine Wolke am Himmel, die nun Aufmerksamkeit auf sich zog. Wie hatte er nur die Morddrohung der Frau vergessen können? Nein, in Wahrheit hatte er sie nicht vergessen, nur eingesperrt im Kerker seiner verbotenen Gedanken, wohin er bereits eine Menge Dinge verbannt hatte, die die Fragen der Beamten nun wieder ans Licht gezerrt hatten. Eine Frau hatte damit gedroht, den Sparkassendirektor umzubringen. Der Fahrradunfall konnte angesichts dieser Tatsache kein Zufall sein. Da war eine Mörderin am Werke, und er, Baltasar, hatte davon gewusst.

Hätte er die Polizei informieren sollen? Das verbot das Beichtgeheimnis. Hätte er die Frau von ihrem Vorhaben abbringen können? Er wusste nicht einmal, wer sie war. Traf ihn eine Schuld? Die Schuld des Wegsehens, des Verdrängens? Hatte er – wieder einmal – versagt? Das wusste Gott allein.

Baltasar kam ein Detail seines Krankenhausbesuches wieder in den Sinn. Eine Frau war in den Fahrstuhl gestiegen, kurz bevor er Veits Zimmer betreten hatte. War die Unbekannte aus dessen Zimmer gekommen? War sie geflüchtet? Dann waren die herausgerissenen Schläuche womöglich ihr Werk, das Werk der Frau im Beichtstuhl. Wäre er aufmerksamer gewesen, hätte mehr nachgedacht, vielleicht wäre das alles nicht passiert. Vielleicht. Vielleicht? Es nützte nichts, sich die Situation schönzureden, die Absolution konnte er sich damit nicht erteilen. Ein diffuses Gefühl der Niedergeschlagenheit legte sich über Baltasar wie Mehltau, saugte jede Kraft aus seinem Körper.

Weihrauchduft – das war jetzt die Lösung. Baltasar holte die Utensilien, füllte Kohle in das Turibulum, brachte sie mit einem Feuerzeug zum Glühen. Unter der Spüle fand er die Dose mit dem Engelstraum, entnahm eine extra große Portion, vermischte sie mit einer Spezialdosis aus der jüngsten Lieferung und streute alles in die Kohle. Rauch stieg auf, Baltasar schwenkte den Weihrauchkessel, der Rauch verteilte sich. Baltasar nahm ein Handtuch und legte es über Kopf und Turibulum, wie er es als Kind auf Befehl seiner Mutter gemacht hatte, wenn sie seinen Husten mit der Inhalation von Wasserdampf und einer Pfefferminztinktur behandelte.

Sofort nahm das Aroma seine Nase gefangen, bahnte sich den Weg durch die Geschmackspapillen, landete auf direktem Weg im Gehirn. Danke, lieber Gott, für dieses Geschenk! Baltasar sog den Rauch tief ein, ließ sich davonspülen von der Springflut an Düften. Der Geist schien zu tanzen wie ein Korken auf dem Wasser, strudelte in den Wellen, tauchte unter und schoss wieder an die Oberfläche. Der Körper fühlte sich leicht an, alles war vergessen, jede einzelne Faser stand unter Strom. Was kümmerten die Sorgen von vorhin? Welcher Geist hat etwas von Problemen gesagt? Die Kriminalkommissare, die Witwe Plankl, der Bischof, Victoria Stowasser, die Witwe Veit, der Generalvikar, alles Gesichter, Schatten der Vergangenheit, verloren in der Ferne. Die Frau im Beichtstuhl flüsterte Baltasar zu, er konnte die Worte nicht verstehen, sah die Bewegung der Lippen, hörte Töne, vergebens, das Murmeln vermischte sich mit anderen Klängen, die Frau blieb ein Phantom. Korbinian Veit erhob sich von seinem Krankenbett, riss sich den Schlauch aus der Vene, flüsterte: »Jugendtreff, Jugendtreff«, lachte und verschwand im Nichts. Farbnebel überlagerten die Bilder, verwandelten sie in Flecken. Sie zerflossen, setzten sich neu zusammen und bildeten Figuren ohne klare Kanten und Silhouetten, von unsichtbaren Händen in immer neue Formen gebracht, eine Eruption von Blau und Grün und Gelb, gebändigt von Violett und Lila, Braun und Ocker drängend, unersättlich, eine Hymne des Lebens. Von irgendwo erklang Musik, Töne aus der Tiefe der Erde, überirdisch schön, Klänge voller Kraft und Reinheit, eine unbekannte Melodie, Frieden und Ruhe bringend, es löste den Drang aus, sich zusammenzurollen wie ein Kind im Mutterleib und sich ganz zurückzuziehen auf den Kern der eigenen Existenz, bedingungslos, befreit. Glücklich.

Dunkelheit. Stille. Nicht einmal seinen eigenen Herzschlag hörte er. Atmete er noch? Egal. Vollkommen egal. Der Genuss des Nicht-denken-Müssens. Dieser Schwebezustand war besser als Atmen, ein Hinübergleiten in eine andere Dimension, eine Ahnung von Unsterblichkeit, Berührung des Göttlichen. Knockin' on heaven's door.

»Hallo?«

Man rief ihn. Ja, er war bereit für den Himmel, fürs Paradies. Sollten die Engel kommen und ihn holen.

»Herr Senner? Sind Sie Herr Senner?« Die Stimme klang engelsgleich, nur ein starker ausländischer Akzent störte die Harmonie ein wenig. Waren Engel Ausländer? Er hatte sich nie Gedanken darüber gemacht.

»Hallo, Pfarrer Senner.« Er spürte seinen Körper wieder, merkte, dass er wieder atmete. Das musste das Paradies sein! Petrus erwartete ihn.

Baltasar wusste nicht, ob er die Augen offen oder geschlossen hatte. Mit einiger Willensanstrengung befahl er seinen Lidern, sich zu heben. Die Helligkeit des Paradieses blendete und schmerzte. Er blinzelte direkt in zwei dunkle Augen, eingerahmt von glatten, halblangen Haaren, gebräunter Haut und knallroten Lippen. Eigentlich hatte er sich Petrus im Himmel anders vorgestellt. Das hier war eindeutig ein Frauengesicht. Musste die Bibel neu geschrieben werden?

»Sind Sie wach, Herr Senner?« Die Stimme klang genau genommen etwas rau, gar nicht engelsgleich, manche Buchstaben waren gerollt oder gestreckt. »Aufwachen, bitte seeehr!«

Baltasar spürte, wie er geschüttelt wurde. Er öffnete endgültig die Augen. Als Erstes fiel ihm auf, dass er in seinem Schlafzimmer lag, in seinem Bett. Wie war er dahin gekommen? Er konnte sich nicht daran erinnern. Behutsam drehte er seinen Kopf. Die Person vor ihm mochte vielleicht vierzig Jahre alt sein, sie trug eine Baumwollhose und einen eng anliegenden Pullover, der ihm unmissverständlich signalisierte, dass er ein weibliches Wesen vor sich hatte. Eine Fremde. Wie war sie hereingekommen? Er hatte keine Ahnung, formte den Mund zu einer Frage.

» ...?« Es kam nur ein Krächzen heraus wie von einem erkälteten Papagei. Baltasar wartete, bis sich Speichel auf seiner Zunge gebildet hatte, benetzte damit den Rachen und versuchte es erneut.

»Wie ... kommen ... Sie ... hier ... herein? Wer ... sind ... Sie?« Jedes einzelne Wort kaute er wie ein Hustenbonbon. Sein Gaumen brannte. Erschöpft ließ er sich auf das Kissen zurückfallen, registrierte erst jetzt, dass er nackt auf dem Bett lag. Panisch zog er die Bettdecke hoch.

»Keine Sorg', Herr Senner, ich schon unbekleidete Männer gesehen habe. So was mich nicht schockiert. Schließlich war ich früher verheiratet.« Wieder der ungewohnte Akzent. »Mein Exmann hat immer ... Aberrr ich unhöflich, erst vorstellen: Ich heiß Teresa Kaminski.«

Baltasar durchforstete sein Gehirn, ob er mit einer Teresa Kaminski einen Termin vereinbart hatte oder ob ihm diese Frau früher schon mal begegnet war. Sein Gedächtnis funktionierte noch nicht zuverlässig, aber die Antwort lautete vorläufig nein.

»Wie sind Sie hereingekommen? Was wollen Sie von mir?«

»Tür war offen. Ich geklopft und gewartet, dann eingetreten. Ich will arbeiten.«

»Arbeiten?« Baltasar richtete sich auf und suchte nach seinen Kleidern. Die Frau hob seine Unterhose und T-Shirt vom Boden auf, als hantierte sie mit einem radioaktiven Behälter. Sie reichte ihm beides mit gestrecktem Arm.

»Könnte Waschmaschine vertragen«, war ihr einziger Kommentar, während sie zusah, wie er sich unter der Bettdecke die Hose überstreifte.

»Arbeiten wollen Sie also. Das ist schön.« Baltasar zog das Hemd an. »Da müssen Sie zum Arbeitsamt. Bei mir sind Sie falsch.«

»Sie sein doch Herr Senner, der Pfarrer?«

»Der bin ich, genau.«

»Dann ich bin richtig. Ich bei Ihnen arbeiten.«

»Ich fürchte, hier herrscht ein Missverständnis vor, Frau Kaminski.«

»Sie sagen Teresa zu mir. Einfach Teresa. Aus Polen. Herr Castelrout hat mich geholt und engagiert. Sehr nett und großzügig, der Herr Castelrout, ein richtiger Doktor.«

»Castelrout?« Baltasar setzte sich auf. Ihm wurde schwindlig. Er schloss die Augen, bis sich sein Kreislauf wieder stabilisiert hatte. »Meinen Sie vielleicht Castellion, Doktor Justus Castellion, den Generalvikar aus Passau?«

»Genau, so heißt. Hat mich angerufen und gesagt, er hat Arbeit für mich. In Deutschland. Ein nobler Herr. Hat Fahrkarte geschickt. Sagte, er hat einen schwierigen Fall. Und hier ich bin.«

»Die Diözese hat Sie engagiert? Sind Sie etwa die neue Haushaltshilfe?« Baltasar versuchte aufzustehen, stemmte sich vom Bett hoch, seine Beine zitterten, er drohte hinzufallen. Teresa Kaminski griff ihm mit erstaunlicher Kraft unter die Arme, bis er gerade stand. Veilchenparfum umnebelte ihn. Sein Magen rebellierte. Er nahm sich vor, mit der Weihrauchmischung künftig vorsichtiger umzugehen und eine Kerze anzuzünden für den heiligen Rochus, den Schutzpatron der Kranken und Leidenden.

»Sie mich ablehnen? Mich wieder zurückschicken? Zurück nach Polen?« Teresa schniefte.

»Nein, nein, keine Sorge«, beeilte sich Baltasar zu sagen. »Ich bin froh, wenn ich endlich eine Hilfe für den Haushalt habe, auch wenn ich mir gewünscht hätte, diese ... diese Schnarcher in Passau hätten mich vorher über Ihre Ankunft informiert.«

»Ich kann also bleiben? Sie mich mögen?« Ein Strahlen huschte über ihr Gesicht.

»Natürlich, herzlich willkommen.«

Teresa klatschte in die Hände. »Schön, ich fangen gleich an. Sie sagen einfach Teresa zu mir. Wie ich gesehen habe, Sie brauchen tatsächlich Hilfe. Ein Notfall. Wie es hier aussieht ...«

»Ich zeige Ihnen das Haus, und dann suchen wir ein Zimmer aus, in dem Sie sich häuslich einrichten können.« Baltasar holte Teresas Koffer aus der Küche und stellte sie in einen Nebenraum. »Wie sind Sie eigentlich gerade auf den Bayerischen Wald gekommen, Frau Kaminski, ähh, Teresa?«

»Ich früher bei Pfarrer in Tschenstochau gearbeitet, in der Sankt-Jakobi-Kirche gegenüber Rathaus. Ganz nahe bei Schwarze Madonna im Paulinerkloster. Schwarze Madonna hat mir in der Not immer geholfen.« Sie bekreuzigte sich.

Wie sie erzählte, hatte sie bei einem Ausflug nach Krakau ihren späteren Mann kennengelernt, einen Fabrikarbeiter. Sie zog nach Krakau, spielte Hausfrau. Die Ehe blieb kinderlos, sie hielt nur vier Jahre, der Mann soff, trieb sich mit anderen Frauen herum. Teresa arbeitete in einem Büro, bis sie im vorigen Jahr den Job verlor. Sie fragte wieder bei den Pfarreien in Krakau und Tschenstochau nach Arbeit, die Geistlichen versprachen, sich umzuhören, und erinnerten sich an den Besuch des Bischofs Siebenhaar, der bei einer Wallfahrt von seinen Personalsorgen berichtet hatte. Ein Anruf, und die Sache war eingefädelt. Das Gehalt war zwar nicht königlich, aber besser als in Polen.

»Woher können Sie eigentlich so gut Deutsch, Teresa?«

»Meine Großmutter war Sudetendeutsche. Hat Polen geheiratet. Die Sprache hörte ich immer von Oma. In Krakau ich habe Deutschkurse besucht. Goetheinstitut. Sie schon wissen, ›Über allen Wipfeln ist Ruh‹ und so. Denken, zusätzliche Bildung kann nicht schaden, Zeit ich hatte genug.«

Sie gingen in die Küche. Baltasar räumte die Schüsseln und Dosen beiseite.

»Kann ich machen«, sagte Teresa. »Jetzt meine Aufgabe.«

Baltasar drückte die Packung mit dem Engelstraum an sich. »Bloß nicht! Alles andere gerne. Aber rühren Sie meinen Weihrauch nicht an.« Er hoffte, dass sie ihn auch verstanden hatte. Und sich daran hielt.

## 12

Tag eins nach der Ankunft der neuen Haushaltshilfe, und Baltasars Auferstehung begann erfreulich. Am Morgen fand er eine Kanne frisch gebrühten Kaffee, Semmeln und ein Glas Erdbeermarmelade auf dem Tisch, die Spüle glänzte, der Küchenboden war gewischt worden, das Geschirr in den Schränken verschwunden. Von Teresa war nichts zu hören, wahrscheinlich war sie einkaufen. Sie hatte sich für ein Zimmer im Erdgeschoss am Ende des Ganges entschieden, nachdem Baltasar ihr das Haus und die Kirche gezeigt und sie in ihren Arbeitsbereich eingewiesen hatte, wobei er keine Ahnung hatte, welche Aufgaben genau einer Haushaltshilfe überlassen werden konnten. Teresa wusste nun, dass in der Teedose das Haushaltsgeld zu finden war und im Besenschrank die Putzmittel, wo man frische Lebensmittel bekam, wie der Tagesablauf eines Pfarrers für gewöhnlich aussah und welche Telefonnummern und Personen im Ort wichtig waren.

Baltasar, der jahrelang allein gelebt hatte, musste sich erst noch daran gewöhnen, dass eine fremde Person, eine Frau, mit ihm unter einem Dach wohnte. Er verlor bereits die Unbekümmertheit, mit der er bisher durchs Haus gelaufen war, unwillkürlich lauschte er, ob er ein Geräusch aus Teresas Zimmer hörte, achtete darauf, ob sie vielleicht seinen Weg zum Badezimmer kreuzte. Es hatte sie gegeben, Nächte der Einsamkeit, das Verlangen nach einem weiblichen Körper neben sich, den Wunsch nach vertrauten Gesprächen, nach Gesten der Zuneigung. Das war der Preis des Single-Daseins, diese Momente der Verlassenheit, die sich bleiplattengleich aufs Gemüt legten. Eine Isolierung, die sich manchmal umso stärker bemerkbar machte, je mehr Menschen um einen herum waren. Der letzte Mensch, mit dem er länger zusammengewohnt hatte, war seine frühere Freundin gewesen. Bis zu jenem verhängnisvollen Ereignis ... Er wollte nicht daran denken. Das Leben ging weiter. Persönliche Beziehungen jenseits seines Kirchenamtes hatten sich kaum entwickelt, seinen Freund Vallerot einmal ausgenommen.

Baltasar holte sich die Ledermappe, die ihm die Witwe Plankl überlassen hatte, und blätterte nochmals die Papiere durch. Die anonymen Drohungen beschäftigten ihn: Wer verschickte solche Hassbotschaften und warum? Was hatte Alois Plankl getan, um solche Reaktionen hervorzurufen? Womöglich lag die Antwort in seinen Geschäften. Wenn es um Millionensummen ging, war die Versuchung, zu unsauberen Mitteln zu greifen und andere über den Tisch zu ziehen, natürlich groß. Vielleicht sollte er bei den Geschäftspartnern nachfragen und nach Plankls Opfern suchen, unter ihnen fände sich vielleicht ein Motiv für die Drohungen. Das Foto der unbekannten Frau gab keinerlei Hinweise her, ausgenommen der Hintergrund, der Teile eines Lokals zeigte. Aber wen konnte er fragen, ohne Neugierde und Misstrauen zu provozieren? Was die merkwürdigen Zahlenkolonnen anging, kam er zu der Überzeugung, dass dahinter Geldzahlungen an eine Gruppe unbekannter Personen, möglicherweise Schwarzgeld, stecken konnte. Doch die Positionen auf den Papieren gaben Rätsel auf. Wie hingen sie mit den Geldbewegungen auf den Konten zusammen?

Baltasar merkte, dass seine Überlegungen in eine Sackgasse führten. Er brauchte Hilfe. Es konnte möglicherweise nicht schaden, Anselm Schicklinger zu fragen, den Rechtsanwalt der Familie. Baltasar suchte die Telefonnummer heraus und vereinbarte nach einiger Diskussion mit der Sekretärin über die Dringlichkeit seines Anliegens einen Termin in einer halben Stunde, genug Zeit, sich zu duschen und anzukleiden.

Die Kanzlei lag direkt neben dem Gemeindeamt, im Erdgeschoss des Gebäudes. Die Einrichtung wirkte, als ob jemand wahllos Gegenstände aus einem Innenarchitekturkatalog bestellt hatte, Chrom und Leder und Glas dominierten, eine Ausstellung von Designermöbeln, die beeindruckend aussahen, deren Gebrauch jedoch vermutlich Bandscheibenvorfälle hervorrief. Die Sekretärin war nicht da, stattdessen führte Barbara Schicklinger Baltasar mit der Bemerkung »mein Mann kommt gleich« ins Arbeitszimmer des Rechtsanwalts.

»Helfen Sie aus?«, fragte Baltasar.

»Habe nur was geholt, bin gleich wieder weg.« Sie nahm ihre Handtasche und verschwand. Der Parfumduft von Jasmin und Iris hing in der Luft. Im Hintergrund lief Volksmusik, Baltasars Laune sank augenblicklich.

Das Zimmer enthielt einen Schreibtisch mit Glasplatte, darauf eine Schreibtischlampe, die an ein Raumschiff erinnerte, an den Wänden Metallaktenschränke in Schwarz, mehrere Heftordner lagen auf dem Fensterbrett. Baltasar war sich unschlüssig, ob er auf dem Besucherstuhl Platz nehmen sollte, er schlenderte im Zimmer umher, betrachtete das Foto von Barbara Schicklinger auf dem Schreibtisch, die Picasso-Graphiken an der Wand – waren die echt? – und blickte hin und wieder aus dem Fenster. Schließlich fiel sein Augenmerk auf die Beschriftung der Akten. Unbekannte Personen. Baltasar konnte der Versuchung nicht widerstehen und schob die Ordner beiseite, um auch die untenliegenden Namen zu lesen. Der Name Clara Birnkammer stach hervor, die Lehrerin. Was sie wohl mit dem Anwalt zu schaffen hatte?

»Guten Tag, Hochwürden.«

Baltasar fuhr herum. Er hatte Anselm Schicklinger nicht hereinkommen hören. Die Akten lagen scheinbar unberührt auf dem Fensterbrett. Er durfte sich bloß nichts anmerken lassen.

»Nehmen Sie doch Platz, Herr Senner. Darf ich Ihnen was zum Trinken anbieten?«

»Danke, nein, sehr liebenswürdig.« Er verspürte wenig Lust auf lauwarmen Bürokaffee.

»Wie mir meine Sekretärin berichtet hat, scheint es dringend zu sein. Ich weiß jedoch nicht, wie ich Ihnen weiterhelfen könnte. Schließlich habe ich – wie Sie ja auch – eine Verschwiegenheitspflicht gegenüber meinen Mandanten. Selbstverständlich habe ich gleich mit Frau Plankl telefoniert, was es mit der Sache auf sich hat. Sie hat mir erlaubt, Ihnen bei einigen Fragen allgemeiner Art Auskunft zu erteilen.«

»Vielen Dank, dass Sie Ihre Zeit für mich opfern. Ich habe Frau Plankl versprochen, ihr zu helfen.« Baltasar schlug die lederne Aktenmappe auf. Das Bild der unbekannten Frau lag obenauf. Er glaubte, eine Reaktion bei Schicklinger zu bemerken, als dessen Blick auf das Foto fiel. Baltasar legte das Bild so zur Seite, dass es besser zu sehen war. Er tippte auf das Foto. »Kennen Sie zufällig diese Frau?«

Schicklinger runzelte die Stirn. »Ich? Warum sollte ich? Ist das Ihre Freundin?« Ein Glucksen. »’tschuldigung, ein Scherz. Wer ist denn die Dame?«

»Das Bild war bei Herrn Plankls Unterlagen, in seinem privaten Arbeitszimmer.«

»Interessant. Der Alois ist – Verzeihung war – immer wieder für eine Überraschung gut. Keine Ahnung, wie ich Ihnen da weiterhelfen könnte. Aber Sie sind vermutlich nicht nur wegen der Frau gekommen. Was bietet diese Akte sonst noch?«

»In den Papieren befanden sich einige Zahlen, die mich verwirren. Vielleicht erkennen Sie, was dahintersteckt.« Baltasar legte ein Blatt auf den Schreibtisch. Der Anwalt studierte es eine Weile.

»Scheint mir die Kalkulation zu einem Bauprojekt in Wegscheid zu sein. Ich kann mich daran erinnern, weil ich für Alois die Verträge aufgesetzt habe. Aber wie das Leben so spielt, am Ende wurde der Bau wesentlich teurer als geplant. Sie verstehen, dass ich keine Details nennen kann. Schließlich waren an dem Geschäft noch andere Parteien beteiligt.«

»Und diese Überweisungen mit dem Vermerk ›Wohn‹ von einem Passauer Konto?« Baltasar zeigte den Kontoauszug.

»Herr Plankl verfügte als Geschäftsmann selbstredend über mehrere Konten«, sagte Schicklinger. »Diese Überweisung kenne ich nicht. Es ist auch ein lächerlicher Betrag. Ich beschäftige mich eigentlich nur mit den großen Summen. Wie Herr Plankl sein Geld sonst noch ausgegeben hat, ist nicht meine Angelegenheit. Vermutlich geht es um Gebühren aus einem Geschäft.«

»Aber es ist offenbar ein Dauerauftrag. Die Summe erscheint jedes Monat wieder, sehen Sie.« Baltasar holte weitere Belege hervor.

»Mag schon sein. Kleckerbeträge, wie gesagt. Vielleicht die Zahlung der Grundsteuer oder der Müllabfuhr.«

»Um welche Immobilie könnte es sich handeln?«

»Ich weiß nicht. Alois besaß eine ganze Reihe von Objekten, er kaufte und verkaufte. Wie bereits erwähnt, ich kümmere mich nicht um jede Kleinigkeit.«

Baltasar nahm den Zettel mit den Zahlen und den Tiernamen aus der Mappe. »Das hier bereitet mir am meisten Kopfzerbrechen. Sieht aus wie Honorarzahlungen. Was meinen Sie?«

»Für einen Pfarrer zeigen Sie erstaunliche Neugierde für Dinge, die nicht in Ihren Aufgabenbereich fallen, wenn Sie mir die Bemerkung gestatten. Aber da die Familie Plankl ein wichtiger Mandant ist, kümmere ich mich auch um die Dechiffrierungen.« Schicklinger legte die Hände auf den Schreibtisch, er betrachtete das Papier und lachte auf. »Der liebe Alois, Ideen hatte er, das muss man ihm lassen. ›Ratte‹, haha – und ›Schlange‹. Wie originell. Dazu verschiedene Beträge. Oder Zahlen, wie man's nimmt. Ob Sie's glauben oder nicht, Hochwürden, ich habe keinen Schimmer, was das soll. Das kann ich nicht ernst nehmen. Da ist wohl die Phantasie mit dem Alois durchgegangen. Haha. Lustig, lustig. Nehmen Sie es, wie es ist – ein Scherz. Jägerlatein.«

»Sie glauben, Herr Plankl sammelte in seinen Privataufzeichnungen Witze?«

»Was ich glaube, ist irrelevant.« Die Worte zerfraßen den Raum wie Säure. »Die Plankls sind meine Mandanten, mit Alois war ich persönlich befreundet. Ein Vertrauensverhältnis. Wir kannten uns seit Jahren, gingen gemeinsam auf die Jagd. Dennoch weiß ich noch lange nicht, was in seinem Kopf vorging. Seine Aktivitäten, soweit ich sie betreuen durfte, geben keinen Hinweis auf irgendwelche Ratten oder

Schlangen. Ich befürchte, Senner, Sie verrennen sich in was. Es sind ein paar Blatt Papier, sonst nichts. Das macht die Toten auch nicht wieder lebendig. Ich werde mit Frau Plankl reden, ob solche Aktionen wirklich in ihrem Sinne sind. Ein Pfarrer als Wirtschaftsprüfer – das ist jedenfalls ein schlechter Witz, wenn ich das sagen darf.«

Baltasar steckte die Mappe wieder ein. »Herr Schicklinger, Sie haben einen seltsamen Humor.« Er wandte sich zum Gehen. »Eins noch: Hat Ihnen Herr Plankl etwas über Drohungen berichtet, Morddrohungen?«

»Es wird immer besser mit Ihnen, Herr Senner. Jetzt präsentieren Sie mir sogar noch eine Räubergeschichte. Wo haben Sie die denn her?«

»Also keine Informationen über Drohungen?«

»Wenn es welche gegeben hätte, glauben Sie, ich würde nicht die Polizei informiert haben? Ein gutgemeinter Rat: Lassen Sie die Finger von der Sache, sonst verbrennen Sie sich. Kümmern Sie sich lieber um Ihre Schäfchen in der Gemeinde. Davon verstehen Sie sicherlich eine Menge. Schön, dass Sie da waren, und grüß Gott.«

Zu Hause im Pfarrheim legte sich Baltasar aufs Bett. Teresa war noch immer nicht zurück. Hatte der Anwalt ihm in allem die Wahrheit gesagt? War es ein Fehler gewesen, den Auftrag der Witwe anzunehmen? Jagte er jetzt schon Geistern nach, seinen ganz privaten Geistern? Was hatte das alles mit seiner Aufgabe als Pfarrer zu tun? Er war in der Vergangenheit erfolgreich Schwierigkeiten aus dem Weg gegangen – und hatte sich damit Ärger stets vom Hals gehalten.

Es half nichts, er brauchte weitere Informationen, bevor

er sich endgültig entschied, von der Sache die Finger zu lassen. Das Klingeln des Telefons schreckte ihn hoch. Daniel Moor, der Assistent des Generalvikars, war am Apparat.

»Na, alles in Ordnung bei Ihnen? Wie ich gehört habe, haben Sie Zuwachs bekommen ... Es kann nur eine geben.« Lautes Lachen dröhnte durchs Telefon.

»Woher haben Sie nur immer diese Informationen über meine Gemeinde? Das ist mir richtig unheimlich.«

»Ich weiß nur, es muss eine Frau aus Ihrer Gemeinde sein. Der Generalvikar machte neulich eine Andeutung. Immerhin wurde Ihnen endlich Ihr Wunsch nach Personal erfüllt.«

»Es wäre hilfreich gewesen, wenn mich jemand vorher informiert hätte.«

»Haben wir ja versucht, E.T. nach Hause telefonieren, aber niemand da sein auf Ihrem Planeten. Wo stecken Sie nur die ganze Zeit?«

»Ich ... arbeite. Kümmere mich um meine Schäfchen. Bei euch bin ich mir da nicht so sicher: Vermutlich veranstaltet ihr Wettbewerbe im Aktennotizenschreiben.«

»Haben Sie nun Ihre Haushaltshilfe oder nicht? Nun gut, ich räume ein, eine gebürtige Deutsche ist es nicht. Der Vorteil für den Generalvikar: Er spart eine Menge Gehalt für die Diözese, der Fuchs. Und tut was für die Völkerverständigung, schließlich sind wir alle gute Europäer. Außerdem hat Frau Kaminski sechs Monate Probezeit. Sie können sie jederzeit wieder zurückschicken.«

»Sonst hat das Bistum keine Probleme? Es wird schon gut gehen. Hören Sie sich lieber um, wer die Plaudertasche hier bei uns ist. Go ahead. Make my day.«

# 13

Baltasar hatte sich nochmals bei Luise Plankl angemeldet und einen Begleiter angekündigt. Als sie den Namen hörte, reagierte sie zuerst abweisend, aber Baltasar überzeugte sie, dass sein Helfer verschwiegen und zudem unabdingbar für den Erfolg des Projekts war.

»Anselm, ich meine Herr Rechtsanwalt Schicklinger, hat angerufen und von Ihrem Besuch erzählt«, sagte die Witwe. »Er klang nicht gerade begeistert.«

»Das ging ja schnell. Was hat er Ihnen geraten?«

»Ihm die Sache zu überlassen. Er wisse eh über die Geschäfte meines Mannes Bescheid, könne deshalb die Dokumente zielgerichtet untersuchen.«

»Und Ihre Antwort?«

»Er soll warten. Zuerst möchte ich noch einen Versuch auf diesem Weg machen, ich habe Vertrauen in Ihre Integrität und Verschwiegenheit. Die Sache ist wichtig. Kommen Sie also in Gottes Namen mit Ihrem Bekannten vorbei.«

Vallerots steinerner Hausdrache schien Baltasars Besuch bereits angemeldet zu haben. Der Hausherr öffnete noch vor dem Klingeln die Tür und kam gleich zur Sache. »Also, wo brennt's? Du tatest so geheimnisvoll am Telefon.«

»Eine delikate Angelegenheit. Zuerst muss ich wissen, ob du deinen Mund halten kannst, eine Eigenschaft, die ich für gewöhnlich bei dir vermisse.«

»Ich sage halt gerne meine Meinung. Auch wenn du sie nicht immer hören willst. Aber ich kann auch verschwiegen sein, wenn du es wünschst. Ich schwöre sogar einen Eid darauf. Nur nicht auf die Bibel.«

»Ausnahmsweise glaube ich es dir auch so. Aber bitte nimm die Sache ernst. Ich habe der Witwe Plankl meine Hilfe zugesagt.«

»Und was ist meine Rolle dabei? Soll ich sie festhalten, während du ihr den Teufel austreibst?«

»Du musst für uns einbrechen.«

Vallerot blieb der Mund offen. »Meinst du das ernst? Ich soll für dich, einen Heiligen, Unrecht begehen? Damit würde ich mir die Chance auf das Paradies auf ewig verbauen. Wo ich doch diesen Spielplatz der Untoten so gerne kennenlernen würde, vor allem, wenn man dort die neuesten Kinofilme auf einer Riesenleinwand anschauen kann.«

»Keine Sorge, du darfst im Haus der Witwe einbrechen. Eine Kinokarte spendiere ich dir nachher – falls du erfolgreich bist.« Baltasar erklärte seinem Freund, was er bisher im Arbeitszimmer gefunden hatte und welche Fragen das aufwarf. »Beim Tresor und beim Computer habe ich kapituliert. Beides ist nicht zu knacken. Da beginnt dein Job.«

»Frag doch einen deiner Ministranten. Die Jungs heutzutage finden das Passwort für einen Computer in zehn Minuten.«

»Hast du schon vergessen? Diskretion ist alles. Wir können sonst niemanden einweihen. Du hast doch früher erzählt, über entsprechende Fähigkeiten zu verfügen. Oder hast du da den Mund zu voll genommen?«

»Also gut, also gut, ich probier's. Aber du hast einen falschen Eindruck von mir. Ich bin kein professioneller Tresorknacker. Wie sieht das Schloss genau aus?«

Baltasar schilderte es ihm, Vallerot holte eine Werkzeugtasche, dann machten sie sich auf den Weg zur Witwe. Während der Autofahrt dachte Baltasar über die Ermahnung – oder Drohung – des Bischofs nach, den Kontakt mit Philipp Vallerot zu meiden. Keine Sekunde hatte Baltasar so einen Schritt erwogen. Freundschaft zählte mehr. Freundschaft war unbezahlbar. Mochten andere dagegen sein, an Baltasar perlten die Attacken ab wie Wasser an einer Ente.

Luise Plankl erinnerte die Besucher nochmals an ihre Pflicht zur Diskretion, wobei sie besonders Philipp Vallerot ins Visier nahm. Der nickte und widmete sich wieder dem Betrachten des Waffenschrankes. »Schöne Gewehre. Wunderbare Hirschfänger. War Ihr Mann ein Waffennarr, Frau Plankl?«

»Jagen war sein Hobby, seine Leidenschaft. Wann immer es die Zeit zuließ, verschwand er im Wald. Wie es halt so ist – je älter die Männer, desto kostspieliger das Hobby. Aber jetzt bringe ich Sie nach oben ins Arbeitszimmer meines Mannes. Rufen Sie mich, wenn Sie etwas gefunden haben.«

Philipp Vallerot sah sich im Zimmer um. »Womit fangen wir an?«

»Mit dem Computer, würde ich sagen. Was wir brauchen, ist das Zugangskennwort.«

»Sollen wir nach der klassischen oder nach der modernen Methode vorgehen?«

»Was meinst du damit? Ist doch egal.«

»Nicht ganz. Entweder versuchen wir das Kennwort durch Raten beziehungsweise Suchen herauszufinden oder durch elektronische Hilfsmittel. Du hast die Wahl.«

»Lieber die klassische Methode. Sonst machen wir noch was kaputt.«

»Du hast wirklich Vertrauen in meine Fähigkeiten. Meinetwegen probieren wir es auf die altmodische Art. Da haben wir gute Chancen, denn das Modell gibt es schon lange nicht mehr. Entsprechend alt und schlecht abgesichert dürfte die Software sein.« Philipp schaltete den Computer ein und wartete, bis die Eingabemaske für das Kennwort erschien. »Irgendwelche Vorschläge für Begriffe? Namen, Geburtstage?«

Sie versuchten es mit Vornamen wie Luise oder Isabella, mit Familiennamen oder Wörtern aus der Jägersprache. Nichts. Nur die Meldung »Kennwort falsch«.

»Wenigstens hatte Alois Plankl nicht die neueste Software installiert. Sonst würden wir nach den vielen Fehlversuchen gar nicht mehr ins System eindringen können«, sagte Philipp. »Der Mann war doch wohl kaum ein Computerfreak. Vielleicht hat er sich das Kennwort irgendwo notiert, wie es ältere Menschen gerne tun. Lass uns danach suchen.«

Sie nahmen sich nochmals die Papiere auf dem Schreibtisch vor, durchwühlten die Schubladen, aber nichts hatte Ähnlichkeit mit einem Kennwort. Philipp sah unter dem Stuhl nach, hinter Bilderrahmen, unter den Blumentöpfen. Vergeblich. Baltasar drehte den Bildschirm um, Fehlanzeige, er hob die Tastatur an – »Treffer!« Ein Zettel war an die Unterseite geklebt, darauf nur ein Wort geschrieben: hassano1.

»Wer sagt's denn, auf Herrn Plankl ist Verlass. Klingt wie ein Hundename.« Philipp tippte das Wort ein, und nach kurzer Zeit leuchtete der Startbildschirm auf. »Ich schließe eine externe Festplatte an und kopiere darauf alle Daten. Wir können uns die Sachen später bei mir ansehen.«

»Mir wäre es recht, wenn du schon mal alleine liest und vorsortierst. Du weißt, um was es geht. Wie funktioniert eigentlich deine moderne Methode?«

»Ist Hochwürden neugierig geworden? Oder willst du mich testen, ob ich geflunkert habe? Also gut, nur zum Spaß die andere Technik.« Vallerot holte einen Kasten aus seiner Tasche, schloss ihn am Computer an und startete das Gerät neu. »Jetzt dauert's ein wenig.« Nach einer Weile erschienen kryptische Buchstaben und Zahlen, die den ganzen Bildschirm füllten. »Da haben wir den Hund.« Philipp deutete auf das Wort hassan01. »Nebenbei hat der Kasten übrigens auch das Passwort für das E-Mail-Konto und die anderen Internetzugänge ausgespuckt.« Er markierte die Zeilen. »Überzeugt, du ungläubiger Thomas?«

»Hättest du gleich sagen können, dass es schneller geht. Das hätte uns Zeit gespart. Woher hast du bloß deine Kenntnisse?«

»Frag lieber nicht. Sagen wir, ich interessiere mich für verschiedene Fachgebiete der Sicherheitstechnik. Und wofür ich mich interessiere, da versuche ich gut zu sein. Steckenpferd von mir.«

»So jemand wie du ist mir noch nicht untergekommen.« Wieder fragte sich Baltasar, welchen Beruf sein Freund in der Vergangenheit tatsächlich ausgeübt hatte.

»Das wäre auch das Höchste, wenn es einen Klon von mir gäbe.« Philipp verdrehte die Augen. »Aber wenn es dich beruhigt: Du bist der ungewöhnlichste Pfarrer, der mir untergekommen ist.«

»Weil du sonst keinen Geistlichen kennst.«

»Stimmt.«

Baltasar zeigte seinem Freund das Versteck mit dem Wandtresor. »Da müssen wir ebenfalls dran. Ich trau mich gar nicht mehr zu fragen, welche Tricks du jetzt auf Lager hast.«

Vallerot strich über den Stahl des Tresors, leuchtete das Schloss aus. »Sieht wie eine einfache Aufgabe aus. Ein altes Modell. Das Schloss ist für Bartschlüssel konstruiert.« Aus seiner Tasche holte Philipp ein Werkzeug, das aussah wie ein Zahnarztbesteck. »Aus sportlichen Gründen versuche ich es rein mit Fingerspitzengefühl, ohne Elektronik.« Er steckte die Metallsonden in das Schlüsselloch und führte seltsame Bewegungen aus, wie das Suchen nach Karieslöchern.

»Ähh, irgendwelche Vorstrafen hast du nicht zufällig?«, sagte Baltasar. »Ich meine, wie du ...«

»Für wen hältst du mich? Für ein Mitglied der Panzerknackerbande? Du beleidigst mein Kunstverständnis. Denn das ist Kunst, was ich mache, mein Lieber. Aktionskunst. Jeder ist ein Künstler, wie du weißt. Jeder auf seinem Gebiet.«

Eine Zeitlang herrschte Stille im Raum bis auf das Kratzen und Schaben des Werkzeugs. Von draußen war das Geschrei einiger Krähen zu hören, irgendwo im Haus spielte ein Radio. Die Sonne warf Schlagschatten durch das Fenster, ließ den Staub auf den Aktenordnern hervortreten. Es roch leicht muffig, nach Leder und saurem Apfel. Baltasar überlegte gerade, ob er das Fenster öffnen sollte, als ein Klicken ihn ablenkte.

»Geschafft. Der Eingang zum Paradies ist offen. Bitte einzutreten.« Philipp schob die Tresortüre auf.

»Gratulation. Dir hat der Heilige Geist die Hand geführt. Das muss es sein. Ich wusste, dass in deinem Inneren noch ein Stück Seele schlummert.«

»Der einzige Geist, der mir erscheint, ist der Williamsbirnengeist. Und manchmal das Gesicht meines verstorbenen Vaters in meinen Alpträumen. Gucken wir uns an, was in der Schatztruhe verborgen ist.«

Die Ausbeute war mager: ein Bündel Zweihundert-Euro-Scheine, ein Schlüssel, ein altes Taschentuch und ein vergilbter Zeitungsausschnitt über eine Jagdgesellschaft, wie Baltasar beim Lesen feststellte. Ein Veröffentlichungsdatum war nicht auszumachen, der Kopf der Seite fehlte.

Philipp zählte das Geld. »Genau achttausendsechshundert Euro. Ist das nun viel oder wenig?«

»Kommt drauf an. Für Herrn Plankl war es wohl ein Taschengeld. Für meine Gemeindeprojekte wäre es ein kleines Vermögen.«

Philipp drehte den Schlüssel in der Hand. »Für Sicherheitszylinder. Könnte zu einer Türe oder einer besonders geschützten Anlage gehören. Vielleicht sollten wir Frau Plankl fragen.«

Die beiden riefen die Witwe und zeigten ihr die Zugangsdaten für den Computer. Sie gratulierte ihnen zum Knacken des Tresors und besah sich die Fundstücke. »Keine Ahnung, wofür der Schlüssel ist. Das Modell passt nicht für die Schlösser bei uns im Haus. Und einen zweiten Tresor haben wir nicht. Nehmen Sie den Schlüssel mit, vielleicht finden Sie heraus, wozu er passt. Das Geld kann mein Mann als Notvorrat gebunkert haben. Manchmal ist es praktischer, mit Bargeld zu zahlen. Ärgerlich, wenn dann nichts zur Hand ist.« Sie sah sich das Taschentuch an und überflog die Zeitungsartikel.

»Eine erfolgreiche Treibjagd. Die Stücke hat Alois wahrscheinlich aus sentimentalen Gründen aufgehoben.«

»Im Tresor?« Baltasars Stimme verriet seine Zweifel.

»In manchen Dingen war mein Mann nostalgisch. Einfach so. Das hat sicher nichts weiter zu bedeuten.« Die Witwe bot ihnen noch etwas zum Trinken an, sie lehnten freundlich ab und verabschiedeten sich, nicht ohne nochmals Frau Plankls Mahnungen zur Diskretion über sich ergehen zu lassen.

Auf dem Rückweg brach Baltasar als Erster das Schweigen. »Was hältst du davon?«

»Von der Sache, von der Familie oder von der Frau? Irgendwie kommt mir das Interesse der Plankl übertrieben vor. Tote soll man ruhen lassen, heißt es. Warum also interessiert sie die Vergangenheit ihres Gatten so sehr? Mir sind ihre wahren Motive unklar. Vielleicht täusche ich mich auch. Was den Verstorbenen betrifft, du kennst meine Meinung über ihn. Ein verschlagener Typ. Der alle Register zog, um seine Ziele zu erreichen. Ob dabei alles legal zuging, möchte ich bezweifeln.«

Baltasar seufzte. »Ich glaube, wir müssen noch weiter bohren, bis wir diesen Auftrag abschließen können – mit Gottes Hilfe.«

»Dann brauchst du mich ja nicht weiter, wenn dich der Große Außerirdische unterstützt.«

»Ich nehm alles, was ich kriegen kann. Sogar dich.«

Oliver Mirwald überlegte, ob er anklopfen sollte, entschied sich aber dagegen. Er drückte die Klinke nieder und wartete einen Moment, bevor er die Tür öffnete. Wolfram Dix saß hinter seinem Schreibtisch, das Kinn an die Brust gelehnt, die Augen geschlossen. Der Kommissar schreckte hoch.

»Was? Was ist ...? Ach, Sie sind's, Mirwald.« Dix setzte sich aufrecht hin, sein Hemdkragen war verrutscht, die Haare standen wirr in alle Richtungen. »Haben Sie mich aber erschreckt. Von so was kriegt man einen Herzinfarkt, wissen Sie das? Ich hab gerade ... nachgedacht. Was gibt's?«

»Die Obduktionsergebnisse sind gekommen. Vom Fall Veit.«

»Und?«

»Offizielle Todesursache: Herzstillstand.« Mirwald blätterte in seinen Unterlagen. »Der Mann war geschwächt durch die Unfallverletzungen und den operativen Eingriff. Das Fehlen des Atemschlauchs und der Infusionsmittel beschleunigten das Ableben.«

Dix spielte mit seinem Kugelschreiber. »Das hilft uns nicht viel weiter. Wie lautet das Urteil unseres Experten, sind die herausgerissenen Schläuche ursächlich für den Tod?«

»Hier heißt es ›mit großer Wahrscheinlichkeit‹.«

»Diese Schlauberger! Wollen sich nie hundertprozentig festlegen. Aber das ist schon mal was, womit man arbeiten kann.«

»Das Beste gibt's obendrauf.« Mirwald lächelte. »Das Labor hat die Fingerabdrücke auf dem Schlauch untersucht. Sie stammen eindeutig von unserem lieben Herrn Pfarrer. Jetzt haben wir ihn. Endlich. Diesen selbstgerechten Gutmenschen.«

»Sehr gut, Mirwald, sehr gut. Aber nicht so voreilig mit dem Urteil über Herrn Senner. Noch fehlt uns ein Motiv für die Tat. Und der endgültige Beweis. Ein Geständnis wäre noch besser. Ich glaube, wir sollten auf die Jagd gehen.«

# 14

Baltasar hatte sich nochmals die Kontoauszüge von Alois Plankl angesehen, ohne das Rätsel um den Empfänger der seltsamen Überweisungen zu lösen. Teresa Kaminskis Staubsauger röhrte aus dem Nebenzimmer, begleitet von einem polnischen Volkslied, das in Discolautstärke aus dem Radio tönte. Baltasar, dem der Kopf schmerzte, betete um einen Kopfhörer. Da sein Wunsch nicht erfüllt wurde, machte er sich auf zu einem Spaziergang, er wollte bei der Sparkasse vorbeischauen und seine Spurensuche vorantreiben.

In der Filiale war er der einzige Kunde, er ließ sich die Kontoauszüge geben und plauderte ein wenig mit der Frau am Schalter, fragte, ob der stellvertretende Sparkassendirektor Alexander Trumpisch zu sprechen sei. Die Angestellte telefonierte und nickte dann. »Der Herr Direktor hat gerade Zeit. Gehen Sie einfach durch. Der Name steht außen an der Tür.«

Kurze Zeit später saß Baltasar dem Mann gegenüber. Das Büro war wesentlich kleiner als das von Korbinian Veit. Das Zimmer war voll gestellt mit Blechaktenschränken, was ungefähr so viel Gemütlichkeit ausstrahlte wie ein Arbeitsplatz im Finanzamt. Computerausdrucke lagen auf dem Schreibtisch verstreut, einziger persönlicher Gegenstand war ein Bild von Trumpischs Frau Elisabeth.

»Darf man gratulieren?« Baltasar rückte seinen Stuhl zurecht.

»Bitte?«

»Ihre Beförderung zum Direktor, wenn ich Ihrer Mitarbeiterin Glauben schenken darf.«

»Ach so. Da ist es zur Gratulation noch zu früh. Die Entscheidung, wer Herrn Veits Nachfolger wird, ist noch nicht gefallen.«

»Wie ich höre, haben Sie gute Chancen. Sie wären die natürliche Wahl.«

»Danke. Aber die Gremien haben noch nicht entschieden. Zuerst muss die Beerdigung unseres Direktors vorbei sein. Dann werden wir sehen. Ich bin ganz optimistisch und tue weiter meine Arbeit.«

»Wer hat denn kommissarisch die Aufgaben des Verstorbenen übernommen?«

»Das ist ebenfalls noch nicht geklärt. Wir entscheiden von Fall zu Fall. Warum fragen Sie?«

»Nun, der Grund meines Besuches ist die Bitte um Informationen zu meinem Jugendtreffprojekt. Herr Veit wollte das Anwesen plötzlich verkaufen und nicht mehr vermieten.«

Trumpisch richtete sich auf. »Das geplante Jugendzentrum? Verkaufen? Das ist das erste Mal, dass ich davon höre. Ich dachte, alles wäre in trockenen Tüchern.«

»Sie wissen nichts davon? Herr Veit hat mir kurz vor seinem Unfall mitgeteilt, ein Investor wolle die Immobilie erwerben. Der Mietvertrag sei damit hinfällig.«

»Wer soll denn der Käufer sein? Davon weiß ich nichts. Ich verstehe, dass Sie ungehalten sind, und werde mich darum kümmern. Aber nicht jetzt.«

»Wer kann denn überhaupt Interesse an einem solchen Objekt haben? Die Sparkasse hatte doch selbst lange probiert, es zu verwerten.«

»Das stimmt. Vielleicht hat sich ein Liebhaber für das Haus gefunden. Oder jemand verspricht sich mit dem Investment einen Mehrwert. Wer weiß. Der Immobilienmarkt ist im Augenblick schwierig.«

»Wovon sich Menschen wie Herr Plankl nicht haben abschrecken lassen.«

»Er war ein schlauer Unternehmer, ein Hundling, wie man bei uns sagt. Bewundernswert. Genauso wie sein Rechtsanwalt, Herr Schicklinger. Beide gute Kunden unserer Bank. VIP-Kunden gewissermaßen. Von Herrn Veit persönlich betreut.«

»Ich hätte noch eine Bitte.«

»Was ist es? Nur heraus damit.«

Baltasar holte einen Zettel aus seiner Tasche und reichte ihn Trumpisch. »Ich habe einige Spenden überwiesen bekommen. Auf den Kontoauszügen ist die Bitte um eine Spendenquittung vermerkt. Fürs Finanzamt. Keiner zahlt gerne mehr Steuern als nötig. Leider fehlen mir die Kontaktdaten, um den Wunsch zu erfüllen, ich habe nur die Kontonummern der Absender. Können Sie mir weiterhelfen? Ich bräuchte Namen und Adressen.«

Innerlich bat Baltasar den lieben Gott um Verzeihung für seinen Schwindel. Die Wahrheit war ein empfindliches Gut, man musste wohldosiert mit ihr umgehen. »Also, normalerweise machen wir so was nicht.« Der stellvertretende Direktor studierte die Nummern. »Datenschutz, Sie wissen schon. Aber einem Pfarrer kann ich den Wunsch natürlich nicht ausschlagen. Zumal es um eine gute Sache geht ...« Trumpisch gab einige Befehle in den Computer ein. »Da haben wir's. Ich mache Ihnen einen Ausdruck. Das Ganze bleibt selbstverständlich unter uns.«

»Selbstverständlich. Sie wissen gar nicht, wie sehr Sie mir helfen.« Baltasar steckte den Ausdruck ein. »Ich hoffe, ich sehe Sie nächsten Sonntag in der Kirche.«

Trumpisch schüttelte ihm zum Abschied die Hand. »Schau ma mal. Versprechen kann ich nichts. Sie wissen, die Arbeit.«
Im Pfarrhaus erhielt Baltasar einen Anruf von Frau Veit, die mit ihm Details der Beerdigung ihres Mannes besprechen wollte, nachdem die Polizei den Leichnam freigegeben hatte. »Stellen Sie sich vor, Herr Pfarrer: Man weiß noch immer nicht, was Korbinian umgebracht hat. Im Obduktionsbericht stehen nur Spekulationen. Und so was wollen Fachleute sein!« Die Worte sprudelten aus ihr heraus. »Ich will meinen Frieden. Endlich. Das Ganze muss ein Ende haben.«

Sie vereinbarten einen Besuchstermin.

Baltasar zog den Anzug aus und schlüpfte in seine Jeans. Sein Magen meldete sich. Mittagszeit. Er horchte an der Küchentür nach Geräuschen. Vernahm das Klappern von Töpfen, das Klirren von Gläsern, die auf den Tisch gestellt wurden. Bisher war er mit belegten Broten abgespeist worden, viel war von Teresas Kochkünsten noch nicht aufgeblitzt. Was es wohl jetzt gab?

Er ging in die Küche, begrüßte seine Haushälterin. »Hab Sie bisher kaum gesehen. Viel zu tun?«

»Arbeiten. Einkaufen. Mit Leute im Ort rrreden. Nette Menschen.« Sie erzählte den neuesten Klatsch, den sie bei ihren Besorgungen aufgeschnappt hatte, über die neuen Schuhe der Frau des Bürgermeisters, die Erkältung des Metzgers und anstehende Hochzeiten.

»Sehr schön. Sehr fleißig.« Baltasar wollte das Thema lieber auf das Essen lenken. »Und? Was gibt's heute Gutes?«

»Rezept von Oma. War wunderbare Köchin. Machte lecker, lecker Sachen. Sie hinsetzen.« Teresa deutete auf den Stuhl. »Ist polnische Spezialität.«

Sie stellte einen Topf auf den Tisch, nahm eine Schöpfkelle und füllte Baltasars Teller. »Heißt Barschtsch. Mit rote Rüben. Sehr lecker.«

Sie sprachen ein Tischgebet. Baltasar war abgelenkt, denn der Dampf, der von seinem Teller aufstieg, überwältigte seine Nase. Seine Sensoren gaben plötzlich Alarm. Großalarm. Was, bei allen Heiligen, war das? Er roch Rote Beete, Kartoffeln, Zwiebeln, Weißkraut. Und Essig, Essig, Essig. Pfui deibel. Das konnte er nicht essen.

»Guten Appetit.« Die Haushälterin setzte sich und nickte ihm auffordernd zu.

Baltasar nahm einen Löffel von der sämigen Flüssigkeit, die ihn entfernt an Blut erinnerte. Seine Zunge fühlte sich an wie in Säure getaucht. Er hatte keinen Zweifel, dass sie sich innerhalb kürzester Zeit von selbst auflösen würde. Er konnte seine Zähne schon nicht mehr spüren. Dagegen schmeckte selbst die Desinfektionslösung beim Zahnarzt wie himmlisches Ambrosia. Wie schaffte man es bloß, diese ... diese Masse aus dem Hochofen hinunterzuschlucken? Konnte er überhaupt noch seinen Kiefer bewegen, oder hatte der Barschtsch wie Pfeilgift aus dem Amazonas alle Nerven gelähmt? Er erinnerte sich an einen Trick, den er als Sechsjähriger angewandt hatte, wenn er unter Aufsicht seiner Mutter den Buttermilchgriesbrei hinterwürgen musste – er hatte beim Schlucken einfach an ein blaues

Pferd gedacht, das einen Abhang hinuntergaloppierte. Das hatte ihn abgelenkt. Blaues Pferd – und schon rutschte die Suppe in Richtung Magen.

»Na, schmeckt's?« Teresas Gesicht strahlte. »Sag ich doch, ist was ganz Feines aus meiner Heimat.«

Mehr als ein Krächzen brachte Baltasar nicht zustande. In Zeitlupe nahm er noch einen Löffel. Seine Hand zitterte. Er brachte es nicht übers Herz, seiner Haushälterin die Wahrheit zu sagen. Also blieb ihm nichts anderes übrig als weiterzuessen. Was waren seine Qualen gegen die Leiden von Jesus am Kreuz? Der zweite Schluck ging schon besser. Blaues Pferd. Noch ein Löffel. Blaues Pferd. Ihm kam der Umstand zu Hilfe, dass er mittlerweile seine Mundhöhle sowieso nicht mehr spürte. Blaues Pferd. Vielleicht ließ sich Teresa ablenken?

»Teresa, Sie brauchen wirklich nicht auf mich zu warten, Sie haben sicher noch zu tun.« Seine eigene Stimme kam ihm ganz fremd vor.

»Keine Sorge, das hat Zeit.« Teresa griff zum Schöpflöffel und füllte den Teller auf, bevor sich Baltasar dagegen wehren konnte. »Ich sehe, Sie haben Hunger.«

Er war nahe an der Kapitulation, schwenkte auf graue Pferde um, auf gelbe, auf grüne Pferde. Nichts half mehr, die Pferde verwandelten sich zurück in Kartoffeln und Rote Beete. Seine Schleimhäute fühlten sich an wie mit Schmirgelpapier bearbeitet, sein Magen war voller Wackersteine.

»Danke, ich bin schon satt.« Baltasar legte den Löffel beiseite, trank den Rest der Wasserflasche leer. »Wirklich ein ... ein ungewöhnliches Rezept, Teresa. Meinen Gruß an Ihre Oma.«

»Geht leider nicht. Ist schon früh gestorben. Der Magen.« Teresa öffnete den Kühlschrank. »Ich hab noch einen Nachtisch gemacht. Lecker Creme mit polnische Zitronat.«

Baltasar sprang auf. Fast hätte er sein Glas umgestoßen. »Danke, danke, ähh ... Geht leider nicht. Ich habe noch einen dringenden ... ähh ... Termin. Einen ... einen Seelsorgetermin. Sie dürfen die Creme gerne selber essen.«

Im Schnellschritt verließ er das Haus. Draußen sog er die Luft ein, blies sie rhythmisch aus und wieder ein wie ein Blasebalg. Der Kopf wurde klarer. Baltasar verlangsamte seinen Schritt und steuerte automatisch die »Einkehr« an. Das Gasthaus war jetzt fast leer, am Ecktisch saßen Einheimische über Schweinsbraten und Leberkäse. Victoria begrüßte den Gast. »Schön, Sie wiederzusehen, Herr Senner. Noch was zum Mittagessen, oder bloß was zum Trinken?«

»Was ist heute die Spezialität des Hauses?«

»Marinierte Kalbsschnitzel in Sake-Soße mit kleinen Pilzknödeln. Aber für Sie mache ich auch gerne eine andere Beilage.«

»Keine Maultaschen heute? Wann servieren Sie wieder Ihre Maultaschen mit der besonderen Füllung? Die geh'n mir ab.«

»Da muss ich heute passen. Aber, glauben Sie mir, die Kalbsschnitzel sind schön zart.«

»Auch nicht mit Essig angemacht? Mein Magen ist momentan etwas ... empfindlich.«

»Keine Spur von Essig. Ich bringe Ihnen eine Portion. Dazu passt ein Riesling.«

»Gern. Wenn Sie ein Glas mittrinken. Und Wasser, bitte. Am besten eine ganze Flasche.«

Baltasar entspannte sich. Der Riesling machte ein Friedensangebot an seine Geschmacksnerven, das Kalbsfleisch war zart und aromatisch, wie versprochen. Mit jedem Bissen normalisierte sich der Magen ein wenig mehr. Als Victoria Stowasser sich zu ihm setzte, erzählte Baltasar vom jüngsten Kochabenteuer seiner Haushälterin und seiner Reaktion.

Victoria lachte. »Deswegen die Essigunverträglichkeit?« Sie tätschelte ihm den Arm. »Sie müssen mehr Geduld mit Ihrer Haushälterin aufbringen. Jedem kann mal was misslingen.«

Baltasar hörte nur halb hin. Er spürte auf seinem Arm Victorias Hand, die immer noch darauf ruhte, während sie erzählte, mehr eine Ahnung einer Berührung, durch den Stoff hindurch, und doch konnte sich Baltasar auf nichts anderes mehr konzentrieren. Die Hand der Wirtin löste einen Schock bei ihm aus, schien sich durch seine Jacke zu brennen und eine geheimnisvolle Wunde auf der Haut zu hinterlassen. Wie lange ließ sich dieser Zustand konservieren? Röte stieg ihm ins Gesicht. Schauer liefen über seinen Körper. Baltasar hielt den Atem an, als könne er damit zugleich die Welt anhalten.

Ein Knall riss ihn aus den Gedanken. Die Eingangstür.

»Da! Nachbarrrin hatte Rrrecht. Und mir erzählen, Seelsorrrge machen? Dabei heimlich essen.« Teresa stand unter dem Türrahmen, die Hände an die Hüfte gestemmt. Ihre Stimme überschlug sich. Die übrigen Gäste hoben die Köpfe. Die Haushälterin deutete auf Victoria. »Seelsorrrge? Sie … Sie … Jetzt ist genug. Ich kündigen!«

# 15

Philipp Vallerot schaltete seinen Computer aus. Die Augen schmerzten. Auf was hatte er sich da eingelassen? Sein Freund Baltasar hatte ihn um einen Gefallen gebeten, und er hatte ja gesagt, für ihn eine Selbstverständlichkeit. Aber natürlich war es nicht bei einem Gefallen geblieben. Er hatte erst einen Teil der Dateien und E-Mails von Alois Plankl durchgesehen, das meiste waren Besprechungsnotizen, Anträge und Angebotsunterlagen für Grundstückskäufe oder Bauvorhaben. Daneben Vereinbarungen zur Jagd, private Belanglosigkeiten. Ein Großteil der E-Mails ging an den Rechtsanwalt Schicklinger, an den Bürgermeister, den für Liegenschaften zuständigen Rathausmitarbeiter Friedrich Fassoth und an Korbinian Veit. Nur zwei Mitteilungen stachen heraus, Worte wie »mein Schatz« oder »Liebling« ließen eine weibliche Empfängerin vermuten, die Antworten klangen vertraulich, aber unverbindlich, Absender war eine »Waldmaus123«.

Die weiteren Daten mussten warten. Er verschloss sein Haus, achtete darauf, dass die Alarmanlage aktiviert und der Panzerriegel vorgeschoben war, und holte den Wagen aus der Garage. Ein weiterer Gefallen musste eingelöst werden, Vallerot würde ihn sich mit einer CD-Edition der Rolling Stones vergüten lassen, egal, wie knapp Hochwürden bei Kasse war. Die Fahrt ging zum Amtsgericht Freyung, Dienststelle Bahnhofstraße, die die Grundbücher führte. Er fragte sich zum zuständigen Sachbearbeiter durch. Der Mann mit

Halbglatze und Lesebrille studierte ein Papier vor sich, als habe er gerade das Rezept fürs ewige Leben entdeckt und müsse nun jeden einzelnen Buchstaben auswendig lernen. Aber soweit Philipp mitlesen konnte, handelte es sich nur um Sportnachrichten. Er hustete. Der Mann hob den Kopf in der Geschwindigkeit einer Wanderdüne, musterte den Störenfried.

»Wos is'?«

»Ich bräuchte den Grundbuchauszug über eine Immobilie mit dieser Flurnummer.« Philipp schob dem Beamten einen Zettel hin. »Und die angrenzenden Grundstücke gleich dazu. Bitte!«

Die Halbglatze beachtete das Papier gar nicht. »Da kennt ja jeder kumma. Außerdem ham mia gleich Mittag.«

»Es dauert vermutlich nicht lange, die Unterlagen herauszusuchen.«

»Mittag is'. Kumman S' am Nachmittag wieder.«

Vallerot hatte eine Vision von einem mittelalterlichen Würgeeisen – wenn man's recht bedachte, eine nützliche Erfindung. »Niemand will Ihnen Ihre verdiente Pause streitig machen, Sie haben heute sicher schon einen anstrengenden Tag gehabt.« Die Stimme war im Ironiemodus. »Vielleicht könnte ein Kollege ...«

Der Mann verzog keine Miene. »Meine Kollegen ham zu tun. Ich bin für die Kunden da.«

»Schön zu hören, freut mich für Sie, wenn Sie nun was für Ihren Kunden tun könnten ... bitte!«

»Kundenverkehr is' mittags keiner. So leid's mir tut.« Ein Grinsen schlich sich ins Gesicht des Mannes.

Philipp wusste, dass er es hier mit einem Dickschädel zu

tun hatte, einer weit verbreiteten Spezies. Jedoch unterschied sich der Dickschädel des Bayerischen Waldes, auch Elephantus Bavaricus genannt, vom gewöhnlichen deutschen Dickschädel durch seine besondere Dickschädeligkeit, die sich in stolz zur Schau getragener Begriffsstutzigkeit, eingeschränkter Wortwahl und inbrünstiger Pflege eigener Vorurteile äußerte.

»Sind Sie katholisch?«

Die Frage schien den Beamten zu überraschen. »Natürlich. Wie kennan S' do frong?«

»Wollen Sie dem lieben Gott helfen?« Philipp entging nicht die Pointe, dass gerade er als Atheist den Großen Außerirdischen für seine Zwecke einspannte. Der Glaube hatte doch was Gutes.

»Was ... Was soll des jetzt? Woin S' mi verarschen?« Der Mann hatte sich aufgerichtet.

»Ich bin im Auftrag der katholischen Kirche da. Sie kennen doch Bischof Siebenhaar? Die Diözese will möglicherweise das Grundstück erwerben. Den Bischof würde es sehr freuen, wenn er dabei ein wenig Unterstützung erhielte.«

»Vom Bischof? Warum sagn S' des net glei? Moment, des kriag ma scho.« Der Beamte telefonierte und gab die Bestellung der Grundbuchauszüge durch. »Der Kollege sucht die Dokumente gleich heraus. Ich muss jetzt in die Pause. Meine Grüße an den Herrn Bischof. Auf Wiedersehen.«

Nach einer Weile brachte ein Mitarbeiter die Unterlagen. Philipp ließ sich zeigen, wo man Kopien machen konnte. Die Papiere beschrieben das Grundstück, auf dem das Haus für Baltasars geplantes Jugendzentrum stand. Die Sparkasse war als Eigentümerin eingetragen, gemäß den Aufzeichnungen hatte sie eine Grundschuld eintragen lassen und später die Zwangsversteigerung beantragt, weil der Schuldner den Kredit nicht mehr zurückzahlen konnte. Der frühere Eigentümer war ein Bauer aus dem Ort. Ein Nachbargrundstück gehörte laut Plan Alois Plankl, ein anderes Anselm Schicklinger und ein weiteres Bürgermeister Xaver Wohlrab. Mochte Baltasar sich einen Reim darauf machen. Er selbst musste indes weiter. Ein weiterer sonderbarer Gefallen für seinen unersättlichen Freund.

Die Adresse, die Baltasar ihm aufgeschrieben hatte, lag in Passau in der Ilzstadt. Er suchte den richtigen Namen auf den Klingelschildern und drückte den Knopf. Nach einer Weile ging der Türöffner. Das Büro lag im ersten Stock des Gebäudes, das Schild im Treppenhaus kündigte »Hausverwaltungen und Maklerservice« an. Ein Empfangszimmer fehlte, Vallerot stand in einer Diele, von der mehrere Türen abgingen. Der Aufteilung nach zu urteilen, waren die Räume früher als Wohnung genutzt worden. Aus einem Zimmer klang Radiomusik. Vallerot klopfte und trat ein. Eine Frau mit Piercingschmuck in der Nase, vielleicht zwanzig Jahre alt, sah von ihrer Computertastatur hoch. »Einen Moment noch. Bitte nehmen Sie Platz.« Vallerot räumte einige Aktenordner beiseite und setzte sich. »So, jetzt.« Die Frau richtete sich auf. »Wollen Sie einen Tee? Ich hab mir gerade einen Darjeeling aufgebrüht.« Er schüttelte den Kopf. »Der Chef ist gerade nicht da. Wie kann ich Ihnen weiterhelfen?«

»Vielen Dank, dass Sie sich Zeit nehmen.« Philipp setzte ein Lächeln auf. »Sie sind sicher sehr beschäftigt.«

Die Frau lächelte zurück. »Ach, so schlimm ist es gerade nicht. Ich arbeite hier als Aushilfe. Die Sekretärin ist krank.«

»Es geht um einige Überweisungen. Wir sind, gelinde gesagt, etwas verwirrt, ob die Beträge korrekt sind.« Philipp schob die Kopien der Überweisungen aus dem Ordner Alois Plankls über den Schreibtisch. »Vielleicht könnten Sie die Vorgänge freundlicherweise mal nachkontrollieren.«

»Für wen soll das sein?«

»Für Herrn Plankl. Alois Plankl.«

»Und um welches Anwesen soll es sich handeln?«

Vallerot schluckte. Eine gute Frage. Bisher hatte er gar nicht gewusst, um was es sich genau drehte. »Ähh, es gibt mehrere Liegenschaften. Das ist ja das Verwirrende, die Zuordnung. Vielleicht finden Sie in Ihren Unterlagen Genaueres.«

»Ja, um was dreht es sich denn konkret? Unsere Hausverwaltung betreut eine Reihe von Objekten. Oder handelt es sich um ein Mietverhältnis?«

An diese Möglichkeit hatte er noch nicht gedacht. »Das steht in den Unterlagen. Möglicherweise kommen wir schneller zum Ziel, wenn wir unter dem Namen Plankl nachsehen.«

Die Frau startete ein Programm am Computer und tippte einige Befehle ein. Philipp beugte sich vor, um besser die Liste auf dem Bildschirm lesen zu können. »Is aber komisch. Unter dem Namen Plankl finde ich nichts.«

»Vielleicht ist nur der Name aus Versehen falsch geschrieben. Probieren Sie es mit Plankel. Oder Blankl. Übrigens, der Tee ist einfach zu verlockend. Dürfte ich auf Ihr Angebot von vorhin zurückkommen? Zu einer Tasse Darjeeling würde ich jetzt nicht nein sagen.«

»Wollen S' doch mal probieren? Gerne. Ich hol Ihnen

eine Tasse. Vorher versuche ich aber noch die anderen Schreibweisen.« Die Frau wartete, bis eine neue Liste auf dem Bildschirm erschien. »Wieder nichts. Sind Sie sicher, dass es sich wirklich um unsere Hausverwaltung handelt?«

»Nein, keineswegs, aber die Überweisungen gehen doch auf Ihr Konto, oder?«

»Ja, das stimmt.«

»Ich kann es mir zwar nicht vorstellen, aber machen wir noch einen Versuch unter den Vermietungen?«

Die Frau sah ihn skeptisch an. »Meinetwegen. Aber komisch ist das schon.« Sie rief ein anderes Programm auf. »Da haben wir tatsächlich einen Alois Plankl. Aber nur als Mieter, nicht als Immobilienbesitzer. Merkwürdig. Sind Sie sicher, dass es sich um Liegenschaften handelt? Die monatlichen Überweisungen stimmen mit der vereinbarten Mietsumme überein. Sie müssten doch einen Mietvertrag haben, in dem alles steht. Außerdem kann ich Ihnen unsere vertraulichen Daten nicht einfach sagen ohne weitere Belege oder eine Vollmacht oder so was.«

»Das ist ja das Problem. Es fehlen Unterlagen. Übrigens, der Tee ...«

»Ach ja, das hatte ich vergessen. Sie wollen noch eine Tasse? Einen Augenblick. Ich brühe einen frisch auf.« Die Frau ging in einen Raum zwei Türen weiter. Vallerot hörte das Klappern von Geschirr. Mit einem Schwung setzte er sich auf den Platz der Sekretärin, horchte, ob die Frau immer noch mit dem Zubereiten von Tee beschäftigt war, und rief die Datei von Alois Plankl auf. Die Beträge der Überweisungen waren korrekt verzeichnet, es handelte sich um eine Wohnung in Passau. Philipp versuchte, sich die wichtigen Daten zu merken, und setzte sich wieder auf seinen Platz, gerade rechtzeitig, bevor die Frau mit der Tasse hereinkam.

»Der wird Ihnen schmecken. Wenn Sie wollen, kann ich Ihnen die Adresse des Teeladens aufschreiben.«

Philipp nahm einen Schluck. »Hmm, gut. Danke, nicht nötig, ich bin viel zu selten in Passau. Was machen wir nun mit dem Vorgang?«

»Da muss ich mit meinem Chef sprechen. Sie verstehen, ich kann Ihnen nicht einfach so alles Mögliche geben. Sonst bekomme ich Ärger. Ich bin hier nur Aushilfe.«

»Haben Sie eine Visitenkarte von Ihrem Chef? Dann rufe ich ihn direkt an und verabrede einen Termin mit ihm.« Vallerot ließ sich die Karte geben und nahm zugleich die Überweisungskopien wieder an sich. »Vielen Dank nochmals für den Tee. Wirklich sehr gut.« Er ging zum Ausgang, steckte beim Abschied heimlich weitere Visitenkarten ein. »Einen schönen Tag noch.«

Auf der Straße schrieb sich Vallerot die Details auf, die er sich gemerkt hatte. Die Adresse der Mietwohnung lag in der Innstraße, nur wenige Minuten Fahrt entfernt. Er beschloss, da er nun schon mal in Passau war, auch noch diesen Punkt für Baltasar aufzuklären, ein Extrabonus unter Freunden. Und die Recherchen brachten ihm Spaß, eine willkommene Abwechslung vom Nachhilfeunterricht und der Arbeit vor dem Computer. Vor allem kam dieses Suchen nach Puzzleteilen seiner Leidenschaft entgegen, den Dingen auf den Grund zu gehen. Es war eine andere Art von Neugierde, als Baltasar sie pflegte, Vallerots Ehrgeiz war mehr sportlich, und wenn seine Arbeit der Wahrheit und Gerechtigkeit diente, umso besser. Das nötige Rüstzeug hatte er sich bereits in der Vergangenheit angeeignet, als seine Jobs noch besonderes Fingerspitzengefühl und technisches Wissen erforderten. Aber aus dieser Welt hatte er sich lange verabschiedet, der Bayerische Wald war die ideale Gegend, um ihr für immer zu entkommen.

Das Wohnhaus war ein gesichtsloser Bau aus den Siebzigern, glatte Fassaden, viel Beton, Flachdach. Fahrräder in mehreren Reihen vor dem Eingang. Die Vielzahl der Klingelschilder ließ darauf schließen, dass Appartements und kleine Wohnungen vorherrschten. Die Wohnung, die er suchte, sollte sich im dritten Stock, Mitte, befinden. Vallerot zählte, welches Klingelschild dazu passen könnte, aber einige Namen fehlten oder waren mit Papier überklebt und neu beschriftet. Er wartete, ob jemand aus der Türe käme, um ihm ohne Schlüssel den Eintritt ins Haus zu verschaffen. Als sich nach einer Viertelstunde nichts rührte, drückte er drei Klingelknöpfe gleichzeitig, rief »Postbote« in die Sprechanlage und wartete, bis der Türöffner schnurrte.

Eine Pinnwand im Treppenhaus wies Reklamezettel von einem Pizzaservice, einem Getränke-Heimservice und einer Zeitarbeitsfirma auf. Die Hausordnung hatte jemand mit einer Karikatur übermalt, daneben hing die Visitenkarte der Hausverwaltung, von der Vallerot gerade kam.

Auf den Briefkästen suchte er nach bekannten Namen, fand aber nichts. Er ging hoch in den vierten Stock, lauschte, ob er Geräusche aus der Etage drunter hörte. Doch aus der Wohnung neben ihm dröhnte Rockmusik. Er ging die Treppen zum dritten Stock hinunter. An der linken Tür blieb

Philipp kurz stehen, horchte nach Geräuschen. Niemand zu Hause. Ebenso schien die rechte Wohnung verwaist. Der Klingelknopf neben der mittleren Tür trug den Namen »Wolters«. Vallerot hielt die Luft an und legte sein Ohr ans Türblatt. Drinnen Stille. Sollte er klingeln?

»Sie wünschen?«

Er zuckte zusammen. Hinter ihm stand eine junge Frau Mitte zwanzig, die aus der linken Wohnung herausgekommen war. Theatralisch legte er seine Hand aufs Herz. »Sie haben mich aber erschreckt!«

»Ich wusste doch, dass ich jemanden gehört hatte«, sagte die Frau. Sie trug ein Sweatshirt mit einem Aufdruck der Universität Passau. Hinter ihr in dem Appartement sah Vallerot einen Schreibtisch am Fenster, nicht viel mehr als eine Platte, die auf zwei Holzböcken aus dem Baumarkt ruhte. Ein tragbarer Computer stand darauf. »Warum lauschen Sie an der Türe, sind Sie ein Spanner oder so was? Einer von diesen Perversen, von denen man ständig liest?« Sie lehnte sich lässig an den Türrahmen.

»Entschuldigung, dass ich störe, ich komme von der Hausverwaltung.« Er holte die Visitenkarte heraus, die er mitgenommen hatte, und zeigte sie her. »Die haben mir gesagt, hier würde bald eine Wohnung frei. Ich wollte mir die Bude mal ansehen. Bevor sie offiziell inseriert wird. Suche gerade was.« Vallerot zuckte mit den Schultern. »Aber ich bin mir nicht sicher, ob mir die Typen von der Hausverwaltung die richtige Wohnung genannt haben. Ich wollte nicht gleich klingeln. Deshalb habe ich gelauscht, ob überhaupt jemand da ist.«

Die Frau studierte die Visitenkarte. »Dieser Hausverwaltung ist alles zuzutrauen. Die schaffen es seit drei Wochen nicht, die kaputte Glühbirne im Kellergang auszuwechseln. Obwohl ich sie mehrmals deswegen angerufen habe. Drei Wochen, das muss man sich mal vorstellen. Die Penner!« Die Frau trat einen Schritt näher.

»Hier jedenfalls ist niemand zu Hause. Fehlanzeige. Wird wohl nichts mit dem Besichtigungstermin.«

»Würde mich auch wundern, wenn die Wohnung zu haben wäre. Ich habe die Bewohnerin erst gestern noch gesehen. Die sah nicht aus, als ob sie bald ausziehen wollte.«

»Eine Frau wohnt hier? Frau Wolters, wie ich auf dem Klingelschild gelesen habe?«

»Glaub schon, dass die Tussi so heißt. Ist erst vor einem Jahr eingezogen. Hab mit ihr nur ein paar Mal kurz gesprochen. Ein bisschen zu viel Schickimicki für meinen Geschmack. Lebt allein hier. Hat aber regelmäßig Besuch. Von ihrem Papa oder so. Ein älterer Typ mit Bauch.«

Vallerot horchte auf. »So oft kommt man wohl hier im Haus auch nicht miteinander in Kontakt.« Er legte Zweifel in seine Stimme. »Ist wohl eher anonym?«

»Was denken Sie denn? Hier leben viele Studenten. Da ist immer was los. Man kennt sich. Nur kommt man mit manchen Leuten besser klar und mit anderen weniger. Die Nachbarin kümmert mich nicht wirklich. Hat meine Einladung zu einem Umtrunk abgelehnt, die Zicke. Na ja, ist auch mindestens fünfzehn Jahre älter als ich. Fast schon ein Generationenproblem. Ich weiß nicht mal, ob sie einen Freund hat. Jedenfalls ist mir niemand begegnet. Und gehört habe ich auch nichts.« Die Frau zwinkerte mit den Augen. »Sie wissen schon, eindeutige Geräusche und so.

Aber ich bin tagsüber selten zu Hause. Da krieg ich nicht alles mit.«

»Nun, jedenfalls weiß ich jetzt, woran ich bin.« Vallerot wandte sich zum Gehen. »Ich werde bei meinem Chef anrufen und mich beschweren. Sie haben schon Recht – diese Penner.«

»Ja, tun Sie das nur. Und scheißen Sie die gleich zusammen, warum die Lampe im Keller immer noch nicht ausgetauscht ist. Bye-bye, Mister.« Die Frau verschwand in ihrer Wohnung.

Vallerot ging ein Stockwerk tiefer und wartete fünf Minuten. Dann schlich er sich wieder nach oben, holte den Schlüssel aus Plankls Tresor heraus. Vorsichtig, um kein Geräusch zu machen, schob Philipp den Schlüssel ins Schloss und drehte ihn, bis er einen leichten Widerstand spürte. Eine weitere Vierteldrehung, und es klickte, die Tür ging auf.

»Jetzt sind Sie schon wieder da.« Die Studentin mit dem Sweatshirt. »Langsam finde ich das Ganze etwas seltsam.«

Vallerot bewunderte, wie lautlos die Frau die Tür geöffnet hatte. Hoffentlich war sein Versuch mit dem Schlüssel unbemerkt geblieben. »Ich wollte nur noch eine Nachricht für die Bewohnerin hinterlassen, falls sie doch ausziehen möchte. Aber vielleicht komme ich lieber noch mal selbst vorbei. Jetzt gehe ich aber wirklich.«

Unten am Eingang sah sich Vallerot nochmals die Briefkästen an. Er tastete in den Schlitz, über dem »Wolters« stand, fühlte zwei Briefe und zog sie heraus: Das Werbeschreiben eines Möbelhauses und Reklamepost einer Textilkette. Auf der Anschrift war der komplette Name zu lesen: Beate Wolters.

Das war endlich mal eine Information, mit der man arbeiten konnte! Wer immer hinter dieser geheimnisvollen Frau stecken mochte, die in einer Wohnung lebte, welche Alois Plankl unter seinem Namen angemietet hatte, Vallerot bezweifelte, dass die Hausverwaltung wusste, wer die Wohnung tatsächlich nutzte. War wohl egal, solange das Geld regelmäßig kam. Die Beschreibung des angeblichen Vaters von Beate Wolters brachte ihn nicht viel weiter. Aber er bezweifelte, dass die Person wirklich der Vater der Frau war.

# 16

Baltasar diskutierte mit Marlies Veit die Details für die bevorstehende Beerdigung. Er redete der Frau des verstorbenen Sparkassendirektors die Nelkenbouquets aus, plädierte für eine Sonderedition Angelus-Weihrauch, mit Opoponax und Zimtrinde, ein unbedeutender finanzieller Posten. Gemeinsam suchten sie Lieder aus, besprachen den Ablauf der Zeremonie, die Zahl der Gäste. Der Leichenschmaus sollte im Gasthaus »Zur Einkehr« stattfinden, was Baltasar innerlich jubeln ließ.

»Was brauchen Sie noch für Ihre Predigt?«, fragte die Witwe.

»Einige Informationen zur Biografie Ihres verstorbenen Gatten wären hilfreich«, sagte Baltasar. »Stationen seines Lebensweges, seine Vorzüge, seine Hobbys, seine Freunde, etwas in der Art. Wie kam Ihr Mann eigentlich zur Sparkasse?«

»Ganz am Anfang hat er als Banklehrling hinterm Schalter gearbeitet, studiert hat er ja nicht. Dann kam er in die Kreditabteilung, hat sich hochgearbeitet. Als der Verwaltungsrat einen neuen Direktor ernennen musste, hat sich unser Bürgermeister Xaver Wohlrab für meinen Mann starkgemacht. Und da mein Korbinian in der richtigen Partei war, ging alles glatt.«

»Er kannte Herrn Wohlrab wohl sehr gut?«

»Das bleibt in so einer Stellung nicht aus. Da kommt man mit vielen Leuten in Kontakt. Wobei mein Korbinian geschäftlich in erster Linie mit Friedrich Fassoth von der Gemeinde zu tun hatte, der rechten Hand des Bürgermeisters. Vor allem, wenn es um Immobilien und derlei Dinge ging.«

»Was machte Ihr Mann in der Freizeit? Herr Plankl und Ihr Mann waren leidenschaftliche Jäger, wie mir Frau Plankl erzählte.«

»Alois Plankl hat Korbinian oft mitgenommen auf die Pirsch. Der Alois hat – hatte – ein eigenes Jagdrevier und veranstaltete sogar richtige Jagdgesellschaften. Seine besten Freunde durften auch allein in seinem Revier jagen.«

»Waren die beiden eng befreundet?«

»Das kann man wohl sagen. Sie haben sich kennengelernt, als Alois wegen seiner Immobiliengeschäfte eine Finanzierung brauchte. Damals war er noch ein kleines Licht. Aber das ist lange her.«

Baltasar ließ sich von der Witwe weitere Stichworte für seine Rede geben und verabschiedete sich, um rechtzeitig zum Abendessen zu Hause zu sein.

Es gab grünen Salat mit einer Joghurtfertigsoße aus der Flasche, die Baltasar an den Chemie-Experimentierkasten seiner Kindheit erinnerte, dazu zwei Scheiben Brot mit Wurstaufschnitt undefinierbarer Zusammensetzung – Schinkenteile? Putenstreifen? – und einer bräunlichen Streichwurst, welche laut Dosenaufschrift eine Wildterrine sein sollte und die nach allem roch, nur nicht nach Wild. »Sonderangebot, wir sparen«, war Teresas knapper Kommentar auf Baltasars vorsichtige Hinweise, zum Essen dürfe sie gern bessere Sorten einkaufen. Mehr traute er sich nicht zu sagen, zu zerbrechlich war der momentane Zustand zwischen beiden, wie ein gekittetes Weinglas, dessen Kleber noch nicht getrocknet war und das in der Hand zu zerspringen drohte.

Nach Teresas übereilter Kündigung hatte Victoria Stowasser angeboten zu vermitteln. Sie hatte es tatsächlich geschafft, Teresa umzustimmen, und die Entschuldigung des Pfarrers überbracht. Sogar Hilfe beim Kochen, »Tipps für einheimische Spezialitäten«, wie sie es diplomatisch formulierte, hatte Victoria angeboten. Nach einigen Stunden Rückzug in ihr Zimmer hatte Teresa die Arbeit wieder aufgenommen und Baltasar wie Luft behandelt. Vorläufig beschränkte sich die Unterhaltung zwischen beiden auf das Nötigste. Baltasar betete zum Himmel, dass Victorias Kochtipps bald Anklang fänden. Als Friedensangebot an den Gaumen schenkte er sich noch ein Glas Dornfelder Rotwein aus der Pfalz ein. Er suchte im Radio nach einem passenden Sender, bis er auf »Bad Medicine« von Bon Jovi stieß, tröstlich an diesem Abend.

Das Telefon klingelte. Teresa hob ab und kam nach einer Weile in die Küche. »Ist fürrr Sie«, sagte sie, und jedes Wort klang, als ob Sägeblätter durch den Raum flogen. »Eine Frau. Will Hochwürden sprechen.« Baltasar ging ins Nebenzimmer, schloss die Tür und nahm den Hörer. »Ja bitte?«

»Pfarrer Senner?«

»Am Telefon. Wie kann ich helfen?«

»Ich möchte wieder beichten.« Die Stimme war leise und undeutlich.

»Sie haben bei der Beerdigung von Herrn Plankl bereits gebeichtet«, sagte Baltasar, der in diesem Augenblick wusste, wen er am anderen Ende der Leitung hatte. Die geheimnisvolle Frau mit den Morddrohungen.

»Ich will wieder beichten. Ich muss. Es ist einiges geschehen. Bitte nehmen Sie mir nochmals die Beichte ab, Hochwürden, ich flehe Sie an!«

»Na, dann kommen Sie morgen Vormittag in die Kirche.«

»Ich muss jetzt beichten. Sofort. Bitte, Hochwürden.«

»Es ist schon spätabends. Hat das nicht bis morgen Zeit?«

»Es ist mir wichtig. Sehr wichtig. Wenn Sie wollen, bin ich in einer Dreiviertelstunde im Beichtstuhl.«

»In Ordnung. Es gibt einiges zu bereden. Sie haben ...«

Die Stimme der Frau wurde lauter. »Psst. Nicht am Telefon. Ich muss darauf bestehen, dass unser Gespräch absolut vertraulich bleibt. Niemand darf davon erfahren. Niemand, hören Sie! Es darf keine Spur zu mir geben.«

»Warum so geheimnisvoll? Können wir nicht offen sprechen? Sie können mir vertrauen.«

»Ich vertraue Ihnen. Sonst würde ich auch nicht zu Ihnen kommen. Dennoch bestehe ich darauf, anonym zu bleiben. Auch Ihnen gegenüber. Ich will Sie nicht in Versuchung führen. Wie ich gemerkt habe, zeigen Sie eine gewisse Neugierde. Reden mit Leuten. Stellen Fragen. Ich möchte Sie bitten, das nicht auf meine Besuche auszudehnen und mir nachzuspionieren. Sonst ...«

»Sonst?«

»Respektieren Sie einfach meinen Wunsch, unerkannt und unbehelligt zu bleiben. Angesichts der Umstände ist das doch verständlich.«

»Welche Umstände meinen Sie?« Irgendwie war Baltasar diese Geheimniskrämerei allmählich lästig. Aber für ein Nein war es zu spät. Mitgegangen, mitgefangen, dachte er.

»Wir treffen uns in einer Dreiviertelstunde. Ich erwarte

Sie in der Kirche. Im Beichtstuhl.« Das Telefon klickte. Die Verbindung war unterbrochen. Baltasar behielt den Hörer in der Hand. Ob sich der Anschluss zurückverfolgen ließ? Er verwarf den Gedanken gleich wieder. Es hatte geklungen, als ob die Frau ein Mobiltelefon benutzt hatte. Einfach eine fremde oder auf falschen Namen registrierte Telefonkarte einsetzen – und schon war man geschützt. Baltasar ging in sein Schlafzimmer und zog sich um. Nun würde er endlich nochmals diese Frau treffen, die ihn in seinen Träumen und Gedanken verfolgte. Wer war sie? Was wollte sie? Wie kam sie dazu, sich in seinem Leben breitzumachen und seinen geregelten Alltag zu zerstören? Baltasar musste versuchen, sich aus der Schlinge zu befreien. Sollten sich andere darum kümmern! Er hatte sich schon viel zu stark engagiert, seine Grundsätze über Bord geworfen. Und was war dabei herausgekommen? Nur Ärger und Probleme. Er musste diese Frau überzeugen, ihn in Ruhe zu lassen.

Noch eine Viertelstunde. Baltasar ging in die Kirche hinüber, zündete vier Kerzen am Altar an. Der Kirchenraum war in Dunkelheit getaucht, die Kerzen pinselten Lichtflecken auf die Balustrade und die Treppe zur Kanzel. Schatten umtanzten die Engelsfiguren und verwandelten sie in Fabelwesen aus einer anderen Welt. Die nackten Wände reflektierten den Schein, aber die Schwärze verschlang alles. Seine Schritte hallten auf dem Steinboden, das Holz der Sitzbänke fühlte sich kalt an. Er öffnete die Tür zum Beichtstuhl.

»Guten Abend, Hochwürden.«

Baltasar zuckte zusammen. Die Besucherin saß bereits an ihrem Platz. Er hatte ihr Kommen gar nicht gehört. »Haben Sie mich erschreckt!«

»Das wollte ich nicht. Tut mir leid. Ich musste mich nur vergewissern, dass der Ablauf tatsächlich wie besprochen ist. Verzeihen Sie mein Misstrauen. Aber es steht zu viel auf dem Spiel. Ich bin froh, dass ich mit jemandem reden kann.« Die Stimme der Frau war nur ein Flüstern.

Baltasar nahm Platz, schloss die Tür und sprach die vorgeschriebenen Einleitungsworte des Sakraments. »Was liegt Ihnen auf der Seele?«

»Vergeben Sie mir, ich habe gesündigt.«

»Worin besteht Ihre Sünde?«

»Ich habe Mordgedanken.«

»Sie haben mir bereits das letzte Mal anvertraut, Herrn Veit umbringen zu wollen. Dann ist er tatsächlich ...«

»Ich weine ihm keine Träne nach. Er hat den Tod verdient. Sein Ableben ist kein Verlust für die Menschheit. Im Gegenteil.«

»Haben Sie ihn getötet?«

Die Frau zögerte mit der Antwort. »Er ist an den Folgen eines Unfalls gestorben, wie ich gehört habe, die Operation im Krankenhaus soll zu viel für den Armen gewesen sein.«

»Waren Sie damals im Krankenhaus, in der Nacht seines Todes?« Baltasar versuchte, durch das Gitter ihre Gesichtszüge zu erkennen, aber vergeblich. »Ich habe ihn besucht. Dabei ist mir eine Frau begegnet. Waren Sie das?«

»Ich habe Ihnen bereits geraten, Ihre professionelle Neugierde zu zügeln.« Die Stimme klang gepresst. »Korbinian Veit war eine verlorene Seele. Verdorben und gottlos. Das ist meine feste Überzeugung, so wahr mir Gott helfe.«

»Herr Veit wird bald beerdigt. Er bekommt ein christliches Begräbnis. Das ist das Einzige, was ich tun kann. Der

Herr wird über seine Sünden richten. Belassen Sie es dabei. Beenden wir das Thema.«

»Soll er doch verrotten, wo er will. Das kümmert mich nicht.«

»Aber warum hegen Sie dann immer noch Mordgedanken gegen Herrn Veit?«

»Wer sagt denn was von Korbinian Veit?«

»Ich ... ähh ... Sie meinen nicht den Sparkassendirektor?« Baltasars Puls beschleunigte sich. »Wen dann?«

»Ich werde keine Namen mehr nennen. Das ist mir zu gefährlich. Aber der, den ich meine, ist ein Verbrecher und sollte nicht länger auf diesem schönen Planeten weilen. Er lebt schon viel zu lange unbehelligt. Damit ist jetzt Schluss.«

»Sie haben noch einen Menschen im Visier?« Baltasar sah seine Chancen schwinden, dieses lästige Kapitel zu beerdigen. Im Gegenteil – die Frau zog ihn noch tiefer in ihre Abgründe.

»Ich weiß nicht, ob man diesen Mistkerl unter die Menschen einreihen sollte. Er ist vom selben Schlag wie Veit. Ganz derselbe. Ich habe schon viel zu lange gezögert. Mein ist die Rache, sagt der Herr.«

»Warum der Hass?«

»Es gibt tausend Gründe. Nein, nicht wahr, ich will bei der Wahrheit bleiben, es gibt nur einen Grund. Einen Grund, der alle Mordgelüste rechtfertigt.«

»Und der wäre?«

»Ich möchte jetzt nicht darüber reden.«

»Hass kann man bezwingen. Es liegt an einem selbst. Deswegen muss man niemanden umbringen.«

»Es geht auch um Gerechtigkeit. Auge um Auge, Zahn

um Zahn. Auf irdische Gerechtigkeit kann ich nicht hoffen. Damit habe ich schlechte Erfahrungen gemacht. Die geschieht nicht, wenn ich mich nicht selbst darum kümmere. Und aufs Jüngste Gericht will ich nicht warten.«

»Bisher sind es nur schlimme Gedanken. Belassen Sie es dabei! Ich bitte Sie darum! Es geht um Ihr Seelenheil.«

»Meine Seele wird sich erst besser fühlen, wenn mein Schmerz endet, wenn ich mich befreit habe von der Last. Ich habe ein Versprechen abgegeben, ein Gelübde. Ich erwarte nicht, Hochwürden, dass Sie mich verstehen. Das wäre zu viel verlangt. Mein Gerede mag sich seltsam anhören, ich weiß. Aber ich kann Ihnen die Hintergründe nicht offenbaren.«

»Niemand zwingt Sie, das zu tun. Sie können jederzeit innehalten und sagen: Ich entscheide mich anders.«

»Ich könnte. Aber will ich das? Mord ist eine schwere Sünde, ich weiß. Aber ist Ungerechtigkeit nicht auch eine schwere Sünde? Ich bete zum lieben Gott, dass er meine Beweggründe versteht und mir vergibt. Er weiß, dass meine Absichten nicht niedrigen Motiven entspringen und ich reine Gedanken habe. Können Sie mir auch vergeben, Hochwürden? Erteilen Sie mir die Absolution?«

»Der Herr muss Ihnen vergeben. Er allein kann in Sie schauen. Ich höre Ihre Gedanken, die Sie bereuen.« Baltasar sprach die Abschlussworte und erteilte den Segen. Im Stillen sandte er ein Stoßgebet gen Himmel: »Bitte, lieber Gott, lass diesen Kelch an mir vorübergehen. Beende den Wahn dieser Frau für immer. Und gib mir meine Ruhe wieder.«

»Hochwürden, danke für das Gespräch. Noch eine Bitte. Bleiben Sie sitzen, bis ich gegangen bin. Spionieren Sie mir bitte nicht nach. Und darf ich Sie nochmals an Ihre Schweigepflicht erinnern? Gute Nacht!«

Baltasar hörte, wie sich Schritte entfernten. Dann kehrte Stille ein. Er lehnte sich zurück und vergegenwärtigte sich das Gespräch. Irgendwie gespenstisch. Als ob ein böser Geist aufgetaucht war. Was nur trieb die Frau an? Sie machte nicht den Eindruck einer Geisteskranken, im Gegenteil, sie wusste, was sie wollte. Er hatte keinen Zweifel, dass die Frau die Person war, die ihm im Krankenhaus begegnet war. Würde sie ihre Ansage wahr machen und versuchen, einen weiteren Mann umzubringen? Baltasar fand keine Antwort darauf, sosehr er sich auch das Hirn zermarterte. Er glaubte nicht, dass sich das Problem in Luft auflösen würde wie Kerzenrauch. Und er wusste leider auch niemanden, an den er das Problem weiterreichen konnte.

# 17

Philipp Vallerot nahm einen Schluck von dem Wasser und ließ ihn auf der Zunge rollen. »Ein Bordeaux wäre mir jetzt lieber.«

»Doch nicht mittags.« Baltasar sah von den Grundbuchauszügen und E-Mail-Kopien auf, die sein Freund ihm mitgebracht hatte.

Philipp schnitt eine Grimasse. »Gerade mittags passt ein Rotwein zu einem guten Essen. Außerdem, wenn ich mich recht erinnere, pflegen katholische Priester bereits am Vormittag Wein auszuschenken – beim Abendmahl in der Kirche. Wobei ich den Widerspruch bemerkenswert finde – die Kirche redet von einem Abendmahl und meint eigentlich einen Frühschoppen.«

Baltasar holte zwei Weingläser. »Also gut. Aber wie schon Professor Crey in der *Feuerzangenbowle* sagte: ›Jähder nohr einen wähnzigen Schlock‹.« Baltasar schenkte die Gläser halbvoll. »Als Unterlage kann ich dir lediglich ein Salamibrot anbieten. Außer du willst wirklich die Kochkünste meiner Haushälterin testen. Aber das würde ich selbst meinem ärgsten Feind nicht raten wollen.«

»Ich habe schon einiges von ihren polnischen Rezepten gehört. Du hast einfach zu viele Vorbehalte gegen die osteuropäische Küche! Lass uns also in die ›Einkehr‹ gehen, dann hast du wieder Gelegenheit, mit der Wirtin rumzumachen …«

»Was bitte meinst du damit?«

»Du weißt schon, Sachen, die jeder gern macht. Auch Pfarrer. Ich sehe doch, wie du sie immer heimlich anstarrst.«

»Willst du nun ein Salamibrot oder nicht?« Baltasar vermied es, sein Verhältnis zu Victoria Stowasser zu diskutieren. Das Ganze war auch so schon verwirrend genug.

Friedrich Fassoth hatte sein Büro im ersten Stock neben dem Büro des Bürgermeisters. Baltasar klopfte und wartete, bis er ein »Herein« hörte. Fassoth saß hinter seinem Schreibtisch, neben ihm lag eine Zeitung. Er war ein hochgewachsener Mann, dessen Falten ins Gesicht schnitten wie Ackerfurchen. Die Überraschung war ihm anzusehen. »Herr Pfarrer, was treibt Sie denn zu uns?« Er kam hinter seinem Schreibtisch hervor und schüttelte seinem Besucher die Hand. »Nehmen Sie Platz. Leider kann ich Ihnen nichts anbieten, die Kaffeemaschine ist kaputt. Setzen Sie sich doch.« Er schob den Stuhl zurück. Baltasar blickte verstohlen auf die Sitzfläche, ob sie vielleicht mit Staub bedeckt war. Er war froh, dass er hier keinen Kaffee trinken musste. Das Zimmer war wie ein Trockenblumenstrauß, der zu lange in der Vase geblieben war. Die Möbel stammten aus den sechziger Jahren des letzten Jahrhunderts, das Bild des amtierenden Ministerpräsidenten und ein Computer waren die einzigen Zugeständnisse an die Neuzeit.

»Ich komme unangemeldet«, sagte Baltasar. »Ein spontaner Entschluss. Es geht um mein Jugendtreffprojekt.«

»Habe schon davon gehört. Wie geht's voran? Und wie kann ich Ihnen helfen?«

»Ich wollte mich erkundigen, wie die rechtliche Situation ist. Ob irgendwelche Probleme dem Projekt entgegenstehen.«

»Was sollte dem entgegenstehen? Das ist Sache der Sparkasse, soviel ich weiß. Der gehört die Immobilie.«

»Nun, mit dem Ableben von Herrn Veit stockt das Projekt. Er hatte die Sache betreut.«

»Wie ist der aktuelle Stand? Hatte Korbinian die Verträge schon unterzeichnet?«

»Mündlich war alles vereinbart. Aber aufgrund der traurigen Ereignisse ist der Papierkram nicht abgeschlossen worden.«

»Das wird schon noch werden, warten Sie's ab.«

»Glauben Sie, der Nachfolger von Herrn Veit wird die Sache vorantreiben? Sie wissen vermutlich, wie die Gepflogenheiten zwischen dem Sparkassendirektor und seinen Mitarbeitern waren.«

»Ich habe mit Herrn Veit zu tun gehabt, dienstlich, versteht sich. Ansonsten hatte ich zu ihm wenig Kontakt, außer, man ist sich mal bei Veranstaltungen über den Weg gelaufen.«

»Die Gemeinde steht doch noch hinter dem Vorhaben?«

»Natürlich. Nach dem jetzigen Stand habe ich nichts Gegenteiliges gehört. Der Bürgermeister befürwortet den Plan auch.«

»Und dabei bleibt es also? Auch wenn sich die Umstände geändert haben sollten?«

Friedrich Fassoth spielte mit seinem Bleistift. »Was sollte sich da ändern? Davon ist mir nichts bekannt. Und wie gesagt, es ist Sache der Bank. Die werden darüber entscheiden.«

Warum log Fassoth? Warum erwähnte er nicht den Grundstückskauf des Bürgermeisters, die E-Mails von

Plankl? Baltasar fragte sich, was der Mann zu verbergen hatte. Warum deckte er seinen Vorgesetzten? »Diese Informationen beruhigen mich. Besten Dank. Ach, und stehen in der Gemeinde demnächst irgendwelche Bebauungsprojekte an?«

»Warum wollen Sie das wissen?« Für einen Moment war die Stimme des Gemeindeangestellten lauter geworden, er wechselte aber gleich wieder in seinen gewohnten Tonfall. »Die Gemeinde entwickelt sich. Es wird immer mal wieder gebaut. Aber derzeit ist nichts geplant. Der Bürgermeister hat andere Probleme. Zu wenig neue Arbeitsplätze, das ist das große Sorgenthema in der Region.«

Darauf wechselte Baltasar das Thema und plauderte noch ein wenig über die anstehende Beerdigung des Bankdirektors, über seine Haushaltshilfe und den Bibelkreis, dann brach er auf. Fassoth begleitete ihn zur Tür und sagte ihm Lebewohl. Nachdem er die Bürotür wieder geschlossen hatte, wartete Baltasar dreißig Sekunden, ob der Mann vielleicht sein Büro verlassen würde, und legte sich bereits eine Ausrede zurecht. Aber niemand erschien. Baltasar schlich sich wieder zur Tür und legte sein Ohr an das Holz. Von drinnen konnte er hören, wie Fassoth mit jemandem telefonierte, der Name des Pfarrers fiel mehrmals. Leider war nicht zu verstehen, um was es genau ging, Fassoth sprach sehr leise.

Baltasar verließ seinen Lauschposten, gerade rechtzeitig, um nicht mit Bürgermeister Xaver Wohlrab zusammenzustoßen, der neben der Lehrerin Clara Birnkammer ging. »Herr Senner, was verschafft uns denn die Ehre?« Der Bürgermeister war stehen geblieben. »Frau Birnkammer wollte mir gerade einen Besuch abstatten.«

»Ich war bei Herrn Fassoth. Wegen meines Jugendprojekts«, sagte Baltasar. »Bin gerade wieder auf dem Weg zurück ins Pfarrhaus.«

»So, bei Herrn Fassoth? Ist ja interessant. Ich wollte eh mit ihm reden. Wollen Sie so lange warten, Frau Birnkammer, oder vereinbaren wir einen neuen Termin?«

»Kein Problem. Ich melde mich bei Ihnen.« Die Lehrerin wandte sich an Baltasar. »Wir haben ein Stück weit denselben Weg. Begleiten Sie mich?«

»Gerne. Gehen wir.«

Es war kühler geworden. Der Wind trieb Papierfetzen durch die Straße, die Sonne versteckte sich hinter einem Grauschleier. Ein Traktor überholte sie, Clara Birnkammer winkte dem Fahrer zu. »Der Vater eines meiner Schüler«, sagte sie. Sie ging direkt neben Baltasar. Er roch ihr Parfum, irgendetwas mit Bergamotte und Veilchen. Der Gedanke schoss ihm in den Kopf, ob diese Frau die geheimnisvolle Besucherin im Beichtstuhl war. Im nächsten Augenblick schimpfte er sich selbst wegen seiner Paranoia.

»Wie geht es Ihrem Mann und Ihrem Sohn?«, fragte er, um die Gedanken aus seinem Gehirn zu verbannen.

»Danke, gut. Mein Kleiner kommt nächstes Jahr in die Schule. Er freut sich schon drauf. Alle seine Freunde werden nämlich in seiner Klasse sein. Und mein Mann ist froh, dass Tobias sich nun an ein wenig Disziplin gewöhnen muss.«

»Und Ihre Eltern, wenn ich fragen darf? Sie wohnen nicht im Ort, soweit ich weiß.«

»Mein Vater ist schon vor Jahren gestorben. Meine Mutter lebt in einem Pflegeheim in Passau.«

»Das tut mir leid zu hören.«

»Schon gut. Ihr geht es den Umständen entsprechend. Sie hat Alzheimer. Musste in ihrem Leben viel durchmachen, die Arme. Ich besuche sie regelmäßig.« Ihre Stimme hatte eine dunkle Färbung angenommen.

»Ich wünsche Ihrer Mutter alles Gute. Was wollten Sie eigentlich beim Bürgermeister?«

»Ähh, wegen der Schule. Wir wollen im Unterricht die Gemeindearbeit vorstellen. Ich wollte den Bürgermeister überreden, uns zu unterstützen. Und was haben Sie mit Herrn Fassoth zu schaffen?«

Baltasar merkte, dass die Frau vom Thema ablenken wollte. »Mein Plan von dem Jugendtreff, von dem ich im Bibelkreis erzählt habe, ist leider ins Stocken geraten. Ich versuche, neuen Schwung in das Projekt zu bringen. Da Herr Fassoth viel mit Immobilien zu tun hat, hatte ich mir einen Rat erhofft.«

»Herr Fassoth hat nicht nur Talent in Grundstücksfragen. Er weiß seine Verbindungen zu nutzen, wie man hört. Nicht zu seinem persönlichen Schaden. Ein großer Bazi, sagt man. Und, sind Sie bei ihm weitergekommen?«

»Sagen wir so: Mir ist klarer geworden, was für ein Mensch Herr Fassoth ist.«

»Ach ja? Es ist schwer, andere Leute zu durchschauen. Sie würden sich wundern, welche Bilder hinter der Fassade von Herrn Fassoth auftauchen könnten.«

»Warum, halten Sie ihn für besonders honorig?«

»Welcher Mann im Dunstkreis der Politik ist schon ehrenhaft? Ich denke, das schließt sich aus. Alles dasselbe Gschwerl. Aus dem Mund einer Lehrerin mag das seltsam klingen. Aber haben Sie sich schon mal gefragt, wie Herr

Fassoth zu seinem Job gekommen ist? Früher hat er sich um die Grünanlagen der Gemeinde gekümmert. Ich meine: mit der Schaufel in der Hand. Ist doch schon ein bisschen seltsam, diese Karriere. Oder nicht?«

»Klingt nicht gerade danach, als ob Sie den Herrn besonders schätzen.«

»Sie etwa? Wenn ich bei Ihnen auf die Zwischentöne höre, mache ich mir meinen Reim drauf. Außerdem darf man als Steuerzahlerin doch empört sein, wenn man wissen will, was die Großkopferten mit unseren Geldern anstellen. Und die Machenschaften dieses Herrn Fassoth gehen mir zutiefst gegen den Strich.« Ihre Augen blitzten vor Zorn.

»Glauben Sie, es werden Finanzmittel zu falschen Zwecken eingesetzt, oder was meinen Sie?«

»Ich kenne den finanziellen Hintergrund gewisser Herren nicht. Wäre aber spannend, mal eine Aufstellung zu sehen. Offiziell wird es so etwas natürlich nicht geben. Aber wenn ich darauf tippen sollte: Bei Herrn Fassoth würde man sicher fündig. Da käme Überraschendes ans Tageslicht.« Clara Birnkammer hielt inne. »Unser Geplauder bleibt unter uns, Hochwürden, ich will nicht als Ratschn gelten.«

»Keine Sorge.« Baltasar drehte sich um. Er hatte bemerkt, dass ihnen eine Frau folgte, etwa zehn Meter hinter ihnen. Er winkte ihr zu – es war Barbara Schicklinger, die Frau des Rechtsanwalts – und wartete, bis sie zu ihnen aufgeschlossen hatte.

»Schlechtes Wetter heute, grüß Gott, Hochwürden, hallo Clara.« Sie deutete zum Himmel. »Wird bald regnen.«

»Hoffentlich nicht.« Baltasar ging weiter. »Beerdigungen sind dann für alle unangenehm.«

»Sie meinen die Beisetzung des Sparkassendirektors?« Barbara Schicklinger wandte den Kopf. »Ist die Leiche endlich von der Gerichtsmedizin freigegeben?«

»Woher weißt denn du davon, Barbara?«

»Clara, Clara, du kennst doch die Schnadern. Die Frau des Metzgers hat es mir erzählt. Und die hat es direkt von der Witwe. Aber wenn du mich fragst, ich halte das Getue von Marlies um diese angeblichen Ungereimtheiten beim Tod ihres Mannes für Wichtigtuerei. Klingt mir sehr nach Verschwörungstheorie. Dunkle Mächte, die es auf Korbinian Veit abgesehen hatten. Ist doch albern, oder, Herr Pfarrer?«

Baltasar musste schlucken. Wieder erschien das Bild der Frau im Beichtstuhl vor ihm, ein Gedanke wie ein verlorener Luftballon, der im Baum hängen geblieben war. War Frau Schicklinger die Unbekannte, die nun von ihrem Tun ablenken wollte?

»Man muss die Witwe verstehen. Es ist vielleicht ein Weg, mit dem Ganzen fertigzuwerden.«

»Also ich muss Barbara zustimmen«, sagte Clara Birnkammer, »es ist doch wirklich abwegig, hinter dem Ableben von Marlies' Mann eine Absicht zu vermuten. Und ein Fahrradunfall ist kein Verbrechen. Wir leben schließlich nicht in Chicago, sondern im Bayerischen Wald.«

»Genau, bei uns schlägt man sich höchstens den Schädel mit einem Bierkrug ein.« Barbara Schicklinger lachte. »Das ist kein Kapitalverbrechen, sondern einfach nur eine spezielle Art, seine Zuneigung zu zeigen.«

»Wie auch immer, die Beerdigung wird sicher ein Erlebnis!« Clara Birnkammer blieb stehen. »Wenn einer der Honoratioren stirbt, kommt normalerweise jede Menge Lokalprominenz. So, ich muss hier abbiegen.« Sie verabschiedete sich.

»Das mit der Prominenz wird sich zeigen«, sagte Barbara Schicklinger. »Ich befürchte, so beliebt war der Herr Sparkassendirektor nicht.«

»Aber Ihr Mann verstand sich doch gut mit Herrn Veit. Beide hatten doch oft geschäftlich miteinander zu tun.«

»Das brachte die Tätigkeit meines Mannes so mit sich. Aber eine innige Freundschaftsbeziehung war es nicht. Mehr eine Schicksalsgemeinschaft. Weil jeder natürlich Erfolg in seinem Geschäft will.«

# 18

Wolfram Dix parkte etwas abseits der Kirche, um mit seinem Dienstwagen nicht aufzufallen. Das Auto war leicht als Fahrzeug eines Kripobeamten zu erkennen, wenn man die Nase an die Scheibe drückte und das Funkgerät entdeckte. Außerdem waren alle Parkplätze um die Kirche bereits belegt. Was Dix wurmte, weil er nun weiter gehen musste, als er wollte, und er gerade heute wieder sein Knie spürte. Sein Assistent Oliver Mirwald war bereits auf die Straße gehüpft wie einer dieser Jogger, die dem Kommissar immer bei seinen Spaziergängen an der Donau begegneten.

»Nicht so schnell, Mirwald. Wir müssen erst absprechen, wie wir vorgehen.«

»Ganz schön was los hier, Herr Dix, die Glocken haben bereits aufgehört zu läuten. Der Gottesdienst hat begonnen.«

»Wir sind keine Trauer-, sondern Zaungäste. Wir beobachten, wir plaudern, wir fragen. Immer schön unauffällig.«

»Ist das nicht ein bisschen, wie soll ich sagen, übertrieben? Schließlich haben wir klare Beweise in den Händen. Die Fingerabdrücke des Pfarrers. Eindeutiger geht's nicht. Warum die Zurückhaltung?«

»Eine Frage der Taktik. Die Menschen in diesem Landstrich reagieren sehr zurückhaltend, wenn man mit der Polizeimarke vor ihrer Nase wedelt, werden sie bockig.« Dix versuchte beim Gehen seinen Fuß mit dem schlimmen Knie ganz natürlich aufzusetzen, das Letzte, was er jetzt brauchte, war Mitleid, verbunden mit Seitenhieben auf Abnutzungserscheinungen des Alters. »Außerdem haben wir mit den Fingerabdrücken lediglich ein Indiz, wenn auch ein starkes. Es könnte genauso gut eine andere Erklärung …«

»Ach, kommen Sie! Der Priester hat doch was zu verbergen!«

»… eine andere Erklärung geben. Nach wie vor fehlt uns der zwingende Beweis, das Motiv. Sonst hätten wir ihn schon früher verhaften können. Ein katholischer Priester ist im Bayerischen Wald eine Autoritätsperson, er zählt zur Lokalprominenz. Solche Personen greift man nicht einfach so öffentlich an oder stellt sie vor anderen bloß. Da ist behutsames Vorantasten gefragt. Wir wollen uns schließlich nicht blamieren, wenn es am Ende anders ausgeht. Deshalb werden wir uns auch nicht ausweisen, sondern so tun, als seien wir privat hier.«

»Dieses Bauerntheater hier ist mir reichlich zuwider. Nageln wir den Kerl doch einfach fest.«

»Hoppla, welche Ausdrucksweise, Herr Kollege! Das haben Sie aber nicht auf der Uni gelernt. Die einzige Person, die hier festgenagelt ist und bleibt, ist Jesus am Kreuz. Und jetzt leise!«

Von drinnen hörten sie Orgelmusik und Gesang. Sie schoben die Eingangstür auf und schlüpften hindurch. In der Kirche schien niemand ihr Kommen bemerkt zu haben, nur Pfarrer Senner hatte kurz den Kopf gehoben und die Stirn gerunzelt, aber Dix konnte sich auf die Entfernung auch täuschen. Er brauchte eine Weile, bis er sich an das Halbdunkel gewöhnt hatte. Die Kirche war bis auf den letzten Platz gefüllt. Der Geruch von Weihrauch drang in seine Nase, dazu das Aroma von Gewürzen, unterschwellig und doch präsent. Kerzen erhellten den Altarbereich, ließen das Eichenholz des Sarges schimmern, die Gesichter der Ministranten leuchteten, Jesus am Kreuz glänzte golden und schien die Gemeinde zu betrachten. Dix fühlte sich in seine Kindheit zurückversetzt, als er sonntags mit Vater und Mutter den Gottesdienst besucht hatte. Noch immer wirkte die Macht der Inszenierung bei ihm, ein Ritual, über Jahrhunderte verfeinert und verbessert, mit großartigen Requisiten und Monologen. Man musste nicht einmal gläubig sein, um dieses Schauspiel genießen zu können, um sich von der Atmosphäre gefangen nehmen zu lassen und die Inbrunst und unterschwelligen Botschaften zu verstehen, die dem Gottesdienst innewohnten. Die Musik, das Singen der Lieder erzeugte ein Gemeinschaftserlebnis, wie es Menschen sonst nur selten fanden, vielleicht noch auf dem Fußballplatz. Oder im Popkonzert. Und der Pfarrer stand als der große Zeremonienmeister mittendrin. Dix fand, dass Baltasar Senner seine Sache gut machte, eine ausbalancierte Mischung aus Eindringlichkeit und Erhabenheit. War dieser Mann tatsächlich ein Mörder? Für einen Moment glaubte Dix, Jesus und die Heiligenfiguren sahen ihn vorwurfsvoll an wegen seiner Schlussfolgerungen. Aber die Indizien ... Der Kommissar ertappte sich dabei, wie er das Lied mitsang, das er von früher kannte, und dafür seltsame Blicke von seinem Assistenten erntete. Es war Dix egal. Im Gegenteil, er sang, sang das Lied aus seiner Kindheit, füllte Luft in seine Lungen, sang lauter, die Töne strömten ganz automatisch, ein himmlisches Erleben, ein wohliger Schauer.

In seiner Predigt schilderte der Pfarrer verschiedene Lebensstationen des verstorbenen Sparkassendirektors, sprach von Trost und Erlösung, von tragischen Umständen. Waren es wirklich nur tragische Umstände, oder hatte jemand nachgeholfen? Deswegen war Dix hier, um weitere Hinweise zu sammeln, um diesen Fall – Fall? – abzuschließen. Oder nicht. Die Trauergäste wirkten seltsam unbeteiligt, niemand schien Korbinian Veit zu vermissen. Wer hatte Vorteile von seinem Tod? Nur die Witwe in der ersten Reihe weinte in ihr Taschentuch, der Schleier ihres Hutes verdeckte die Augen.

Etwas irritierte den Kommissar, je länger er in der Kirche stand. Erst jetzt realisierte er, was es war – der Weihrauch verströmte einen seltsamen Duft, ganz anders, als er es von früher kannte. Moderne Zeiten. Nichts mehr war der Kirche heilig. Als das Vaterunser beendet war, zupfte Mirwald seinen Chef am Ärmel. »Wir sollten jetzt gehen, bevor die Menge nach draußen strömt. Suchen wir uns ein anderes Plätzchen.« Sie wählten einen Standpunkt am Rande des Friedhofs, von dem sie die Stelle mit der frisch aufgeschütteten Erde überblicken konnten. Es dauerte eine Weile, bis sich der Trauerzug formiert und in Bewegung gesetzt hatte. Der Sarg stand auf einem Wagen, der von Friedhofsangestellten gezogen wurde.

Der Wind wehte Wortfetzen von Baltasar Senners Ansprache herüber. Die Menge bildete einen Halbkreis um das Grab. Dix bemerkte eine Frau neben ihnen, die Augen hinter einer Sonnenbrille verborgen, die sich ebenfalls abseits der Gäste postiert hatte. Er ging unauffällig einige Schritte in ihre Richtung, bis er zwei Meter entfernt war. »Entschuldigung, gnädige Frau, wir sind fremd hier, ist das die Beerdigung von Korbinian Veit?«

»Ja, der Sparkassendirektor wird eingegraben«, sagte die Frau, ohne den Kopf zu drehen.

»Die Predigt des Pfarrers war wunderbar.«

»Ja, ja, habe nur leider den Gottesdienst verpasst. Und wie ist Ihre Verbindung zu dem Verstorbenen?«

»Wir kennen die Witwe, Frau Veit.«

»Die wird auch froh sein, wenn alles vorüber ist.«

»Wie meinen Sie das?«

»Der ganze Trubel und all das. Außerdem soll Korbinian Veit ein schwieriger Mensch gewesen sein. Besonders als Ehemann.«

»Tatsächlich?« Dix bemühte sich um einen Plauderton, er musterte die Frau aus den Augenwinkeln. Schwarzes Kleid, schwarzer Hut, korpulente Figur. »Das höre ich jetzt zum ersten Mal.«

»Sie sind ja auch nicht von hier. Von wo kommen Sie eigentlich?«

»Aus Passau.«

»Passau«, wiederholte die Frau. »Nun, ich sage Ihnen etwas: Man muss auf die Kleinigkeiten achten, hören, was andere berichten. Und da hört man so einiges.«

»Ach? Was hört man da so?«

»Ich bitte Sie! Ich bin doch kein Klatschweib. Aber es wird erzählt, angeblich hat es der Herr Veit mit der Treue nicht so genau genommen. Ein Stenz und ein Dreckhamme sei er gewesen. Sagt man zumindest.«

»Sagt man.«

»Genau. Ich selbst habe ihn nie mit einer anderen gesehen, aber das will nichts heißen. Es finden sich immer Möglichkeiten.«

»Und seine Frau wusste davon?«

»Weiß ich nicht. Glaub ich nicht. Vielleicht ahnte sie was. Oder sie verdrängte es. Wie gesagt, ich will keine Gerüchte in die Welt setzen. Ich gebe nur wieder, was man sich so erzählt.«

»Verstehe. Das ist sehr rücksichtsvoll von Ihnen.« Dix zwinkerte seinem Assistenten zu. »Ah, ich glaube, die Zeremonie nähert sich dem Ende.«

Die Trauergäste defilierten am offenen Grab vorbei, blieben kurz stehen, warfen Erde oder Blumen in die Grube. Die Witwe stand mit unbewegtem Gesicht daneben. Die ersten Besucher machten sich auf den Weg zum Ausgang.

»Ich muss jetzt«, sagte die Frau.

»Eine Frage noch: Findet ein Leichenschmaus statt?«

»Aber selbstverständlich. In der ›Einkehr‹. Jetzt, gleich nach der Beerdigung. Auf Wiederschaun.« Die Frau stellte sich ans Ende der Schlange der Wartenden vor dem Grab.

»Reden wir gleich mit dem Pfarrer?« Mirwald kickte einen Stein mit dem Fuß weg.

»Das heben wir uns für später auf. Erst beobachten wir noch ein wenig die Besucher. Dann machen wir uns zu dem Wirtshaus auf. Ich habe Frau Veit angekündigt, dass wir kommen und sie deswegen kein Aufheben machen sollte.«

Der Gastraum der »Einkehr« war bereits gefüllt mit Gästen, als Dix und Mirwald eintraten. Einige Augenpaare richteten sich auf die beiden und wandten sich gleich wieder ab, als sie von der Witwe begrüßt wurden.

»Sie sind natürlich eingeladen«, sagte Marlies Veit. »Gibt es etwas Neues bei den Ermittlungen?«

»Nichts, was die bisherigen Ergebnisse konkretisieren

würde. Wir werden uns ein wenig umhören. Wenn die Ermittlungen abgeschlossen sind, sagen wir Ihnen selbstverständlich Bescheid.« Dix bekam ein Glas Bier von der Bedienung in die Hand gedrückt. Sein Assistent verdrehte die Augen und bestellte eine Apfelschorle.

»Was erwarten Sie sich denn hier?«

»Wir sammeln Informationen, um unser Bild abzurunden, bevor wir ein endgültiges Urteil fällen«, sagte Dix. »Für ein Fremdverschulden fehlen uns die zwingenden Beweise.«

»Ja dann viel Erfolg. Ich muss mich um die anderen Gäste kümmern.«

»Eine Frage noch, wenn es Ihnen nichts ausmacht: Am heutigen Tag, ich weiß, es ist ein etwas unpassender Moment, aber ... Wie würden Sie Ihren verstorbenen Gatten als Ehepartner charakterisieren?«

»Was meinen Sie damit?«

»War er privat ein liebevoller Mensch? Oder gab es manchmal Streit in Ihrer Beziehung? Und wenn ja, weswegen?«

»Na, hören Sie mal.« Marlies Veits Stimme klang gepresst. »Ich habe Korbinian geliebt. Er war der erste Mann in meinem Leben. Wir waren eine Ewigkeit verheiratet. Glauben Sie, wir wären so lange zusammengeblieben, wenn es zwischen uns nicht gestimmt hätte?«

»Verstehe, verstehe. Also eine harmonische Ehe. Das ist schön zu hören. Danke für die Information.«

Dix nahm einen Schluck von seinem Bier. Die Gespräche waren lauter geworden. Die Wirtin nahm Bestellungen auf, gemäß ausliegender Speisekarte gab es Nudelsuppe, danach Schweineschnitzel mit Pommes frites oder wahlweise gebratene Forelle mit Salat und als Nachtisch ein Eis.

»Setzen wir uns doch irgendwo dazu«, sagte Mirwald. »Am besten getrennt, dann fallen wir weniger auf und hören mehr.«

»Ausgezeichnete Idee. Guten Appetit. Ich nehm die Forelle.« Dix setzte sich an einen Tisch in der Mitte des Raumes. Mirwald nahm an der Seite Platz. Der Fisch war ausgezeichnet, viel besser als der Kommissar erwartet hatte, er schmeckte nach Butter und gerösteten Mandeln, Rosmarin und Thymian. Links neben ihm saß ein Mann im schwarzen Anzug, ein Seidentuch ragte aus der Einstecktasche, das Hemd schmückten silberne Manschettenknöpfe.

»Schöne Predigt war das heute«, sagte Dix, um ein Gespräch zu beginnen. »Der Pfarrer hat Talent zu so was.«

»Für einen Zuagroasten nicht schlecht«, antwortete der Mann. »Sind Sie neu im Ort? Ich habe Sie noch nie hier gesehen. Und in der Kirche auch nicht.«

»Ich komme aus Passau. Darf ich mich vorstellen? Mein Name ist Dix. Ich bin ein Bekannter der Witwe.«

»Ich heiße Schicklinger. Rechtsanwalt. Hatte beruflich mit dem Verstorbenen zu tun.«

»Ist denn der Pfarrer nicht von hier?«

»Wo denken Sie hin. Der ist erst seit ein paar Jahren im Amt. Ich kannte seinen Vorgänger. Ein feiner Mann.«

»Und der Neue ist ... anders?«

»Man merkt, dass er nicht aus dem Bayerischen Wald stammt. Und eine seltsame Arbeitsauffassung hat er auch. Ein bisschen zu moderne Ansichten, würde ich sagen. Kümmert sich um zu viele andere Dinge statt um das Seelenheil seiner Schäfchen. Mich wundert, dass die Diözese noch nicht eingeschritten ist. Aber Herr Senner hat auch seine Qualitäten.«

»Um was für Dinge kümmert sich Hochwürden denn? Ist er ein Gschaftlhuaber? Handelt er mit Drogen? Wäscht er Geld?« Dix ließ es wie einen Witz klingen.

»Herr Senner entwickelt manchmal einen extremen Ehrgeiz, und dann noch sein Quadratschädl. Das ist ungesund. Seine ständigen Frauenkränzchen. Sein fanatischer Wille, ein Jugendzentrum zu errichten, obwohl er weder Geld noch Ahnung von Immobiliengeschäften hat. Aber vermutlich darf man das bei einem Diener Gottes nicht so eng sehen. Wenn Sie mich jetzt entschuldigen. Ich muss noch arbeiten.« Der Rechtsanwalt stand auf, nickte in die Runde und ging.

Dix entdeckte die Frau vom Friedhof an einem der Tische. Diesmal trug sie keine Sonnenbrille. »Entschuldigung, ich glaube, ich kenne die Dame«, sagte er zu seinem Gegenüber, einem Mann in den Siebzigern, der seinen Filzhut aufbehalten hatte und wie hypnotisiert in sein Bierglas stierte. Dix deutete auf die Frau. »Mir ist gerade der Name entfallen.« Er wartete auf eine Reaktion.

Der Mann starrte weiter in sein Bierglas. Nach einer gefühlten Ewigkeit drehte er seinen Kopf zum Nebentisch. »Das ist Frau Hollerbach, die Metzgersfrau. Prost.« Sein Kopf sank wieder nach vorne. Oliver Mirwald tippte seinen Chef an die Schulter. Er war aufgeregt. »Sie ahnen gar nicht, was ich alles erfahren habe. Wir können zuschlagen!«

»Nicht so laut, Mirwald. Gehen wir nach draußen.«

Dix inhalierte die Frischluft vor dem Gasthaus. »Also was ist?«

»An meinem Tisch saß Alexander Trumpisch. Er ist stellvertretender Direktor der Sparkasse, also die Nummer zwei hinter Veit. Dieser Trumpisch hat erzählt, dass unser sauberer Herr Pfarrer Streit mit Veit hatte. Raten Sie mal, um was es ging.«

»Um das Jugendzentrum?«

Mirwald blieb der Mund offen. »Woher ... Woher wissen Sie das?«

Dix genoss den Anblick seines Assistenten. »Glauben Sie, nur junge Kollegen können Leute ausfragen? Dass wir gesetzteren Jahrgänge auf der Brotsuppn dahergschwomma sand, wie es die Leute hier formulieren würden?«

»Das wollte ich damit nicht sagen, Chef. Na, jedenfalls wollte der Direktor Herrn Senner eine Immobilie nicht mehr vermieten. Daraufhin soll es lautstark zugegangen sein. Das erzählte jedenfalls eine Sekretärin Herrn Trumpisch. Die Dame war zufällig an der Tür des Direktors vorbeigegangen, als sie den Lärm von drinnen mitbekam.«

»Geht doch nichts über diensteifrige Sekretärinnen«, sagte Dix.

»Damit haben wir den Pfarrer in der Hand. Das ist das Motiv, nach dem wir gesucht haben. Verhaften wir ihn!«

»Langsam, lieber Kollege. Wir wollen doch keinen Massenauflauf provozieren. Hören wir uns doch an, was Herr Senner dazu sagt. Bitten Sie ihn unauffällig zu uns heraus. Ich warte hier.«

Schon auf den ersten Blick war erkennbar, dass der Pfarrer ungehalten war. »Was wollen Sie denn schon wieder hier? Hat das nicht Zeit?«

»Tut uns leid, Herr Senner, aber das hat keine Zeit«, sagte Dix. »Sie schulden uns einige Erklärungen.«

»Einige sehr gute Erklärungen«, sagte Mirwald.

»Also gut, fragen Sie, aber machen Sie's kurz. Was wollen Sie von mir wissen?«

»Sie haben uns gar nicht erzählt, dass Sie Streit mit Herrn Veit hatten«, sagte Mirwald. »Und zwar einige Stunden vor seinem Unfall.«

»Ich verstehe den Zusammenhang nicht.« Senner sah die beiden Kripobeamten an.

»Nun tun Sie nicht so«, zischte Mirwald. »Wir reden über ein Motiv. Ein starkes Motiv, Herrn Veit den Tod zu wünschen. Dem Tod nachzuhelfen. Aus Wut. Aus Rache. Da sind bei Ihnen wohl die Sicherungen durchgebrannt.«

»Ich habe mit Herrn Veit über den Mietvertrag für das Jugendzentrum gesprochen, den er der Kirchengemeinde zugesagt hatte. Bei dem Gespräch machte er plötzlich einen Rückzieher. Ich war darüber verärgert, das stimmt. Aber das war schon alles.«

»Was haben Sie gemacht, nachdem Sie das Büro des Direktors verlassen hatten?«, fragte Dix.

»Ich bin direkt nach Hause gegangen. Ins Pfarrheim.«

»Hat Sie jemand gesehen?«

»Keine Ahnung. Habe nicht drauf geachtet.«

Mirwald schüttelte den Kopf. »Ist es nicht so, dass der Plan mit dem Jugendzentrum allein Ihr Baby war? Eine Herzensangelegenheit gewissermaßen? Da muss der Frust tief sitzen, ganz tief, wenn man unerwartet eine solche Abfuhr erhält.«

»Ich sagte bereits, dass ich mich geärgert habe. Natürlich ist es enttäuschend, wenn sich der Vertragspartner nicht an die Absprachen hält. Aber ich vertraue auf Gottes Hilfe.

Und wie mir der stellvertretende Bankdirektor versichert hat, besteht weiterhin Hoffnung, das Projekt zu realisieren.«

»Das wussten Sie aber zu dem Zeitpunkt noch nicht«, entgegnete Mirwald. »Sie waren voller Zorn, voller Wut, und die Wut musste einen Weg nach außen finden, ein Zielobjekt. Dieses Ziel war Korbinian Veit.«

»Also ich muss doch sehr bitten! Da geht Ihre Phantasie mit Ihnen durch. Eine abenteuerliche Geschichte, nicht mal besonders originell. Doch leider dürfte Ihnen dazu etwas fehlen, was man in Ihrer Branche Beweise nennt. Oder irre ich mich?«

»Herr Senner, Sie haben vollkommen Recht«, sagte Dix. »Wir kommen auch nicht mit leeren Händen. Wir haben im Gegenteil handfeste Indizien, unsere Analysen haben ergeben, dass auf den Schläuchen im Krankenzimmer des Herrn Veit DNA-Spuren und Fingerabdrücke zu finden sind. Ihre Abdrücke.«

Der Pfarrer schaute den Kommissar wortlos an.

»Das bedeutet, Sie hatten den Schlauch in den Händen«, fuhr Dix fort. »Das Szenario sieht folgendermaßen aus: Sie wollen Rache nehmen an dem Sparkassendirektor, fahren zu ihm ins Krankenhaus nach Freyung und reißen ihm die lebenserhaltenden Schläuche heraus, was zum Tode führt.«

»Glauben Sie wirklich, was Sie da sagen?« In Senners Stimme schwang Verachtung mit.

»Glauben Sie, wir machen Späße? Glauben Sie, das ist ein Spiel?« Mirwald wurde lauter.

»Ich glaube an den lieben Gott und seine Gerechtigkeit«, sagte Senner. »Denken wir für einen Moment Ihre krause Theorie zu Ende. Ich bin also einfach ins Krankenhaus spaziert, für jeden als Pfarrer erkennbar, habe mich zu allem Überfluss noch bei der Stationsschwester nach dem Zimmer erkundigt und bin dann direkt zu Herrn Veit gegangen. Dort habe ich natürlich vergessen, mir Handschuhe anzuziehen, was wohl auch der dümmste Mörder machen würde, und dem Kranken die Schläuche herausgezogen, wohl wissend, dass jederzeit eine Schwester oder ein Arzt hereinkommen könnte, der den Vorfall bemerkt. Dann bin ich seelenruhig hinausspaziert und nach Hause gefahren. Also wirklich, meine Herren. Das soll Ihre Beweiskette sein? Glauben Sie im Ernst an einen solchen Unsinn? Sehe ich aus wie der dümmste Mörder auf diesem Planeten?«

»Täter haben im Affekt schon ganz andere Fehler begangen«, sagte Mirwald, nun schon etwas leiser.

»Von welchem Affekt reden Sie? Wenn ich Ihren seltsamen Gedanken zu folgen versuche, müsste ich den Sparkassendirektor direkt in seinem Büro umgebracht haben. Das wäre dann eine Tat im Affekt. Aber so?«

»Trotzdem bleiben Ihre Fingerabdrücke auf den Schläuchen eine unumstößliche Tatsache«, sagte Dix.

»Kann schon sein, dass ich die Schläuche angefasst habe, weil ich bemerkte, dass sie herunterhingen, ich kann mich nicht genau erinnern. Mein beherrschender Eindruck war der bewusstlose Mann im Krankenbett. Ein erbarmungswürdiger Zustand.«

»Sie haben uns bei unserem früheren Gespräch verschwiegen, dass Sie die Schläuche angefasst haben.«

»Wie gesagt, ich kann mich nicht daran erinnern. Ich wusste damals nicht, dass es für Sie wichtig ist. Außerdem habe ich gehört, dass Herr Veit an Herzversagen gestorben ist. Ihre Mordthese steht auf sehr wackligen Beinen. Aber wenn Sie glauben, Sie haben den Richtigen gefunden, verhaften Sie mich doch. Sie sind es, die sich dann blamieren. Ansonsten würde ich gerne wieder hineingehen.«

»Wir haben aufgrund der Sachlage einige Vermutungen angestellt«, sagte Dix. Er wusste, dass es Zeit war, den Rückzug anzutreten. »Das gehört zu unserer Aufgabe. Deshalb sind wir hier. Schönen Tag noch.«

Der Kommissar machte seinem Assistenten ein Zeichen zum Aufbruch. Diese Schlacht war verloren, die Beweise Dünnpfiff. Der Pfarrer hatte sich geschickt herausgewunden. Vielleicht sagte er sogar die Wahrheit. Hatten sie überhaupt einen Fall? Bisher war alles Himpehampe. Sie mussten weiterbohren oder den Fall sein lassen. Dix merkte, wie sich sein Magengeschwür wieder meldete.

# 19

Victoria Stowasser beugte sich zu Baltasar hinunter. »Was waren das denn für Herren?«, raunte sie ihm ins Ohr, zugleich darauf achtend, wie eine beschäftigte Wirtin zu erscheinen, indem sie leere Teller vom Tisch räumte. »Was wollten die von Ihnen? Ich habe Sie mit den beiden draußen reden sehen.«

Baltasar fröstelte. Er wusste nicht, ob es Victorias Atem war, der sein Ohr kitzelte, oder die unerquickliche Szene mit den beiden Kriminalbeamten. Ihn zu verdächtigen. Besonders der Jüngere war ein Heißsporn, ein Wolf, der nach Beute schnappte. Wenn sein Vorgesetzter nicht gewesen wäre ... Baltasar dachte an die unbekannte Frau und das Zusammentreffen im Krankenhaus. Die Polizei ahnte nichts von der Frau. Und er durfte nichts sagen, das verbot das Beichtgeheimnis. Nur er allein kannte die Zusammenhänge. Nur er allein konnte die Unbekannte bremsen. Und bislang keine Chance, sein beschauliches Leben als Pfarrer zurückzuerhalten. Stattdessen flog ihm verstärkt der Dreck um die Ohren. Wenn er damals im Krankenhaus aufmerksamer gewesen wäre ... Wenn, wenn, wenn ... Er schüttelte sich, trank den Rest seines Weißweins in einem Zug aus. »Noch einen Riesling, bitte.« Er reichte Victoria das Glas. Eine Strähne hatte sich aus ihrem Haar gelöst und hing ihr ins Gesicht. Baltasar wünschte, er könnte die Strähne nehmen und ihr sachte wieder hinters Ohr streichen. Ein verbotener Gedanke. »Das war die Kripo aus Passau«, sagte er. »Die haben den Fall Veit noch immer nicht abgeschlossen. Aber ich schätze, es wird bald so weit sein.«

»Und was wollten die von Ihnen?«

»Weiß nicht genau. Ich war in der Todesnacht im Krankenhaus und habe Herrn Veit besucht. Vielleicht erhofften sich die Beamten von mir zusätzliche Hinweise. Die Ursache für sein Ableben ist eindeutig Herzversagen. Die Polizei muss eben ihre Pflicht erfüllen, bevor sie ihre Akten schließen kann. Aber reden wir von etwas Erfreulicherem: Erzählen Sie doch ein wenig von sich.«

»Ein andermal ... vielleicht ... Wünschen Sie noch was zum Essen? Unsere Forellen sind frisch. Für Sie mache ich extra eine Meerrettichsoße dazu.«

Baltasar lehnte sich zurück und klopfte sich auf den Bauch. »Nein danke, Ihre Gerichte waren lecker wie immer. Auch wenn ich mir statt der Fritten etwas Asiatisches gewünscht hätte. Allein, ich muss heute Abend noch was zu Hause essen, sonst ist meine Haushälterin wieder beleidigt. Sie haben selbst erlebt, welches Temperament Teresa entwickeln kann.«

»Sie wird ihre Kochkünste schon noch verfeinern, keine Sorge. Polnische Rezepte haben ihren ganz eigenen Pfiff.«

»Erschrecken Sie mich bitte nicht! Bloß kein Pfiff. Lieber Schweineschnitzel oder Wurstbrot. Aber unsere Unterhaltung müssen wir irgendwann fortsetzen, Frau Stowasser. Versprechen Sie mir das?«

Victoria lachte nur und verschwand wieder in der Küche. Baltasar ging von Tisch zu Tisch und wechselte mit den Gästen ein paar Worte. Rechtsanwalt Schicklinger und seine Frau unterhielten sich gerade mit Bürgermeister Wohlrab über die nächste Gemeinderatssitzung, Agnes Wohlrab saß am Nebentisch und plauderte mit der Lehrerin Clara Birnkammer über einen neuen Kinofilm. Luise Plankl stand abseits mit der Witwe Veit, Baltasar konnte nicht verstehen, worüber die beiden sprachen. Friedrich Fassoth war ohne seine Frau da und hatte sich ganz der Metzgersgattin Emma Hollerbach zugewandt, deren Mann ebenfalls fehlte.

An der Seite saß ein Mann, der Baltasar bekannt vorkam. Er wusste zuerst nicht, woher, bis ihm der letzte Leichenschmaus anlässlich der Beerdigung von Alois Plankl einfiel. Es war der Mann gewesen, der eine Rauferei mit Max Hollerbach begonnen hatte. Baltasar hatte vergessen, was genau der Anlass dafür gewesen war, es hatte sich um irgendwelche Beleidigungen wegen Alois Plankl gedreht. Baltasar wunderte sich, dass der Mann nach dem Vorfall wieder aufgetaucht war, und betrachtete ihn genauer. Der Fremde war diesmal ganz anders angezogen, er trug eine Trachtenjacke und ein besticktes Hemd, auch die Frisur schien verändert. Er saß etwas abseits und beteiligte sich nicht an den Gesprächen. Plötzlich kam Baltasar die Idee, der Mann könnte ihm vielleicht bei seinen Recherchen weiterhelfen. Möglicherweise wusste er etwas über die Vergangenheit von Alois Plankl. Baltasar behielt den Mann im Auge und beobachtete, wie er Anstalten machte zu gehen. Dann schob er seinen Stuhl zurück und wartete, bis der Fremde vorbeigegangen war. Ohne sich umzusehen, steuerte der Mann direkt auf den Ausgang zu. Baltasar folgte ihm bis zur Tür, um zu sehen, welche Richtung er einschlug. Der Mann spazierte die Straße entlang in Richtung Gemeinde. Dann verlor Baltasar den Mann aus den Augen, nahm jedoch denselben Weg, immer nach ihm Ausschau haltend. Es war wie verhext – der Fremde war verschwunden. Baltasar verlangsamte seinen Schritt, als er eine Seitenstraße überquerte, doch auch dort war niemand zu sehen. Wohin konnte der

Mann gegangen sein? Viele Möglichkeiten gab es nicht. Von irgendwo erklang das Geräusch eines startenden Motors. Baltasar blieb stehen, lauschte, ging in Richtung des Geräusches, gerade noch rechtzeitig, um das Auto an der Kreuzung abbiegen zu sehen. Am Steuer saß der Fremde, sein Blick konzentriert auf die Straße gerichtet. Baltasar legte einen Spurt ein, um näher heranzukommen, denn der Wagen entfernte sich bereits. An der Kreuzung gelang es ihm, das Kennzeichen zu lesen, es war ein Wagen aus Regen. Baltasar blieb stehen und notierte sich die Nummer. Das war ein Job für seinen Freund Vallerot. Sollte der herausfinden, wie der Fahrzeughalter hieß.

Zu Hause zog sich Baltasar um und beschloss, die Büroarbeit sein zu lassen und den Rest des Tages für sich alleine zu haben. Er liebte den Kontakt mit Menschen, liebte seine Arbeit, und doch verlangte es ihn von Zeit zu Zeit danach, völlig abzuschalten und seine Rolle als Pfarrer abzulegen. Es war ein kostbares Geschenk an sich selbst, das er sich nur selten gönnte, das Geschenk der Zeit, des Nichtstuns, entkoppelt von den Zwängen seines Berufes, von der Verpflichtung, ständig für andere da zu sein. Leider war da noch Teresa.

»Warrr schöne Beerdigung?«, begrüßte sie ihn. »Wie warrr Essen?« Baltasar berichtete ihr über den Leichenschmaus bei Victoria. Die Haushälterin schien jedes Detail einzusaugen, fragte nach den Beilagen, den Kleidern der Frauen, den Namen der Anwesenden und gab nicht eher Ruhe, bis Baltasar alles erzählt hatte. »Nette Leute im Ort. Ich schon viele kennengelernt. Alle freundlich. Haben Sie noch Hungerrr? Ich kann schnell etwas machen.«

»Danke, Teresa, aber ich platze gleich.«

»Tasse Kaffee?«

»Gern. Das wäre jetzt nicht schlecht.«

Teresa stellte den Wasserkessel auf, hantierte mit den Zutaten, und schon bald erfüllte Kaffeegeruch den Raum.

»Riecht wunderbar«, sagte Baltasar. Eine Tasse Kaffee war jetzt genau das Richtige, um seinen Magen wieder in Ordnung zu bringen. Die Haushälterin stellte Kanne und Milch auf den Tisch, dazu ein Tablett mit undefinierbaren Teigbatzen, die aussahen, als hätten Kinder im Sandkasten kleine Berge geformt. »Ich extra für Sie gemacht. Rezept von Oma. Für Festtage. Sie probieren. Passt gut zum Kaffee.« Ohne zu fragen, schob Teresa zwei Klumpen auf Baltasars Teller. Er wusste, dass er wieder in der Falle saß. Jetzt nichts essen konnte als Beleidigung ausgelegt werden und eine neue Haushaltskrise heraufbeschwören. Das musste er auf jeden Fall verhindern. Er nahm eines der seltsamen Backwerke in die Hand, deren Oberfläche sich wie Fels anfühlte, und führte es zum Mund. Der Geruch von Zitrone, Rum und etwas Unbekanntem schlug ihm entgegen. Plötzlich hatte er den Gedanken, er sei Sokrates mit dem Schierlingsbecher. Schnell zwang er sich, an etwas anderes zu denken, dafür machte sich das Bild in seinem Kopf breit, das Gebäck sei in Wahrheit grüner Kryponit aus dem Weltraum, der in seinem Magen zu strahlen beginne.

Vorsichtig biss Baltasar hinein, insgeheim befürchtend, gleich einen Zahn einzubüßen. Nachdem er die oberste Schicht durchdrungen hatte – sie war dünn und knusprig –, traf er auf weichen Teig, auf den Geschmack von Zimt und Kirschen. Gar nicht mal so schlecht. Ging so. Baltasar wagte auch noch den letzten Schritt und kaute. Und schluckte, den

Kaffee zum Nachspülen griffbereit. Der Schock blieb aus. Im Gegenteil, auch wenn der Geschmack des Mehls etwas dominant war, man konnte das Teil essen. Baltasars Miene hellte sich auf. »Ein ungewöhnliches Gebäck. Aber fein. Passt herrlich zum Kaffee. Essen Sie doch auch ein Stück, Teresa!«

»Ich schon probiert haben. Muss abnehmen. Nichts mehr essen.«

»Seien Sie nicht albern. Sie brauchen überhaupt nicht abzunehmen. Essen Sie ruhig.«

»Leute glauben, ich werrrden zu dick.«

»Unsinn. Lassen Sie sich das nicht einreden. Wer sagt denn so was? Einfach nicht drauf hören.«

»Ich will nicht zunehmen. Muss aufpassen.«

Auch weiteres Zureden konnte die Haushaltshilfe nicht von ihrer Überzeugung abbringen. Baltasar rätselte, woher Teresa die neuen Ansichten hatte. Sie kam viel im Ort herum, wie er bemerkt hatte, redete mit allen möglichen Leuten. Vielleicht hatte jemand eine Bemerkung gemacht, die sie falsch interpretiert hatte.

Nachdem er mit dem unerwartet köstlichen Dessert fertig war, rief Baltasar Vallerot an und berichtete von dem fremden Mann und dessen Autonummer.

»Und jetzt willst du, dass ich den Eigentümer des Fahrzeugs ermittle.«

»Ich bewundere deinen Scharfsinn. Das ist genau, worum ich dich bitten wollte. Hast du eine Idee, wie man das machen kann?«

»Idee schon. Aber ich glaube, Hochwürden wollen nicht wirklich wissen, wie ich das anstelle. Schließlich wollen Hochwürden ja in den Himmel kommen, rein und ohne

Sünde vor den Großen Außerirdischen treten. Obwohl die Luft da oben sehr dünn sein soll. Ich kann gar nicht verstehen, wie jemand freiwillig in den Himmel will. Da oben ist es saukalt, finster, und atmen kann man auch nicht mehr, wie die Astronauten wissen. Irgendwelche schlimmen Gase wabern herum. Das ist alles andere als das Paradies. Da bleibe ich lieber auf der guten alten Erde.«

»Du sollst uns auch hier unten möglichst lange erhalten bleiben. Schließlich brauche ich dich und deine Fähigkeiten noch für meine Nachforschungen.«

»Gern bin ich der katholischen Kirche zu Diensten. Was springt dabei für mich heraus?«

»Alter Materialist!«

»An etwas muss ich doch auch glauben.«

»Also meinetwegen – ein Essen bei Frau Stowasser.«

»Das ist ein Wort. Deine Victoria kocht wunderbar.«

»Wie oft soll ich es dir noch sagen, sie ist nicht meine Victoria. Sie gehört niemandem. Ich bewundere lediglich ihre Kochkünste.«

»Sonst bewunderst du nichts? Ihr Aussehen? Du weißt schon, was ich meine. Ihre ... Stimme, ihren Charakter, wie wär's damit?«

»Nervensäge.«

»Ich weiß. Übrigens habe ich der Unbekannten aus den E-Mails von Alois Plankl eine liebe Botschaft per E-Mail geschickt. Die Betonung liegt auf lieb. Ich habe ein Treffen vorgeschlagen. Lassen wir uns überraschen, ob jemand darauf reagiert. Ich melde mich, wenn ich was Neues weiß.«

Baltasar fühlte sich elend. Er wusste, woran es lag: Der unerwartete Besuch der beiden Kommissare hatte ihm mehr zugesetzt, als er sich eingestehen wollte. Er war gestrandet in einer Höhle, in der nur Kälte und Dunkelheit warteten. Nicht mal das Essen hatte seine Stimmung heben können. So schlimm stand es schon um ihn! Wo waren nur all die wunderbaren Tage geblieben, die das Leben eines Pfarrers so versüßten? Wo hatten sich Ruhe und Beschaulichkeit versteckt?

Er sagte Teresa Bescheid, dass er heute nicht mehr gestört werden wolle, und holte sich eine der Tüten, die er unter der Küchenspüle gelagert hatte. Sein Schlafzimmer verschloss er sorgfältig. Diesmal entschied er sich für einen Weihrauch aus Jemen, Sorte arabisch extra, passend zu seiner Stimmung. Eine Mixtur aus Harzen, Blüten, Rinden und einem speziellen Zusatz seines Lieferanten. Dazu eine im Mörser zerriebene Maidal aus Nepal, Gattung Catunaregam spinosa, besser bekannt als Traumnuss.

Schon als er die Utensilien herrichtete, fühlte sich Baltasar besser. Handgriffe, seit Jahrtausenden in der Kirche praktiziert und jetzt nur ein wenig zweckentfremdet. Es war fast wie eine japanische Teezeremonie, der Ablauf der Bewegung in Zeitlupe, sparsame Gesten, seine Hände arbeiteten wie von selbst. Den Weihrauchbehälter füllen, die Schale mit dem Sand und der Kohle herrichten und mit einem langen Streichholz entzünden wie bei einer Zigarre. Die Faszination der Flamme, der erste Geruch von Schwefel und Rauch und dann ... Baltasar nahm das Handtuch und legte es sich über den Kopf, sein Beduinenzelt, sein privater Raum, der sich anfüllte mit dem Duft des Weihrauchs. Dunkelheit umschloss ihn, eine andere Dunkelheit, rein und klar, lockend und süß. Er entspannte sich und atmete tief ein.

# 20

Es war einer jener Morgen im Bayerischen Wald, für den Baltasar den lieben Gott pries. Ein Tag, einem Blumenfeld gleich, blühend und bunt, der Geruch von Würze und Frische, über allem das Versprechen von Licht und Wärme. Die Sonne war mehr Ahnung denn Gewissheit, die Nacht hatte sich aufgelöst in Schleier von Milch, durchbrochen vom Rot des Himmels, ein Pinselstrich am Horizont, wie zufällig hingeworfen und doch einer höheren Logik folgend. Der Tau auf dem Gras glitzerte wie Glasperlen, das Schwarz des Waldes verblasste zu Grün. Und über allem lag eine Ruhe, wie sie nur zu dieser frühen Stunde zu finden war, nur an Orten wie diesen, eine Ruhe, die alle anderen Geräusche in Seide packte, lediglich das Gezwitscher der Vögel durchließ, das einzige Zeichen von Leben, Signal für den Beginn des Tages.

Zur Morgenandacht waren nur wenige Besucher gekommen. Baltasar störte das nicht, er zelebrierte den Gottesdienst als Verbeugung vor der Allmacht des Herrn, der alles geschaffen hatte und alles lenkte. Auch wenn der Mensch bisweilen ein wenig nachhelfen musste. Baltasar betete um Beistand für seine Recherchen, betete um Einsicht, Demut und Weisheit, um die Rückkehr der himmlischen Ruhe in seinem Leben und den Seelenfrieden der unbekannten Frau. Ob sie auch auf Korbinian Veits Beerdigung gewesen war? Baltasar hatte die Frauen unter den Trauergästen genau beobachtet, aber alle hatten sich unauffällig verhalten, ausgenommen Emma Hollerbach, der die Obstler nicht bekommen waren und die von ihrem Mann abgeholt und heimgeschleppt werden musste, wobei ihr Mundwinkel zuckte und sie Seltsames wie »Forellenfisch, Forellenfisch, spring vom Tisch« und »Schnitzeljagd den ganzen Tag« brabbelte.

Teresas Kaffee schmeckte an diesem Morgen ausgezeichnet, Baltasar verdrückte dazu zwei dieser polnischen Teigbatzen und ein Marmeladenbrot. Er setzte sich an den Schreibtisch, um Büroarbeiten zu erledigen, hörte dazu »Stairway to Heaven« von Led Zeppelin, aber nach einer halben Stunde verließ ihn die Lust, und er beschloss, nach draußen zu gehen. Er hatte bereits ein konkretes Ziel vor Augen: das geplante Jugendzentrum. Die Frage, warum er mit seinem Projekt einfach nicht weiterkam, ließ ihn nicht in Ruhe. Seit dem Tod des Sparkassendirektors hatte er außer netten Worten keine konkreten Aussagen erhalten.

Er zog sich um und nahm sein Fahrrad für die Strecke, für einen Spaziergang fehlte ihm die Geduld. Das Rad reagierte nur unter Protest wie ein bockiger Esel auf die Pedaltritte. Es war ein schwarzes Ungetüm ohne Gangschaltung, das wohl noch aus dem Zweiten Weltkrieg übrig geblieben war und das Baltasars Vorgänger hinterlassen hatte, neben angeschlagenem Geschirr, einem windschiefen Kleiderschrank und einer leeren Gemeindekasse. Es ging leicht bergab, Baltasar nutzte den Schwung für den darauf folgenden Anstieg. Die Pedale ächzten, das Hinterrad quietschte, Baltasar stieg aus dem Sattel, vom Ehrgeiz beseelt, die Anhöhe zu schaffen, ohne absteigen zu müssen. Der Atem ging schneller, die Beine brannten, Baltasar zog am Lenker, sein Kopf glühte. Als Baltasar in den Feldweg einbog, hatte er plötzlich das Gefühl, beobachtet zu werden. Niemand war zu sehen. In der Ferne dröhnte ein Lastwagen. Baltasar hielt an. Hatte er sich getäuscht? Die Lust zum Strampeln war ihm vergangen, er schob das Rad. Unter seinen Füßen knirschten die Steine. Der Weg führte am Rand eines Maisfeldes entlang, Traktoren hatten tiefe Furchen in den Boden gefräst. Über die Mitte des Weges zog sich eine Grasnabe wie ein Irokesenschnitt, Schlaglöcher und Wurzelstücke machten die Route zu einer Holperstrecke. Baltasar strauchelte mehrmals, nutzte sein Fahrrad als Stütze. Er spürte die Sonne auf seinem Rücken, sein Hemd begann auf der Haut zu kleben. Die Geräusche des Ortes hinter ihm waren kaum mehr auszumachen.

Das Haus, sein Jugendzentrum, tauchte vor ihm auf. Aus der Ferne wirkte es ganz adrett, es war ein Bauernhof vom Ende des neunzehnten Jahrhunderts, mit einer Scheune, die im rechten Winkel zum Haupthaus gebaut war. Daneben stand eine Wellblechgarage, die an diesem Ort genauso passend wirkte wie eine Weltraumstation am Passauer Domplatz. Der erste Stock des Hauses war mit Holz verkleidet, das Dach bedeckten Holzschindeln. Früher war das Grundstück eingezäunt gewesen, jetzt ragten nur noch einzelne Pfosten des Zauns in die Luft und deuteten die alte Grenzlinie an.

Die letzten Meter trug Baltasar das Rad durch das hohe Gras zum Haus und lehnte sein Gefährt an die Wand. Er war schon mehrere Monate nicht mehr hier gewesen. Der Geruch von Moder und Feuchtigkeit drang ihm in die Nase. In der Nähe zeigte sich die Last der Jahrzehnte, die Wunden, die das Gemäuer hatte hinnehmen müssen, zugefügt von der Natur und den Menschen, schlecht verheilt, eine stumme Klage gegen alle und niemand. Ein Haus, wie man es immer noch fand im Bayerischen Wald jenseits der Touristenpfade und Vorzeigefassaden, versteckt auf Nebenwegen, in Dörfern, in denen die Segnungen der Moderne einzogen samt Doppelhäusern mit Doppelgaragen, Orte, aus denen die Bauern geflohen waren in die Fabriken und Städte und ihre Heimat gleich mit zurückgelassen hatten.

Die Eingangstür wies Kerben von einem Beil auf. Das Kruzifix, das einst über der Tür gehangen hatte, war heruntergerissen worden und lag zerbrochen auf der Erde. Baltasar hob es auf, reinigte die Jesusfigur. Er zog sein Hemd aus und wickelte die Einzelteile darin ein, vorsichtig, als würde er ein Lebewesen damit zudecken. Zu Hause würde er das Kreuz reparieren.

Vom Balkon im ersten Stock fehlten einige Streben, die Fensterläden hingen schräg in der Verankerung. Baltasar ging zur Scheune. Das Schiebetor stand offen. Auf einer Seite war noch Heu aufgeschichtet, das die letzten Bewohner zurückgelassen hatten. Der frühere Eigentümer hieß Karl Huber, ein Bauer. Er hatte mit seiner Familie hier gelebt, wie davor bereits die Eltern, die Großeltern und die Urgroßeltern. Mit Krediten der Sparkasse hatte Karl Huber einen neuen Traktor gekauft und neue Erntemaschinen, hatte das Haus erneuert und den Stadel vergrößert. Seine Frau hatte auf dem Hof mitgearbeitet. Doch die Erträge aus der Landwirtschaft reichten nicht aus, die Familie konnte die Schulden nicht zurückzahlen, kam mit den Raten in Verzug, am Ende stand die Zwangsversteigerung. Dann zogen die Hubers weg. Seitdem stand das Anwesen leer.

Baltasar konnte sich die Scheune gut als Mehrzweckhalle für die Jugendlichen vorstellen für Feiern oder für Sport. Der Boden war betoniert, schon mal eine gute Voraussetzung für den weiteren Ausbau. Ein Leiterwagen ohne Räder stand herum, eine verrostete Mistgabel und ein Besen mit abgebrochenem Stiel lehnten an der Wand. Es war noch jede Menge Renovierungsarbeit an dem heruntergekommenen Gebäude nötig, aber Baltasar war optimistisch, das Projekt zusammen mit den Jugendlichen und weiteren Spenden erfolgreich auf den Weg zu bringen. Er vergegenwärtigte sich, wo die Grundstücksgrenzen endeten und die unbebauten Nachbargrundstücke begannen, die dem Bürgermeister Wohlrab und dem Rechtsanwalt Schicklinger sowie dem Verstorbenen Alois Plankl gehörten. Zusammen ergaben die Parzellen eine ordentlich große Fläche, auch wenn es sich nur um Ackerfläche handelte.

Ein Knacken ließ ihn hochfahren. Er konnte nicht genau orten, woher das Geräusch kam – vermutlich aus dem Wald. Vielleicht war es nur ein Reh, das auf einen Zweig getreten war. Er blieb regungslos, horchte. Nichts. Das abgelegene Gemäuer erinnerte ihn plötzlich an die Kulisse für Hitchcocks *Psycho*. Baltasar prüfte die Tür der Blechgarage. Sie war abgeschlossen, ein Vorhängeschloss sicherte den Riegel. Es sah neu aus. Baltasar rüttelte daran, nichts tat sich. Neben der Garage lagerte Abfall, ein Haufen verrosteter Eisenteile, Flaschen, Bretter, Dosen, Autoreifen. Baltasar wollte schon weitergehen, als ein Farbklecks inmitten des Gerümpels seine Neugierde weckte, er nahm eine Stange und stocherte herum, bis er den Gegenstand zur Seite geschoben hatte. Es war eine Zielscheibe, deren Ringe mit Farbe auf das

Holz gemalt worden waren. Darauf klebten die Reste eines Stücks Papier. Baltasar streifte das Papier glatt, es war ein Schwarzweißbild, vermutlich kopiert, das ein Gesicht zeigte. Korbinian Veit. Das Foto wies eine Vielzahl von Löchern auf, als ob jemand darauf geschossen hatte. Wer benutzte das Foto eines Menschen als Zielscheibe? War die geheimnisvolle Frau hier gewesen und hatte ihren Gefühlen freien Lauf gelassen?

Baltasar umrundete das Wohngebäude. Das Gras war an mehreren Stellen niedergetreten. Auf der Rückseite führte eine Treppe in den Keller. Am Türfalz bemerkte Baltasar auf der Höhe des Schlosses gesplittertes Holz, er drückte gegen die Tür, sie schwang nach innen auf. Intensiver Modergeruch schlug ihm entgegen, er hielt die Luft an, unterdrückte den Hustenreiz. Es drang kaum Tageslicht in den Kellerraum, Baltasar ärgerte sich, dass er keine Taschenlampe dabeihatte. Schritt für Schritt ging er voran, die Hände zum Schutz ausgestreckt. Der Raum war leer, wenn man von den Bretterresten und den Blättern absah, die auf dem Boden verstreut waren. Baltasar erreichte die Durchgangstür und stemmte sich dagegen.

Der nächste Raum lag völlig im Dunkeln. Baltasar horchte hinein, wartete, horchte wieder. Er konnte sich an den Grundriss im Keller nicht mehr genau erinnern, wusste aber, dass auf der rechten Seite die Treppe war. Eine Kühle wie in einer Gruft umschloss Baltasar, er zögerte, ging einen Schritt, zögerte wieder, tastete sich in Zeitlupe an der unverputzten Wand entlang, bis sein Fuß an die Holztreppe stieß. Baltasar hörte seinen eigenen Atem, seinen Herzschlag, laut wie eine Trommel. Die Stufen ächzten, als er sich nach oben vorkämpfte. Mit dem Kopf schlug er gegen Holz. Die Kellertür im Erdgeschoss. Er unterdrückte einen Schrei, rieb sich den Kopf und wartete, bis der Schmerz vorüber war. Die Tür ließ sich geräuschlos öffnen. Die geschlossenen Fensterläden ließen nur wenig Licht herein, aber es reichte, um sich zu orientieren. Links musste die ehemalige Wohnküche liegen. Der Boden war mit Staub und Dreck bedeckt, Papierfetzen lagen herum. In der Küche ragten die Wasserleitungen blind in den Raum, Spüle und Küchenmöbel waren längst abtransportiert worden. Wieder glaubte Baltasar, ein Geräusch gehört zu haben. Kam es aus dem Garten? War es nur der Wind? Er beschloss, sich nicht irremachen zu lassen. Schließlich glaubte er nicht an Geister.

Der Nachbarraum, das ehemalige Wohnzimmer, war mit einem Bretterboden ausgelegt. Auf den ersten Blick sah Baltasar, dass das Zimmer jüngst benutzt worden war. Auf dem Boden standen mehrere umgedrehte Bierkisten, im Kreis angeordnet, in der Mitte zwei Kisten, die mit Brettern zu einem provisorischen Tisch umfunktioniert worden waren. Darauf standen Flaschen, in denen Kerzenreste steckten, daneben Tassen voller Zigarettenstummel. In einer Ecke lagen Flaschen, Teller und Dosen verstreut, eine alte Decke, Zeitschriften und Plastiktüten. An die Wand hatte jemand das Poster einer englischen Rockgruppe geklebt. Darunter ein ausrangiertes Sofa, dessen Bezug so viele Brandlöcher aufwies, dass es aussah, als hätte es eine Pockeninfektion. Es roch nach Alkohol und kalter Asche. Baltasar vermutete, dass Jugendliche das Haus schon vor dem Umbau in ein Jugendzentrum für sich in Beschlag genommen hatten und hier heimlich Partys feierten.

Die anderen Räume im Erdgeschoss waren leer. Baltasar ging hoch in den ersten Stock. Wieder hörte er ein Geräusch, diesmal näher. »Es gibt keine Geister«, sagte er sich, »nur ein kurzer Blick, und ich bin wieder draußen an der frischen Luft.« Die meisten Zimmer wirkten kahl. Heruntergerissene Tapeten, abblätternde Deckenfarbe, Sprünge in den Fensterscheiben. Im Eckzimmer fand Baltasar eine Matratze am Boden, darauf ein Stoffbündel, wohl ein Schlafsack. Auf einem Hocker lagen ein Rucksack und eine Jacke, daneben Zeitungsreste und ein Benzinkocher mit einem verbeulten Aluminiumtopf. Ein intensives Aroma von Zigarettenrauch schwängerte die Luft. Baltasar hatte sich zum Gehen gewandt, als ihn ein Geräusch, ein Rascheln, herumfahren ließ. Diesmal war er sich sicher. Das Rascheln kam von der Matratze. Eine Ratte? Er näherte sich. Etwas bewegte sich – in dem Schlafsack! Baltasar suchte nach einem Stock oder einem anderen Gegenstand, den er benutzen konnte. Vergebens. Mit dem Fuß stupste er den Schlafsack an. Er bewegte sich. Baltasar zuckte zurück. Der Schlafsack richtete sich auf, ein Kindergesicht kam zum Vorschein. Ein Junge. Er schälte sich aus der Hülle. Baltasar war verblüfft. »Was machst du denn hier? Wie heißt du?« Den Buben kannte er nicht, kam er aus dem Ort?

Der Junge, vielleicht zwölf Jahre alt, kletterte aus dem Schlafsack, am ganzen Körper zitternd. »Ich ... ich wollte spielen.« Seine Stimme war mehr ein Piepsen.

»So, so, spielen wolltest du. Erzähl mir bitte nichts.« Baltasar bemühte sich um einen freundlichen Ton. »Seit wann spielt man alleine in einem Schlafsack?«

»Hab ... hab mich versteckt, weil ich Geräusche gehört

habe.« Die Augen des Jungen wanderten nervös zwischen Baltasar und der Tür hin und her. »Hier oben war sonst kein Versteck.«

Baltasar hob den Deckel eines Konservenglases hoch, auf dem eine frisch ausgedrückte Zigarette lag, hob sie auf. »Ich glaube eher, dass du hier dran genuckelt hast.« Er hielt dem Jungen den Stummel unter die Nase.

»Bestimmt nicht. Ich ... ich ... wollte nur ...«

»Lüg bitte nicht. Heimlich rauchen ist kein Kapitalverbrechen. Kommt selbst unter Erwachsenen vor, öfter, als du denkst. Feiern deine Freunde und du hier eure Feste?«

Der Bub nahm den Rucksack. »Kann ich gehen? Ich muss nach Hause.«

»Einen Moment noch. Du hast mir noch nicht gesagt, wie du heißt. Vielleicht sollte ich dich besser begleiten.«

»Bitte sagen Sie meinen Eltern nichts, bitte.«

»Komm, gehen wir nach draußen.«

Baltasar hatte sich umgedreht, plötzlich passierte das Unerwartete. Er bekam von dem Buben einen Stoß von hinten, stolperte über den Hocker und schlug mit dem Kopf am Boden auf. Der Junge rannte hinaus, knallte die Tür hinter sich zu und drehte den Schlüssel um. Benommen rappelte sich Baltasar auf. Er hörte, wie der kleine Übeltäter die Treppen hinunterlief. Dann war Stille. Baltasar sah aus dem Fenster, rief nach dem Jungen. Niemand antwortete. Baltasar hieb mit der Faust auf das Fensterbrett. Wie konnte er sich nur von einem Kind übertölpeln lassen! Wie ein Anfänger. Jetzt war er der Gefangene seiner eigenen Sorglosigkeit. Er rüttelte an der Türe, sie blieb verschlossen.

Durch das Schlüsselloch konnte er erkennen, dass der

Schlüssel nach wie vor steckte. Gott sei Dank. Es war ein gewöhnliches Schloss, das machte die Sache einfacher. Baltasar untersuchte die Zeitungsreste am Boden und nahm ein Blatt, das ihm groß genug schien. Er schob es weit unter dem Türspalt durch und richtete es so aus, dass die Papierfläche genau unter dem Schlüsselloch zu liegen kam. Dann suchte er nach einem geeigneten dünnen Gegenstand. Das Einzige, was er fand, war ein Nagel, der in der Wand steckte. Den Nagel benutzte er wie eine Pinzette und stocherte damit im Schlüsselloch. Genau wie sein Freund Vallerot, den er wegen seiner Einbrecherfähigkeiten aufgezogen hatte. Nun machte er dasselbe, nur mit weniger Geschick. Er brauchte eine Weile, bis er den Bart des Schlüssels zu fassen bekam und in eine senkrechte Position brachte. Mit dem Nagel drückte Baltasar den Schlüssel millimeterweise hinaus, bis er ihn zu Boden fallen hörte. Behutsam das Zeitungsblatt wieder hereingezogen – der Schlüssel lag darauf wie auf einem Präsentierteller. Baltasar schickte ein Dankgebet los und sperrte die Tür auf.

Als er sein Fahrrad den Feldweg entlangschob, war ihm, als ob er etwas im Wald hatte aufblitzen sehen, wie die Reflexion eines Spiegels. Er verzichtete darauf, der Erscheinung nachzugehen. Ob Einbildung oder nicht, sein Bedarf an Überraschungen war für heute gedeckt.

# 21

Baltasar berichtete Luise Plankl von den Ergebnissen seiner Nachforschungen. »Wir wissen immer noch nicht, wer die Frau in Passau ist und in welcher Beziehung sie zu Ihrem verstorbenen Mann steht. Die Frage ist, soll ich weitermachen oder das Ganze jetzt ruhen lassen? Außerdem gilt nach wie vor mein Ratschlag – Sie sollten jemand anderes engagieren. Mir wird das Ganze langsam zu viel. Ich bitte Sie: Entbinden Sie mich von diesem Auftrag!«

»Aber bei Ihnen fühle ich mich gut aufgehoben, Hochwürden. Offen gesagt, die Sache mit dieser Frau will ich schon geklärt wissen. Die Unsicherheit belastet mich. Übrigens habe ich den Dauerauftrag der Mietüberweisung für die Wohnung in Passau gestoppt. Bitte bewahren Sie weiter Stillschweigen. Nicht einmal Isabella weiß davon.«

»Sie haben Ihrer Tochter nichts erzählt?«

»Leider ist unser Verhältnis momentan etwas abgekühlt.«

Baltasar stellte die Tasse ab. »Wieso das? Das letzte Mal, als ich Isabella gesehen habe, machte sie einen ganz munteren Eindruck.«

»Vorgestern war die Testamentseröffnung beim Notar. Seitdem ist die Stimmung im Keller.«

»Ich möchte nicht indiskret sein, aber gab es bei der Verteilung des Vermögens irgendwelche Überraschungen?«

»Meine Tochter ...«, Luise Plankl seufzte, » ... meine Tochter ist sauer. Sie hatte sich etwas anderes erwartet. Der letzte Wille meines Mannes sieht vor, das Vermögen zur Hälfte mir und zur Hälfte unserer Tochter zu vermachen.«

»Das klingt vernünftig. Was ist daran so ärgerlich für Isabella?«

»Sie ist über einen Punkt des Testaments frustriert. Alois hat nämlich festgelegt, dass sie über das Geld erst verfügen darf, wenn sie fünfundzwanzig ist. Er wollte vermutlich verhindern, dass Isabella leichtsinnig wird und nicht mehr an ihr Studium denkt, wenn sie plötzlich wohlhabend ist. Eine weise Entscheidung meines Mannes. Bis dahin bin ich die alleinige Vermögensverwalterin, ich allein bestimme, was mit dem Geld und den Immobilien passiert.«

»Ich hätte da noch eine andere Frage, die mich wegen meines Jugendheimprojektes umtreibt: Eines der Nachbargrundstücke gehörte Ihrem Mann. Wissen Sie dazu Näheres?«

»Das stimmt. Laut Aufstellung des Testaments gehört ein Grundstück dort uns. Sie können sich denken, dass selbst ich nicht alle Besitztümer auswendig kenne und mir erst einen genauen Überblick verschaffen muss. Wenn Sie kurz warten, sehe ich nach.« Luise Plankl verschwand im Nebenzimmer und kehrte nach einer Weile mit einigen Blatt bedrucktem Papier zurück. »Laut der Liste handelt es sich um einen landwirtschaftlichen Grund.«

»Interessierte sich Ihr Mann für Landwirtschaft?«

»Keine Ahnung, warum er den Acker gekauft hat. Er war zwar ursprünglich als Landwirt tätig, aber ich glaube nicht, dass er vorhatte, sich wieder auf den Traktor zu setzen und Felder zu pflügen.«

Auf dem Weg zu seinem nächsten Termin fuhr Baltasar bei Vallerot vorbei. Der steinerne Dämon im Garten, der über den Eingang wachte, war diesmal mit einer spanischen Torerojacke bekleidet. Noch bevor Baltasar klingeln konnte, öffnete sein Freund die Tür. »Meine Überwachungskamera hat dich bereits gemeldet«, sagte Philipp. »Herein in meine gute Stube!«

Wobei der Begriff gute Stube so ziemlich die verkehrteste Bezeichnung für Vallerots Behausung war. Selbst das Wort Wohnzimmer schien Baltasar für den großen Raum im Erdgeschoss nicht angemessen. Er war ganz in Weiß gehalten, an der Wand durch die Farben einiger großformatiger Gemälde mit abstrakter Kunst unterbrochen. Darunter eine geschnitzte und bemalte Anrichte im Südseestil, auf der Holzmasken den Besucher angrinsten. Das Möbel war flankiert von zwei mannshohen Lautsprechern, aus denen gerade »Come as You Are« von Nirwana dröhnte. In der Mitte stand ein Tisch, der aussah wie die von Hand behauene Platte eines Urwaldbaumes, flankiert von zwei Holzbänken. Am Fenster waren Drehsessel gruppiert, die an überdimensionale Eier erinnerten. Das Zimmer dehnte sich übergangslos in die Küche aus, die allerdings mehr Ähnlichkeit mit einem Labor hatte, mit ihren Edelstahlschränken, Reagenzgläsern und Brennern. Die Glasfront des Weinkühlschranks gab den Blick frei auf eine stattliche Batterie von Flaschen. Eine Tür führte ins Nebenzimmer, das Bücherregale und Schränke mit elektronischem Gerät ebenso beherbergte wie den Computer und mehrere Bildschirme.

»Was zu trinken? Einen Aperitif? Ein Bier?« Vallerot machte eine einladende Bewegung. »Oder einen Happen zu essen? Ach, was rede ich, daheim wartet ja deine Haushälterin mit ihren polnischen Köstlichkeiten. Sie soll eine ganz ausgezeichnete Köchin sein, wie man so hört.« Er grinste. »Da darfst du dir natürlich vorher nicht den Magen verderben.«

»Lästere du nur. Teresa strengt sich wirklich an.« Baltasar spürte, dass er nicht überzeugt klang. »Außerdem kann ich immer noch bei Victoria essen.«

»Ja, ja, Liebe geht durch den Magen.« Vallerot drehte die Stereoanlage leiser. »Wann redest du endlich mal mit ihr? Dein Versteckspiel ist nicht mehr mit anzuschauen. Gib dir einen Ruck.«

»Mein Guter, du entwickelst zu viel Phantasie, was meine Beziehung zu Victoria betrifft«, sagte Baltasar. »Fass dir lieber an die eigene Nase. Wann war dein letztes Date?«

»Geschickt von meiner Frage abgelenkt, das muss man dir lassen. Du weißt, für feste Bindungen fehlt mir die Zeit. Gerade sind mir andere Dinge wichtiger, deine Auftragsarbeiten zum Beispiel.«

»Ja, was ist denn nun mit der ominösen E-Mail-Dame, dieser Waldmaus 123? Und was planen wir wegen der Frau, die in Plankls Wohnung in Passau lebt?«

»Mein lieber Baltasar! Einen solchen Eifer kenne ich von dir nur, wenn es um deine Schäfchen in der Gemeinde geht – oder um dein Jugendzentrum.«

»Du unterschätzt meine angeborene Neugierde. Wir sollten uns mit der Frau in Passau näher befassen. Fahren wir doch einfach noch mal hin. Am besten abends, da treffen wir sie eher an.«

»Gute Idee. Gleich morgen? Ich hole dich ab. Übrigens,

du wolltest doch den Fahrzeughalter zu diesem Autokennzeichen aus Regen. Ich habe dir die Adresse aufgeschrieben.« Philipp reichte Baltasar einen Computerausdruck. »Ein Architekt namens Adam Zech, wohnt bei Grafenau, hat aber sein Büro in Regen.«

»Wie bist du da wieder dran gekommen?«

»Vergiss es. Ich musste einen Gefallen einlösen. Hauptsache, du merkst dir, wie tief du in meiner Schuld stehst. Eine Schuld, die nur mit einem Kinobesuch und gutem Essen zu begleichen ist.«

»Ich sage Teresa, dass wir demnächst einen Gast haben werden.«

Baltasar rutschte auf einem Stuhl in der Küche der Familie Trumpisch hin und her und wünschte sich, das Gespräch möge nicht zu lange dauern. Er spürte sein Hinterteil, bewegte es unauffällig, ohne dass sich die Sitzposition auf diesem unbequemen Möbel ändern ließ. Ein deutscher Schlagersänger schluchzte sein Liebesleid aus dem Radio, dass Baltasar glaubte, man müsse so viel Musikschmalz mit einer Tonne Löschpapier auffangen. Zu allem Überfluss hatte ihm Simone Trumpisch, die Tochter des frisch ernannten Sparkassendirektors, nur ein Glas Wasser serviert. Wusste sie nicht, was man einem Pfarrer anbot? Neben ihr saß ihre Mutter Elisabeth, auf der anderen Seite des Tisches Florian Hetter, der angehende Bräutigam, ein Physiotherapeut aus Bad Füssing. Ein netter, schlaksiger Junge, der in den Augen der Schwiegereltern nur einen Makel besaß: seinen Migrationshintergrund – er kam ursprünglich aus München. Nun lag München bekannterweise auch in Bayern, doch das minderte den Fehler nicht. Ein Einheimischer wäre das Höchste gewesen. Gerade die Münchner mit ihrer dominanten Art riefen bei vielen Bewohnern des Bayerischen Walds eine Fremdenallergie hervor, führten sich die Hauptstädtler doch meist auf, als seien sie der Nabel nicht nur Bayerns, sondern der Welt, begünstigt durch Regierungssitz, Ministerien und jede Menge Museen.

»Sie wollen also eine klassische Bauernhochzeit, mit allem Drum und Dran«, fasste Baltasar das Gespräch zusammen. »Die standesamtliche Trauung findet bereits den Tag zuvor statt, die kirchliche Trauung am späten Vormittag.«

»Genau«, sagte Simone. »Das volle Programm. Man heiratet schließlich nur einmal. Ich werde ein weißes Brautkleid tragen, und der Spatzl einen Trachtenanzug.«

Baltasar merkte, dass der blonde junge Mann bei dieser Besprechung wenig mitzureden hatte. Die Organisation lag allein in den Händen der beiden Frauen.

»Irgendwelche besonderen Wünsche für den Ablauf?« Baltasar bemühte sich um einen geschäftsmäßigen Tonfall, verscheuchte die Vision von einem Glas Weißwein.

»Es soll alles festlich wirken, fröhlich und großzügig«, sagte die Mutter. »Eine richtige Bauernhochzeit eben, wie früher. Wissen Sie, ich bin auf einem Bauernhof aufgewachsen. Die Hochzeiten, bei denen ich als Kind dabei sein durfte, waren immer ein großes gesellschaftliches Ereignis, mit vielen Leuten. So etwas stelle ich mir wieder vor. Es darf ruhig etwas kosten. Sähe auch komisch aus, wenn der neue Sparkassendirektor kein Geld für die Hochzeit seiner Tochter übrig hätte.« Dann referierte Elisabeth Trumpisch eine halbe Stunde über den geplanten Blumenschmuck, wenigstens kamen keine Nelken darin vor, redete erschöpfend über die Musik und das Essen, was prompt Baltasars Magen zum Knurren brachte. Die Halluzination von Wurstsalat und einem Glas Bier wurde immer mächtiger.

Er schlug für die Zeremonie in der Kirche einen Königsweihrauch aus Indien vor, eine Mischung mit Lilienaroma und Vanille, was auf Zustimmung stieß, überlegte, ob er heimlich Labdanum dazumischen sollte, ein seltenes Harz aus Kreta, das in der Antike der Liebesgöttin Aphrodite geweiht war und das die Menschen dort seit ewigen Zeiten einsetzten, um die erotische Anziehungskraft zu steigern und die Liebe zu stimulieren, verwarf aber den Gedanken wieder. Die beiden Jungverliebten brauchten sicher keine chemische Nachhilfe.

»Da ist noch ein Punkt, den ich ansprechen muss«, sagte Baltasar. »Wie Sie vielleicht wissen, ist die katholische Kirche beim heiligen Sakrament der Ehe ein wenig eigen und macht genaue Vorschriften. Das Problem ist, dass Sie beide verschiedenen Religionsgemeinschaften angehören. Sie, Simone, sind katholisch, und Ihr künftiger Mann ist evangelisch.«

»Warum ist das ein Problem, wir glauben doch beide an denselben Gott«, wandte Florian ein. »Ich bin doch kein Muslim oder so was. Dann würde ich das noch verstehen.«

»Mich brauchen Sie nicht zu überzeugen«, sagte Baltasar. »Ich finde es schön, wenn zwei junge Menschen heiraten, und würde Sie jederzeit trauen. Nur hat die Diözese Passau sehr klare Vorstellungen, welche Bedingungen erfüllt sein müssen. Mehr will ich damit nicht sagen.«

»Was sollen wir denn machen? Ich kann doch nicht mal

so eben zum katholischen Glauben überwechseln.« Der junge Mann wirkte verwirrt.

»Reicht es, wenn wir uns nach katholischem Ritual trauen lassen? Das hatten wir eh vor«, sagte Simone. »Damit dürften diese blöden Vorschriften erledigt sein.«

»Nun ja, ganz offiziell wäre es zu wenig.« Baltasar schüttelte den Kopf. »Aber am Ende liegt es in meiner Entscheidung als Pfarrer der Gemeinde. Und ich entscheide jetzt, dass wir es so machen. Also dann, mit Gottes Hilfe.«

# 22

Baltasar hatte beschlossen, nach Regen zu fahren, ohne seinen Besuch vorher anzumelden. Er nahm die Bundesstraße fünfundachtzig und machte einen Schlenker über Grafenau, um in einer Metzgerei eine Semmel mit kaltem Wildschweinbraten zu erstehen. Das Büro des Architekten lag in der Bachgasse, nördlich des Stadtplatzes mit seinen Häuserfassaden aus dem neunzehnten Jahrhundert. Die Kreisstadt Regen war ursprünglich eine Klostergründung, wovon die vielen katholischen Kirchen im Ort zeugten. Baltasar fuhr die Zwieseler Straße südlich des Flusses Schwarzer Regen entlang, vorbei an trostlosen Gewerbegebieten, Orte, zu denen selbst der liebe Gott nur zum Weinen ging. Das Haus mit der angegebenen Adresse war ein Altbau. Das Büro war in einem ehemaligen Laden, Baltasar konnte die Schreibtische und Computerbildschirme durch das Schaufenster sehen. Ein Mann stand an einem Arbeitstisch über einem Plan gebeugt. Er trug Jeans und ein weißes Hemd mit Sakko. Es war Adam Zech, der seltsame Besucher auf den beiden Beerdigungen, der Mann, der eine Rauferei mit dem Metzger angefangen hatte. Beim Betreten des Büros ging eine Klingel. Adam Zech schaute auf. »Sie wünschen?«

Baltasar stellte sich vor. »Ich habe Sie auf dem Begräbnis von Alois Plankl und vom Sparkassendirektor Veit gesehen. Vielleicht können Sie mir mit einigen Informationen weiterhelfen.« In einer futuristisch aussehenden Musikabspielstation spielte gerade »Heroes« von David Bowie in der seltenen deutschen Fassung. Wer Bowie liebte, konnte kein schlechter Mensch sein.

»Sie sind also der Pfarrer. Ich erinnere mich, Sie hatten damals nur Ihre Arbeitskluft an. Wer hat Ihnen meine Adresse gegeben? Ich habe mich niemandem vorgestellt.«

»Ein Freund hat mir Ihr Büro genannt.«

»Nun gut, ich kenne Frau Plankl. Ich weiß aber nicht, ob sie sich noch an mich erinnert. Ist schon eine Weile her. Es war ja wirklich ein rührender Leichenschmaus. Großes Theater.«

»Meinen Sie damit Ihre Auseinandersetzung mit Herrn Hollerbach? Bei der Sie handgreiflich geworden sind?«

»Ach, Hollerbach hieß der Primitivling? Wirklich das Prachtexemplar eines Sturschädels. Wollte seinen geliebten Herrn Plankl unbedingt in Schutz nehmen und wurde dann ausfällig.«

»Sie waren auch nicht gerade zimperlich.«

»Soll ich mir von dem Kerl eine verpassen lassen? Ich weiß, man muss auch die andere Backe hinhalten, heißt es in der Bibel. Aber dazu bin ich nicht der Typ. Und Sie haben also auch was abbekommen, als Sie dazwischen gegangen sind?«

»Ein paar blaue Flecken, sonst nichts.« Baltasar hatte gelernt, dass eine Rauferei im Bayerischen Wald lediglich eine urtümliche Form der Kommunikation war, besonders in Wirtshäusern und auf Volksfesten, nichts Persönliches, mehr zur Verteidigung grundsätzlicher Positionen mit einfachen Argumenten. Eine Watschn, vulgo Ohrfeige, meinte in etwa »Hast du meinen Standpunkt verstanden?«, ein Schlag bedeutete »Du hast überhaupt nichts verstanden«, und der Einsatz von Hilfsmitteln wie Bierkrügen oder Stühlen signalisierte »Bei dir ist Hopfen und Malz verloren«. Wobei sich die Streithähne später meist wieder vertrugen und ihren Zwist mit einem Bier hinunterspülten. Eine rituelle Form der bayerischen Rauferei waren bis heute die Trachtlertänze, die in gewissen Landstrichen des Alpenlandes modern waren und deren Hauptzweck darin bestand, sich selbst oder seinen Partner auf Schenkel und andere Körperteile zu hauen und dabei zu juchzen. Anleihen von der Sado-Maso-Szene waren dabei unverkennbar – die Lederkluft, das Machogehabe und die Peitschen, die die »Schnalzler« schwangen.

»Warum haben Sie Herrn Hollerbach so gereizt?«, fragte Baltasar.

»Wir sind am Tisch zufällig auf Alois Plankl zu sprechen gekommen. Ich habe die Meinung vertreten, der Mann habe Dreck am Stecken. Der Meinung bin ich immer noch. Dieser Hollerbach erregte sich, wie man Toten gegenüber so respektlos sein könne. Das Gespräch schaukelte sich hoch – und dann hat es gekracht.«

»Ein heftiger Vorwurf, den Sie da gegen den Verstorbenen erheben.«

»Ich hab öfters für Herrn Plankl gearbeitet, ich weiß, wovon ich rede. Bei jedem seiner Aufträge kam es zum Streit – weil er das vereinbarte Honorar nicht zahlen wollte und dafür fiktive Gründe vorschob, Planungsfehler, angebliche Schlampereien von mir und solche Dinge. Einfach lächerlich. Drohte mir sogar irgendwelche nebulösen Konsequenzen an, ich würde nie mehr einen Auftrag erhalten und so weiter. Mehrmals musste ich Dinge vor Gericht ausfechten.«

»Mit Erfolg?«

»Herr Plankl hatte einen smarten Rechtsanwalt, einen Herrn Schicklinger. Meist endete es mit einem Vergleich, und ich blieb auf einem Teil meiner Kosten sitzen. Aber dieser Schicklinger ist vom gleichen Kaliber wie Herr Plankl. Gangster, alle beide.«

»Gehen Sie da nicht ein wenig zu weit? Unternehmer arbeiten oft mit harten Bandagen, das scheint mir ganz normal.«

»Ich würde nicht so reden, wenn es nur um meine persönlichen Geschäftsbeziehungen zu Herrn Plankl ginge. Doch ich habe einiges mitbekommen, schließlich bin ich schon Jahre in der Baubranche tätig. Die Kollegen erzählen einem viel. Und die Konkurrenten noch mehr. Ihnen als Geistlichem kann ich es ja sagen, ohne gleich Ärger befürchten zu müssen, schließlich will ich in meinem Beruf weiterarbeiten. Sie würden sich wundern, wo Plankl und Konsorten überall ihre Finger drinhaben und die Vorschriften zu ihrem Vorteil auslegen.«

Baltasar senkte die Stimme. »Das interessiert mich. Erzählen Sie, es bleibt unter uns.«

»Eigentlich ist es ein offenes Geheimnis. Herr Plankl verstand es, sich lukrative Grundstücke und Häuser unter den Nagel zu reißen, die er dann bebaute oder renovierte und anschließend mit fettem Gewinn wieder verkaufte. Dabei unterschied sich Plankl wenig von anderen Bauunternehmern. Die Schwierigkeit bei dieser Art von Geschäften ist jedoch zum einen frühzeitig zu wissen, wo was zu holen ist, und zum andern: die Immobilien möglichst billig zu erwerben. In der Champions League spielt man, wenn man es schafft, seine Liegenschaften zu veredeln. Das ist wie die Kunst, aus Dreck Gold zu machen.«

»Ich fürchte, ich verstehe nicht ganz.«

»Ganz einfach: Man hat jemanden, der zum Beispiel eine Nutzungsänderung genehmigt, etwa, um ein Wohnhaus in ein Bürohaus umzuwidmen. Dann braucht der Investor nur noch die Bewohner hinauszuekeln und kann die Räume als Büros weitervermieten, zu einem wesentlich höheren Preis, versteht sich. Oder jemand genehmigt einen anderen Bebauungsplan, mit dem plötzlich Grundstücke in einem bestimmten Areal als Bauland ausgewiesen werden, und schon vervielfacht sich der Wert der Immobilie. Oder man drückt ein Auge zu bei den Auflagen für den Bauherrn. Das spart Kosten.« Adam Zech hatte sich in Rage geredet. »Ich könnte noch viele Beispiele nennen. Die Dummen sind die, die versuchen, auf ehrliche Weise Geld zu verdienen.«

»Das würde heißen, man braucht immer noch andere Personen an den richtigen Schaltstellen, damit diese Methoden funktionieren.«

»Exakt. Herr Plankl muss über ein exzellentes Netzwerk verfügt haben. Für Rechtssachen diesen Wadlbeißer von Rechtsanwalt und für die Genehmigungssachen eine – oder mehrere – Personen bei den Behörden, etwa in der Gemeinde. Sie brauchen nur genau hinzuschauen, allzu viele Menschen kommen da nicht infrage, wenn ich Ihnen den Hinweis geben darf. Außerdem braucht es Tippgeber, und Finanziers und, und, und …«

»Was soll diese Leute motiviert haben mitzumachen? Geld?«

»Geld ist eine mächtige Triebfeder. Sie dürfen sich das

aber nicht immer so primitiv vorstellen wie die Übergabe von Geldscheinen in einem Umschlag. Die Vergünstigungen können auch auf anderem Weg erfolgen, Einladungen, Gefälligkeiten, jemandem ein Geschäft zuschanzen, die Phantasie kennt keine Grenzen.«

»Das verstößt sicher gegen das Gesetz.«

»Sag ich ja, das ist kriminell. Bestechung zum Beispiel. Das Problem ist, Sie müssen erst einmal einen Ankläger finden. Eine Krähe hackt der anderen kein Auge aus, heißt es. Noch schwieriger ist es, das Ganze zu beweisen. Wenn alle Beteiligten ihren Mund halten ...«

»Manche Menschen gehen sehr weit, um ihre Ziele zu erreichen. Die Frage ist nur, wann die Grenze erreicht ist.«

»Eine Grenze existierte für Herrn Plankl und seine Freunde nicht. Es gibt Gerüchte, diese Mischpoke sei sprichwörtlich über Leichen gegangen.«

»Über Leichen?« Baltasar blickte skeptisch. »Das klingt reichlich melodramatisch. Haben Sie Beweise?«

»Da muss ich passen, es ist nur ein Gerücht unter Kollegen. Aber ich halte es für möglich, es wäre ganz der Stil von Plankl gewesen. Also, nach dem, was ich so gehört habe, haben Plankl und seine Spezis den Tod zumindest eines Menschen zu verantworten. Sie sollen jemanden in den Selbstmord getrieben haben mit ihren Immobiliengeschäften.«

»Starker Tobak, was Sie behaupten.«

»Überlegen Sie mal: Was tun Menschen nicht alles, wenn sie verzweifelt sind? Wenn ihnen das Wasser bis zum Hals steht? Manche sehen da nur einen Ausweg. Wenn Sie mehr wissen wollen, müssen Sie sich woanders umhören. Ich kenne nur die Gerüchte, das, was erzählt wird.«

Baltasar holte ein Foto aus seiner Tasche und zeigte es dem Architekten. »Da ist etwas anderes, über das ich mit Ihnen sprechen wollte, Herr Zech. Es geht um mein Jugendtreffprojekt, ich habe Ihnen ein Bild mitgebracht.« Baltasar erzählte von seinem Vorhaben und von den anderen Besitzern der Nachbargrundstücke. »Nun frage ich mich, was die Herren mit einem Stück Acker wollen. Vielleicht haben Sie eine Idee?«

Zech betrachtete das Foto. »Ein Bauernhof, hmm. Es müsste geklärt werden, wie der Flächenplan aussieht, ob dort andere Projekte geplant sind. Das kann ich derzeit nicht beurteilen. Aber ich will mich gerne umhören, ob da etwas im Busche ist. Wenn Sie mir Ihre Adresse und Telefonnummer dalassen, melde ich mich.«

Auf der Heimfahrt ließ sich Baltasar die Hinweise des Architekten durch den Kopf gehen. War bei Plankl tatsächlich ein Netzwerk aktiv gewesen, oder entsprang alles nur der Phantasie? Wer war noch daran beteiligt? Aus der Gemeinde kamen nur Bürgermeister Xaver Wohlrab und seine rechte Hand Friedrich Fassoth infrage. Sie hatten Einfluss, sie hatten die Möglichkeiten. Wohlrab besaß ein Grundstück direkt neben dem Jugendzentrum, ebenso Rechtsanwalt Schicklinger – das konnte nicht nur Zufall sein. Aber wo war das Verbindungsglied? Wie hing alles zusammen? War der Sparkassendirektor auch mit von der Partie gewesen? Seiner Bank gehörte schließlich der Bauernhof, in dem das Jugendzentrum geplant war. Irgendwie fehlten in der Theorie noch einige Bausteine. Doch zumindest wusste Baltasar nun, in welcher Richtung er suchen musste.

## 23

Der Kirchenkreis tagte diesmal im Haus von Clara Birnkammer. Die beiden Witwen Luise Plankl und Marlies Veit hatten ihre Teilnahme abgesagt, was die Gesprächsrunde mit »ist doch normal, in der Trauerzeit« kommentierte und zum Anlass nahm, noch einmal ausführlichst über den letzten Leichenschmaus zu plappern. Neben den üblichen Erörterungen über das Essen und Trinken und was das Ganze wohl gekostet habe, waren die auswärtigen Besucher aufgefallen.

»Die zwei Gestalten, ein älterer Herr und ein junger Mann, habe ich noch nie gesehen, vermutlich Bekannte der Familie Veit«, sagte Emma Hollerbach.

»Oder Kollegen des Direktors«, ergänzte die Hausherrin Clara Birnkammer. Sie hatte Kaffee in der Wohnküche serviert, dazu Salzstangen, Wasser, Weißwein und Rotwein oder Apfelsaft. Alle saßen an einem schlichten rechteckigen Tisch, dekoriert mit weißer Tischdecke und Blumen.

»Was für seltsame Fragen der Jüngere gestellt hat, ein Typ wie ein Strebabatzn.« Katharina Fassoth bearbeitete die Kirschtorte mit ihrer Gabel. »Wollte alles ganz genau wissen. Wie bei einem Verhör.«

»Der ältere Herr war auch recht neugierig«, ergänzte Agnes Wohlrab. »Und habt ihr es bemerkt?« Sie legte eine Kunstpause ein. »Der Mann von der Plankl-Beerdigung war wieder da, der, der eine kleine Auseinandersetzung mit deinem Göttergatten hatte.« Sie stieß ihre Sitznachbarin Hollerbach an. Die verzog nur das Gesicht. »Natürlich habe ich diesen Grattla wiedererkannt. Obwohl er anders gekleidet war, der Haarschnitt war auch verändert. Aber Voidepp bleibt Voidepp.«

»Hast du deshalb so viel Obstler getrunken?« Barbara Schicklinger spielte mit ihrer Perlenkette. Die anderen lachten. Emma Hollerbach lief rot an. Ihre Lippen begannen zu zucken. »Das ... das ... war nur die Hitze in dem Gasthaus. Die ist mir nicht bekommen.«

»Die Hitze, ich verstehe.« Die Frau des Rechtsanwalts machte ein ernstes Gesicht. »Aber ich glaube, ich habe den Kerl früher schon gesehen. Mein Mann muss mit ihm zu tun gehabt haben.«

Baltasar war der Unterhaltung nur halb gefolgt, er hing seinen eigenen Gedanken nach: Ob sich die geheimnisvolle Frau aus dem Beichtstuhl in diesem Augenblick wohl hier im Raum befand? Unauffällig hatte er die Gesichter gemustert, auf ein verräterisches Zeichen gehofft, hatte versucht, die Stimme zu identifizieren, aber das Ergebnis war frustrierend. Entweder verstellte sich diese Person geschickt, oder sie war gar nicht anwesend. Baltasar hoffte, dass ihn die Erdbeer-Sahne-Schnitte auf andere Gedanken bringen würde, und nahm sich ein Stück vom Tablett. Sofort stellte sich Zufriedenheit bei ihm ein. Nein, der Pfarrerberuf war doch nicht so schlecht.

»Wie ich gehört habe, hängt bei den Plankls der Haussegen schief«, sagte Clara Birnkammer. »Ich habe zufällig die Tochter getroffen und nach der Mutter gefragt. Ihr hättet sehen sollen, wie die gschnappige junge Dame explodiert ist!«

»Wenn's was zum Erben gibt, hört die Freundschaft auf,

das weiß jeder. Leute haben sich dabei schon umgebracht.« Agnes Wohlrab vollführte eine entsprechende Bewegung mit ihrer Kuchengabel. »Ich bin gespannt, was die Marlies jetzt macht. Sie ist in einer ähnlichen Situation wie Luise: beide plötzlich Witwe und ohne Mannsbild.«

»Na, was wohl? Die Gute wird sich über ihr eigenes Leben klar werden müssen«, entgegnete Agnes Wohlrab. »Sie ist noch zu jung, um als oide Noggn ins Grab zu fallen.«

»Meine Rede.« Barbara Schicklinger nickte. »Vielleicht ist sie im hintersten Winkel ihrer Seele sogar froh, jetzt frei zu sein. Ich kannte den Korbinian – auch wenn man über Tote nur gut reden sollte –, der hatte seine Ecken und Kanten. Die Marlies hatte es sicher nicht leicht mit ihm. Man soll eigentlich nicht darüber reden, aber die Gerüchte besagen, der Herr Direktor machte seine Dienstreisen aus ganz speziellen Gründen.«

Clara Birnkammer grinste. »Gerade deshalb wird die Marlies jetzt die Nase voll haben von den Männern. Sie ist nicht so wepsert. Wozu braucht sie noch einen? Finanziell ist sie wohl unabhängig, kann reisen und tun, wozu sie Lust hat.«

»Für manche Sachen braucht man doch einen Mann.« Emma Hollerbachs Mundwinkel zuckte.

»Aber doch keine feste Beziehung«, sagte Barbara Schicklinger. »Viel zu stressig. Ein Mann für gewisse Stunden reicht meines Erachtens völlig.«

»Man könnte meinen, du hast einschlägige Erfahrungen auf dem Gebiet. Oder schaust du zu viele Kinofilme?« Clara Birnkammer leckte ihren Löffel ab. »Es ist gar nicht so leicht, so einen Stunden-Jodl zu finden. Man kann mit seinem Wunsch nicht einfach hausieren gehen.«

»Meine Liebe, wo lebst du denn? In Zeiten des Internets ist das kein Problem mehr«, sagte Agnes Wohlrab, »dafür gibt es entsprechende Webseiten. Es läuft alles diskret und anonym, man kann auch echte Verabredungen treffen.«

»Hört, hört. Jetzt weiß ich wenigstens, wo ich fragen muss, wenn ich mal wegen unbefriedigter Bedürfnisse in Verlegenheit kommen sollte.« Clara Birnkammer stand auf. »Wie wär's mit einem Gläschen Sekt? Wer unterstützt mich beim Servieren?«

Emma Hollerbach und Baltasar boten sich an. Die Hausherrin überreichte ihnen zwei Flaschen, die sie aus dem Kühlschrank geholt hatte. Es war ein Riesling-Sekt aus dem Rheingau, wie Baltasar beim Studium des Etiketts feststellte, eine bekannte Marke, Flaschengärung. Er stellte die Gläser auf ein Tablett, nahm ein Geschirrtuch und räumte den Obstkorb auf der Arbeitsplatte beiseite, damit er mehr Platz hatte. Daneben standen ein Holzblock mit Messern, eine Zuckerdose und eine vollautomatische Kaffeemaschine, eins jener lärmenden und platzraubenden Ungetüme, die dennoch kein erstklassiges Gebräu zustande brachten. Mit denen schmückte sich mittlerweile jeder Pseudokaffeekenner. Baltasar hatte den Verdacht, dass solche Apparate mehr als Ersatz für den Spieltrieb des Hausherrn dienten, nachdem Dampfmaschinen aus der Mode gekommen waren. An der Wand hing eine Korktafel, auf die Einkaufslisten und Notizzettel gepinnt waren, dazu mehrere Fotos und eine Kindermalerei: ein Junge beim Schlittenfahren. Eines der Fotos zeigte Familie Birnkammer beim Urlaub am Meer, die beiden anderen waren Porträtaufnahmen von einem Mann und einer Frau.

»Das ist Claras Vater«, sagte Emma Hollerbach, die bemerkt hatte, wie Baltasar die Fotos ansah. »Ein stattlicher Mann, ich kann mich gut an ihn erinnern.«

»Seine Tochter sieht ihm sehr ähnlich«, antwortete Baltasar. »Wie alt ist die Aufnahme?«

»Schwer zu sagen. Muss wohl kurz vor seinem Unfall gewesen sein.«

»Der Vater ist verunglückt?«

»Man fand ihn tot im Wald außerhalb des Ortes. Er hatte schwere Verletzungen, es hieß, er sei gestürzt und habe sich den Kopf angeschlagen. Außerdem soll er alkoholisiert gewesen sein.«

»Und die Frau?«

»Das ist meine Mutter«, sagte Clara Birnkammer, die sich zu ihnen gesellt hatte. »Wie sie noch gesund war. Heute würden Sie meine Mutter nicht wiedererkennen. Die Krankheit ... Es ist traurig. Der liebe Gott ist leider manchmal ungerecht. Mein Vater ist leider viel zu früh gestorben. Er fehlt mir so sehr. Die Bilder halten die Erinnerung wach. Würden Sie bitte den Sekt einschenken?«

Sie verteilten die Gläser an die Gäste, die immer noch das Plankl-Erbe diskutierten. »Dann ist es für deinen Mann wohl vorbei mit den schönen Jagdtouren«, meinte Elisabeth Trumpisch gerade zu Katharina Fassoth. »Auf die Jagd wird Luise wohl kaum gehen wollen, sondern die Pacht für das Revier kündigen und die Gewehre und das alles hergeben. Das könnte deinen Mann hart treffen, Katharina.«

Die Angesprochene stellte ihren Teller beiseite. »Friedrich ist in der letzten Zeit selten zum Jagen gekommen, er hat zu viel zu tun. Mit Alois war er schon lange nicht mehr auf der Pirsch.«

»Also, auf euer Wohl und eure Gesundheit«, rief Clara

Birnkammer dazwischen und hob ihr Glas. Jeder stieß mit jedem an. Der Sekt schmeckte frisch und fruchtig.

»Wir haben noch einen anderen Grund zum Feiern«, sagte Emma Hollerbach. »Die Beförderung von Elisabeths Mann zum Direktor der Sparkasse und die bevorstehende Hochzeit ihrer Tochter Simone.«

Wieder hoben alle die Gläser. »Ich hoffe doch, wir sind eingeladen«, sagte Barbara Schicklinger. »Damit wir deinen Schwiegersohn aus der Nähe begutachten können.«

»Genau, wir wollen dabei sein! Wir benehmen uns auch ganz artig, versprochen.« Agnes Wohlrab klatschte in die Hände. Alle lachten.

»Aber natürlich seid ihr unsere Gäste.« Elisabeth Trumpisch breitete die Arme aus. »Es wird eine gigantische Hochzeit. Simone ist schon ganz aufgeregt.«

»Auch wenn dein Schwiegersohn ein Münchner ist«, warf Emma Hollerbach ein, »es hätte schlimmer kommen können. Wie heißt er gleich wieder – Florian? Der Heilige der Feuerwehr. Das geht. Du hättest auch einen Jan oder Sven erwischen können.«

»Und immerhin hatte er zumindest einige Jahre Zeit, sich in Füssing an unsere gute Luft zu gewöhnen«, sagte Clara Birnkammer.

»Wenigstens kein Nordliacht.« Agnes Wohlrab zwinkerte in die Runde. »Übrigens, Hochwürden, wie wird denn die Trauung nun vollzogen? Florian ist evangelisch, wie ich gehört habe.«

»Ich habe mit ihm geredet, er ist bereit, sich katholisch trauen zu lassen, also kein Problem«, sagte Baltasar, dem die Wendung des Gesprächs gar nicht gefiel.

»Wo unser Bischof Siebenhaar doch so streng in Glaubensfragen ist …«, sagte Agnes Wohlrab. »Mich wundert, dass er dazu seine Genehmigung gegeben hat.«

»Nun hör schon auf, Agnes«, sagte Elisabeth Trumpisch. »Das Thema ist längst gegessen. Wisst ihr, welches Kleid sie sich ausgesucht hat?«

Die nächste halbe Stunde war angefüllt mit Diskussionen über das Brautkleid, über Sitzordnungen und Geschenkwünsche. Für Baltasar der richtige Zeitpunkt, sein Glas auszutrinken und sich zu verabschieden.

Als er die Hauptstraße entlangging, sah er in der Ferne seine Haushälterin Teresa, sie kam gerade den Weg herunter, der in den Wald führte. Baltasar winkte, aber Teresa hatte ihn nicht bemerkt. Er wunderte sich, warum sie den Waldweg genommen hatte, die Geschäfte lagen alle auf einer anderen Route. »Hallo Teresa«, rief Baltasar und winkte wieder. Diesmal hatte sie ihn bemerkt und blieb stehen. »Grüß Gott, Teresa, waren Sie beim Einkaufen?« Erst jetzt bemerkte er, dass seine Frage töricht war – Teresa hatte keine Tüten oder Taschen dabei wie sonst immer, wenn sie Besorgungen machte.

»Guten Tag, Herr Pfarrer.« Sie wirkte verlegen. »Einkaufen? Nein, ich … ich warrr nur bisschen spazieren, frische Luft schnappen.«

»Im Wald?«

»Ähm, ja, kurz dort gegangen.«

Baltasar fiel auf, dass die Haushälterin stärker als sonst geschminkt war, roter Lippenstift, Wimperntusche ließ die Augen größer erscheinen. Teresa hatte eine knapp sitzende

Bluse angezogen und eine ebenfalls knapp sitzende helle Baumwollhose, was ihre Figur vorteilhaft herausstrich, wie Baltasar registrierte.

»Na, dann können wir gemeinsam heimgehen«, sagte er.

»Ich ... Ich habe noch was vergessen zu besorgen. Sie nicht auf mich warten müssen.« Sie drehte sich um und ging davon.

## 24

Philipp Vallerot suchte einen Parkplatz. Als er hinter einem Lastwagen eine Lücke entdeckte, bremste er und manövrierte den Wagen hinein. Baltasar löste den Sicherheitsgurt. »Und du meinst, die Frau ist jetzt zu Hause?«

»Ich habe herausbekommen, dass sie halbtags in einem Büro in der Innenstadt arbeitet, und dort angerufen, bevor wir losgefahren sind. Die Angestellte meinte, Frau Wolters sei bereits am Mittag gegangen. Wenn wir sie nicht in ihrer Wohnung antreffen, warten wir eben ein Weilchen.«

»Hat sich eigentlich diese Waldmaus gemeldet, die mit Alois Plankl in Kontakt war? Du wolltest ihr doch eine weitere E-Mail schicken. Ich frage mich, ob Wolters und Waldmaus ein und dieselbe Person sind.«

»Möglich wäre es. Vielleicht sollten wir einen Köder auslegen, eine Botschaft, auf die sie antworten muss.«

»Ein Bluff.«

»Exakt. Ich brauche eine Antwort, dann habe ich etwas, womit ich arbeiten kann.«

»Wenn Waldmaus weiß, dass Plankl tot ist, wird sie bei E-Mails mit dessen Absender Verdacht schöpfen. Probiere es mal mit der Identität als Plankls Witwe, und rede von einem heimlich aufgenommenen Foto, das entdeckt wurde. Vielleicht beißt sie dann an.«

Sie überquerten die Innstraße und gingen zu dem Wohnhaus. Vallerot drückte den Klingelknopf. Eine Weile passierte nichts, er läutete noch mal. »Ja bitte?«, tönte es aus dem Lautsprecher. »Hausverwaltung, es ist wegen Ihres Appartements«, antwortete Philipp. Der Türöffner summte, und sie stiegen in den dritten Stock. Die Wohnungstür war geschlossen, sie klingelten noch mal. Eine Frau öffnete, Ende dreißig, schmales Gesicht, das braune Haar reichte bis zu den Schultern. Bekleidet war sie mit einem halblangen Rock und einer Baumwollbluse. Sie sah verändert aus, und doch war sich Baltasar sicher, dass er die Frau von dem Foto aus Plankls Unterlagen vor sich hatte. War sie die Person aus dem Beichtstuhl?

»Sie wünschen?« Die Frau blickte auf die Besucher.

»Sind Sie Frau Wolters, Beate Wolters?«

»Ja, das bin ich. Was wollen Sie?«

»Guten Tag, ich komme von der Hausverwaltung.« Vallerot gab der Frau eine der Visitenkarten, die er hatte mitgehen lassen. »Und das ist Herr Senner, er vertritt die Interessen von Frau Plankl.« Baltasar lächelte. »Dürfen wir reinkommen, wir würden ungern das Thema am Flur erörtern. Es müssen ja nicht alle Nachbarn mithören.«

Beate Wolters führte sie ins Wohnzimmer und bot ihnen einen Platz an. Der Raum wirkte, als sei er ganz nach den Bedürfnissen der Bewohnerin gestaltet, die Einrichtung war einfach, cremefarbener Teppichboden, ein Bistrotisch mit Stuhl in der Ecke, überall Blumentöpfe, an der Wand Drucke von Landschaften, eine Couch mit Blümchenbezug.

»Also, um was geht es? Ich habe nicht viel Zeit. Sie hätten sich vorher anmelden sollen.«

»Tut uns leid«, sagte Vallerot, »wir wussten nicht, wie wir Sie sonst erreichen könnten.« Baltasar war wieder einmal verblüfft von der Fähigkeit seines Freundes, sich die Wahrheit hinzubiegen.

»Ich bin selten zu Hause.« Die Frau saß steif auf dem Stuhl. »Sie sagten, Sie sind von der Hausverwaltung. Es geht um meine Wohnung, vermute ich. Was ist Ihr Anliegen?«

»Ihre Miete wurde nicht mehr bezahlt.« Vallerots Stimme nahm einen strengen Tonfall an. »Sie sind im Rückstand.«

»Was? Wie? Was meinen Sie mit ›nicht bezahlt‹? Es gab doch nie Probleme mit der Miete.« Beate Wolters wirkte verunsichert. »Wirklich noch nie.«

»Tatsache ist, die Miete wurde von Herrn Alois Plankl bezahlt. Herr Plankl ist verstorben.« Baltasar räusperte sich. »Seine Frau, Luise Plankl, hat die Überweisungen auf dem Konto ihres Mannes entdeckt und gestoppt. Ich vermute, Sie wissen, dass Herr Plankl tot ist.«

Beate Wolters nickte. »Ich wusste nicht, das ... Finanzielle ... das Geld ...«

»Sie verstehen schon, für die Witwe war es ein Schock zu erfahren, dass ihr Mann hinter ihrem Rücken eine Wohnung unterhielt.« Baltasar blickte der Frau ins Gesicht. »Eine Wohnung, in der eine fremde Person wohnt. Was würden Sie an Stelle von Frau Plankl denken?«

Beate Wolters griff zu einer Zigarettenschachtel und zündete sich eine Zigarette an. Ihre Hände zitterten. Sie blies den Rauch in die Luft und sah den Schwaden nach, als könne sie dort Antworten finden. »Alois ... Ich meine, Herr Plankl ... Wir kannten uns seit langem. Er war ein Freund. Nur ein Freund. Besuchte mich manchmal in meiner alten Wohnung. Meinte, ich bräuchte etwas Größeres. Ich wollte von ihm nichts annehmen, aber er redete so lange auf mich ein, bis ich mich breitschlagen ließ und hierherzog. Alois kümmerte sich um alles. Aber es war nicht, wie Sie denken.«

»Wie denken wir denn?« Philipp lehnte sich zurück.

»Dass eine junge Frau ein Verhältnis mit einem älteren Mann hat und sich von ihm aushalten lässt.«

»Und?«

Die Frau stand auf und ging im Zimmer hin und her. »Ich bin finanziell unabhängig. Ich gehe arbeiten. Alois war immer freundlich zu mir, er war charmant und zuvorkommend. Das gefällt einer Frau. Wir sind oft essen gegangen und haben stundenlang geredet. Er meinte, mit seiner Frau könne er nicht richtig reden. Anscheinend war das Verhältnis zwischen den beiden schon seit längerem abgekühlt, ganz ohne mein Dazutun. Bei mir konnte er sich entspannen, von seiner Arbeit erholen.«

»Sie haben ihm Entspannung verschafft?« Vallerots Betonung des Wortes Entspannung gab der Frage einen schlüpfrigen Beigeschmack.

»Nun hören Sie aber auf!« Beate Wolters fuhr herum. »Was denken Sie sich? Ich bin doch nicht so eine!«

»Ich muss mich für meinen Begleiter entschuldigen«, sagte Baltasar. »Es war nicht so gemeint. Dennoch fällt es schwer zu glauben, was Sie erzählen. Herr Plankl galt nicht gerade als, wie soll ich sagen, als Samariter.«

»Weil Sie ihn nicht kannten. Nicht so wie ich. Sicher war er ein knallharter Geschäftsmann. Aber er hatte auch weiche Seiten. Wir haben uns gut verstanden. Außerdem haben wir uns in letzter Zeit selten gesehen. Er war viel beschäftigt, immer unterwegs.«

»Haben Sie seine Frau mal kennengelernt?«

»Nein, Alois hat mir nur einmal ein Foto von ihr gezeigt. Offen gesagt, interessieren mich diese Fragen nicht besonders.« »Ach so?« Baltasar versuchte das Gespräch in andere Bahnen zu lenken. »Haben Sie mit ihm nicht darüber gesprochen, wie es weitergehen soll?«

»Mir war klar, dass zwischen uns alles ganz unverbindlich war. Ich habe nichts erwartet. Ich führe mein eigenes Leben, und ich entscheide, was ich will.«

»Wie hat sich eigentlich Herr Plankl bei Ihnen gemeldet, wenn er immer unterwegs war und seine Frau nichts wissen durfte? Hat er E-Mails geschickt?«

»Er hat von unterwegs angerufen. Das ist seit der Erfindung des Handys kein Problem mehr. Aber in der letzten Zeit habe ich nichts mehr von ihm gehört. Warum fragen Sie?«

»Ach, nichts, nur so ein Gedanke.« Vallerot erhob sich. »Sie müssen sich mit der Wohnung schnell eine Lösung einfallen lassen. Sonst werden Sie wegen der Mietrückstände fristlos gekündigt, Frau Plankl wird jedenfalls nichts mehr zahlen.«

Als sie wieder im Auto saßen, sagte Vallerot: »Und, was meinst du zu der Dame?«

»Ich glaube, sie sagt nicht die Wahrheit. Es klang irgendwie zurechtgelegt. Nach ihrer Schilderung ist Alois Plankl eine ganz andere Person gewesen, als man ihn kannte.«

»Exakt. Es will mir einfach nicht in den Kopf, warum er allmonatlich Geld zahlen sollte, nur um mit jemandem reden zu können. Ich bin überzeugt, die beiden hatten was miteinander. Die Wohnung ist ein Liebesnest. Außerdem bezweifle ich, dass sich die Frau mit ihrem Gehalt als Halbtagskraft einen solchen Lebensstil leisten kann. Wie mir die

Nachbarin erzählt hat, taucht regelmäßig ein älterer Herr bei Frau Wolters auf. Das passt nicht so recht in ihre Darstellung vom Single-Dasein.«

»Ob sie hinter Waldmaus 123 steckt? Einen Computer habe ich nicht herumstehen sehen.«

»Das muss nichts heißen. Sie könnte auch vom Büro aus im Internet gesurft haben. Aber vielleicht müssen wir uns mit dem Gedanken beschäftigen, dass unsere Waldmaus jemand anderes ist.«

»Und jetzt?«

Vallerot trommelte mit den Fingern aufs Lenkrad. »Ich habe das Gefühl, wir sollten ein wenig warten, ob jetzt etwas passiert. Schließlich haben wir die Frau ganz schön aufgeschreckt mit unserem Überraschungsbesuch und sie unter Rechtfertigungsdruck gesetzt. Vielleicht tut sie etwas Unvorhergesehenes.«

»Du meinst, wir überwachen das Haus, warten, ob sie herauskommt, und verfolgen sie dann?«

»Exakt. Warten ist doch die Stärke der Katholiken. Sie warten geduldig aufs Jüngste Gericht und auf die Wiederauferstehung. Was sind da ein paar Stunden im Vergleich zur Unendlichkeit der Schöpfung? Einen Versuch ist es wert. Ich habe heute nichts mehr vor. Du?«

»Also gut. Aber ich will nicht Stunden über Stunden mit Rumsitzen verplempern. Mach wenigstens das Radio an.«

Sie diskutierten über Baltasars These, die Wurzel des Rock 'n' Roll sei in Wirklichkeit die Kirchenmusik, was Vallerot nur zu einem »So ein Nonsens« veranlasste. Baltasar wies darauf hin, dass die europäische Kirchenmusik über die Auswanderer nach Amerika gekommen war und sich mit der

Musik der Schwarzen zur Gospelmusik gewandelt hatte, Lieder mit gefühlsbetontem Gesang und starkem Rhythmus, durch Klatschen verstärkt, Elemente, die sich später in den Songs der fünfziger Jahre wiederfanden. Nur die Elektrogitarre fehlte noch. Der Gospel war einer der Vorläufer des Rhythm 'n' Blues, erklärte Baltasar, der wiederum als Urzelle des Rock 'n' Roll galt.

»Irrtum«, konterte Philipp, »da sind ganz andere Einflüsse maßgeblich. Rockmusik ist ein Mix vieler Quellen.«

»Was du nicht sagst.« Baltasar schüttelte den Kopf. »Ich gebe dir Unwissendem nur ein Gegenbeispiel: Elvis, der große Elvis, der bekanntermaßen Gospel-Fan war, meinte einmal: »Der Ursprung von Rock 'n' Roll ist ursprünglich Gospel, die Menschen haben nur mit zusätzlichen Instrumenten experimentiert. Da hast du's.«

Sie hatten sich eine weitere halbe Stunde unterhalten und anschließend Theorien über den besten Queen-Song aufgestellt und wieder verworfen, als Beate Wolters aus der Haustür trat und einen Kleinwagen bestieg.

»Hab ich's doch gesagt!« Der Triumph wärmte Vallerots Stimme. »Jetzt dürfen wir sie bloß nicht verlieren.«

Beate Wolters fuhr Richtung Innenstadt. Philipp wendete das Auto und folgte mit einigem Abstand.

»Och, wie aufregend, eine Verfolgungsfahrt«, witzelte Baltasar. »Ich komme mir vor wie ein Ehemann, der seiner untreuen Gattin nachspioniert. Hoffentlich will sie nicht nur einige Brezn einkaufen.«

»Pass lieber auf, wo sie hinwill.«

Die Fahrt war schnell wieder zu Ende. Die Frau bog in die Passauer Altstadt ab und stellte ihren Wagen ab. »Mist«, sagte Philipp. »Jetzt brauchen wir dringend einen Parkplatz. Spring du raus und bleib an der Frau dran, aber lass dich nicht erwischen. Ich komme nach.«

Baltasar schob sich in einen Hauseingang und wartete, bis Beate Wolters weitergegangen war. Sie schien es nicht eilig zu haben, blickte mehrmals auf die Uhr und blieb vor den Schaufensterauslagen stehen. Baltasar sandte ein Stoßgebet gen Himmel, auf dass die Frau nicht einen ausgiebigen Einkaufsbummel plante, ihm wurde ganz flau bei der Vorstellung, an jedem Laden, jeder Boutique und jedem Schuhgeschäft warten und sich die Füße in den Bauch stehen zu müssen. Beate Wolters überquerte den Domplatz. Baltasars Telefon klingelte. »Wo bist du?« Philipp hatte einen Parkplatz gefunden und stand nach einigen Minuten neben Baltasar. Die Frau war nicht mehr zu sehen.

»Ich muss aufpassen, dass ich niemandem von der Diözese in die Arme laufe«, sagte Baltasar. »Das wäre momentan ein etwas unglücklicher Zeitpunkt.«

»Momentan ist unser größeres Problem, die Frau wiederzufinden.« Sie suchten unauffällig den Domplatz ab, gingen einige Schritte in die Seitenstraßen, ohne sie zu entdecken. Da sah sie Baltasar aus einem Geschäft am Steinweg kommen. Er zupfte seinen Freund am Arm. Sie schlenderte weiter, immer wieder die Schaufenster betrachtend. An einer Stelle blieb sie stehen, sah sich um, Baltasar und Vallerot konnten sich gerade noch umdrehen. Jetzt entdeckt zu werden und dazustehen wie zwei Schulbuben, die man bei einem Vergehen ertappt hatte, war das Letzte, was sich Baltasar wünschte.

Beate Wolters schien unschlüssig, sie blickte nochmals auf

die Uhr, als ob sie verabredet war, und bog in die Milchgasse ein. »Jetzt los«, sagte Philipp. »Wir dürfen sie nicht wieder verlieren.« Sie lugten um die Ecke und sahen gerade noch rechtzeitig, wie die Frau im »Scharfrichterhaus« verschwand, einem Lokal mit Kabarett-Kleinkunstbühne am Ende der Straße.

»Wir sollten vorsichtig sein«, meinte Baltasar. »Ich bin gespannt, ob sie sich mit jemandem trifft.« Sie machten einen Umweg, betraten die Milchgasse von der anderen Seite und suchten sich einen brauchbaren Standort zum Beobachten. Eine Viertelstunde tat sich nichts. »Vielleicht ist die andere Person bereits im Scharfrichterhaus«, sagte Baltasar. »Einer von uns muss sich heranpirschen und die Lage klären, am besten, du machst das, Vallerot.«

»So weit zum Thema demokratische Entscheidungen. Aber bei eurer Kirche sind Befehle von oben herab ja an der Tagesordnung.« Baltasar zuckte bloß mit den Achseln. »Was soll's, ich füge mich deiner Autorität. Gib mir ein Zeichen, wenn du etwas Verdächtiges bemerkst.« Vallerot ging langsam zum Eingang des Lokals, tat so, als studiere er die Speisekarte und versuchte durch die Fenster in den Gastraum zu blicken. Als Hinweis für Baltasar schüttelte er mit dem Kopf und verschwand im Eingang. Minuten vergingen, Baltasar kamen sie wie Stunden vor. Da sah er jemanden, der hinter einer Gruppe Jugendlicher herging. Jemand, den er kannte. Das hatte er nicht erwartet. Hektisch griff Baltasar zum Telefon und wählte die Nummer seines Freundes.

»Was ist?« Vallerot flüsterte.

»Wo steckst du? Alarm, es ist jemand im Anmarsch, den wir kennen. Verschwinde schnell, wo auch immer du bist.«

»Bin längst weg.« Die Worte waren kaum zu verstehen. »Ich sitze hier gerade auf dem Klo. Kann nicht so laut reden. Frau Wolters ist allein im Wirtshaus mit einem Glas Wein. Sie hat mich nicht bemerkt.«

»Bleib sitzen, bis ich komme.« Baltasar marschierte los. Er traf Vallerot auf der Toilette beim Händewaschen. Sie warteten, bis ein anderer Besucher das Klo verlassen hatte und sie allein waren.

»Wir müssen noch mal schauen, ob sich die beiden tatsächlich verabredet haben. Das wäre ein Ding.«

»Die Zugangstür einen Spalt öffnen und gucken«, sagte Vallerot. »Dabei aufpassen, wenn jemand rein- oder rausgeht.«

Und dann sahen sie die beiden. Der Mann war großgewachsen, hatte ein von Falten durchzogenes Gesicht und hielt ihre Hände, während er sie ununterbrochen ansah. Beate Wolters gestikulierte und wirkte aufgebracht, er strich ihr immer wieder zärtlich über den Kopf.

»Lass uns abhauen, bevor wir auffliegen«, sagte Vallerot. »Weiß der Himmel, was dieser Fassoth mit der Wolters hat!«

# 25

Der Ausflug nach Passau ließ Baltasar keine Ruhe. Die Zusammenhänge schienen immer verwirrender. Friedrich Fassoth, der Schatten des Bürgermeisters, hatte sich mit Beate Wolters getroffen, offensichtlich aufgrund ihres Anrufes. Fassoth war verheiratet. War die Wolters seine heimliche Geliebte? Seine Gesten, sein Gesichtsausdruck im Lokal waren eindeutig gewesen. Vallerot hatte darauf hingewiesen, dass sich Fassoths Aussehen mit der Beschreibung deckte, die Wolters' Nachbarin in der Innstraße gegeben hatte. Das hieß, Fassoth besuchte die Frau regelmäßig in deren Wohnung. Wer wusste, wo sie sich sonst noch trafen. Nun kamen solche Dinge in den besten Familien vor, auch wenn Ehebruch eine Sünde war, so hinderte es doch niemanden in diesem Landstrich daran, verbotener Triebabfuhr zu frönen, mit Ausdrücken wie schnackseln, wetzen, rumpeln oder fensterin kaschiert, vielleicht war es auch die gesunde Luft des Bayerischen Waldes, die die Hormone derart in Wallung brachte. Aber warum hatte Alois Plankl die Wohnung bezahlt und nicht Fassoth? War die Beziehung zwischen dem Bauunternehmer und Wolters tatsächlich rein platonisch, wie sie behauptet hatte? Dann hatte Plankl seinem Freund nur einen Gefallen getan, wenn auch einen kostspieligen, sicher nicht ohne Berechnung.

Lustlos rührte Baltasar in seinem Teller. Teresa hatte Zurek gemacht, eine saure Mehlsuppe aus vergorenem Roggenschrot, die ihre Oma aus Polen immer so geliebt hatte.

Behauptete Teresa zumindest. Langsam entwickelte Baltasar eine herzliche Abneigung gegen diese Oma, obwohl er die gute Frau gar nicht gekannt hatte. Hätte sie ihrer Enkelin nicht etwas Sinnvolles beibringen können, beispielsweise Elektrogitarre spielen? Dann wäre Teresa vielleicht mehr Erfolg beschieden gewesen als beim Kochen. In der Brühe schwammen Karottenstücke, hart wie Holz, Knoblauchzehen und Petersilie, Baltasar schmeckte Sauerrahm und Zwiebeln. Sein tiefstes Misstrauen erregten jedoch die Wurstscheiben, die wie Tellerminen an der Oberfläche trieben. Teresa hatte sich entschuldigt, dass sie im Laden keine original polnischen weißen Würste bekommen und stattdessen bayerische Weißwürste gekauft hatte. »Sehen genauso aus«, hatte sie gesagt und sie in der Pfanne gebraten, bevor sie als Suppeneinlage verendeten. Das war ein klarer Verstoß gegen das christliche Gebot »Du sollst die Weißwurst heiligen«, an das sich in Bayern mehr Menschen hielten als an das zehnte Gebot.

Teresa kam herein und stellte Brot auf den Tisch. »Schmeckt? Tellerrr noch fast voll?«

Baltasar nickte, er ließ offen, ob sich sein Ja auf den Geschmack des Essens oder den Tellerinhalt bezog. Glücklicherweise hatte sich die Haushälterin hergerichtet, um das Haus zu verlassen. »Gehe einkaufen«, sagte sie. »Dauert länger.« Sie hatte Rouge aufgelegt und ihren leuchtenden Lippenstift, trug enge Hosen und ein knappes T-Shirt in Rot. Baltasar wollte ihr nachrufen, sie habe ihre Einkaufstasche vergessen, aber da war sie schon weg. Er schüttete den Rest der Suppe zurück in den Topf, kaute an einem Stück Brot und spülte mit Wasser nach. Er überlegte, ob er sich zu einem Nickerchen hinlegen sollte, merkte aber, dass in seinem Kopf die Gedanken kreisten wie ein Wirbelsturm und er Ruhe in sein Gehirn bringen musste. Am besten war es, das Problem direkt anzugehen. Und zwar sofort. Ein Gespräch mit Fassoth war die Lösung. Baltasar konnte das Thema Jugendzentrum vorschieben und sehen, wohin das Ganze trieb.

Auf der Straße begegnete er Clara Birnkammer, die berichtete, worum es beim Kirchenkreis gegangen war, nachdem er die Runde verlassen hatte: Einzelheiten über die bevorstehende Hochzeitszeremonie im Hause Trumpisch. Er hörte sich alles an, atmete innerlich aus, als die Frau weiterging, und gab ihr Grüße für ihren Mann und ihren Sohn mit.

Sollte er den Umweg über die »Einkehr« wagen? Vielleicht hatte er Glück, und Victorias Schlemmereien für besondere Tage standen auf der Speisekarte. Aber die Zeit drängte, wenn er Fassoth in der Mittagspause antreffen wollte. Baltasar seufzte.

Fassoths Büro in der Gemeinde war abgesperrt, Baltasar fragte die Frau im Nebenzimmer, wo Fassoth zu finden sei. »Sie haben ihn gerade verpasst«, antwortete sie. »Er ist vor zwei Minuten rausgegangen, wollte sich die Beine vertreten, sagte er. Ich glaube, er wollte Richtung Wald.«

Es war eine ideale Gelegenheit, sich mit Fassoth ungestört zu unterhalten. Baltasar ging die Hauptstraße entlang, bis er einen hochgewachsenen Mann sah. Er war schon weit voraus, hatte den Feldweg gewählt, der zum Huberhof führte. Baltasar genierte sich, laut nach ihm zu rufen, er wollte keine Aufmerksamkeit auf sich ziehen und marschierte einfach hinterher. Welch ein Zufall, dass Fassoth zum Jugendzentrum wollte! Doch der Gemeindeangestellte bog kurz vorher ab, folgte einem zweiten Pfad in den Wald. Baltasar beeilte sich, um nicht den Anschluss zu verlieren.

Obwohl es Mittag war, empfing ihn der Wald mit Dunkelheit. Er musste sich erst an diese seltsame Schattenwelt gewöhnen. Die Sonnenstrahlen brachen sich an den Wipfeln und irrlichterten zwischen den Bäumen. Einzelne helle Flecken verloren sich am Boden. Fichten, Tannen und Buchen bildeten einen scheinbar undurchdringlichen Wall, der sich erst, wenn man ganz nahe kam, auflöste zu einer Gruppe hölzerner Säulen, keinem bestimmten Muster folgend und doch von höherer Macht geordnet, den Blick in die Ferne verstellend, die Rinde zerfurcht wie die Haut von Hundertjährigen, mit Narben und Runzeln, dorren Stümpfen. Jeder Baum erzählte seine Geschichte, in einer Sprache, die für die Menschen nicht verständlich war. Mit der Zeit gewöhnten sich Baltasars Augen an die Dämmerung, das Grau und Schwarz wich differenzierten Farbtönen, das zarte Grün der Blätter, das ausgewaschene Grün des Mooses, das Schwarzgrün der Nadeln vermengten sich mit dem Rotbraun abgestorbener Gehölze, dem Gelb der Flechten und dem dunklen Lehm des Bodens zu einem surrealen Bild der Natur, bedrohlich und beeindruckend.

Friedrich Fassoth war nirgends zu sehen. Baltasar folgte dem Waldweg ein Stück, meinte, eine Bewegung zwischen den Bäumen auszumachen – doch nein. Weit konnte der Mann nicht sein. Baltasar verhielt sich ruhig und lauschte. Wohin Fassoth auch lief, er war nicht zu hören. Baltasar schloss die Augen und konzentrierte sich. Was zuerst wie die reine Stille erschien, löste sich beim genauen Hinhören in eine Sinfonie unterschwelliger Töne auf. Das Rauschen der Blätter, die entfernten Schreie eines Eichelhähers, das Knacken eines Zweiges, die Lärmfetzen eines Traktors, die der Wind herantrug.

Baltasar beschloss, den Pfad weiterzugehen. Der Boden federte unter seinen Füßen, Gras streifte die Schuhe. Der Weg zog sich bergauf, schlug mehrere Bögen, verengte sich und weitete sich wieder, die Furchen der Fahrspuren lösten sich auf und mündeten in einen Teppich aus toten Nadeln und geduckten Pflanzeninseln. Baltasar wollte schon umkehren und das Gespräch auf später verschieben, aber mittlerweile hatte ihn die Atmosphäre des Waldes gefangen genommen, und er dehnte seinen Spaziergang aus. Viel zu selten nahm er sich sonst die Zeit für so etwas. Er sog die Luft in vollen Zügen ein, eine Luft, wie sie seiner Meinung nach sonst nirgends in Deutschland zu atmen war. Rein und klar, würzig und frisch. Ein Fest für die Lungen. Baltasar liebte diesen einzigartigen Geruch des Waldes, diese Melange aus Vergorenem und Frischem, dem Harz der Nadeln und dem Duft von Moos, bestäubt mit dem schwachen Odeur von Tierischem und Erdigem.

Die meisten Einheimischen kümmerten sich nicht um solche Feinheiten, für sie war der Bayerische Wald einfach der »Wald« oder »Woid«, etwas, das seit Urzeiten existierte und immer da war und ganz selbstverständlich den Alltag der Einwohner bestimmte, ihre Lebensweise über die Jahrhunderte bestimmte. Baltasar war sich der Doppeldeutigkeit des Wortes bewusst, denn »Bayerischer Wald« war zugleich die Bezeichnung für das Mittelgebirge, eingerahmt von der Grenze zu Tschechien und Österreich. Wobei der Name »Bayerischer Wald« erst nach dem Zweiten Weltkrieg aufgekommen war, geschickt als Werbebegriff ersonnen von den bayerischen Behörden und den Fremdenverkehrsorten. Früher war der Bergzug bei den Menschen in Bayern nur als »Böhmerwald« bekannt und in historischen Landkarten und Reiseführern unter diesem Namen zu finden, in ganz alten Dokumenten hieß er »Nordwald«.

Irgendwo in der Nähe musste eine Hütte sein, erinnerte sich Baltasar, eine Hütte, die früher Holzarbeiter als Zuflucht und Unterschlupf genutzt hatten und die mittlerweile leer stand. Dorthin wollte er und dann umkehren. Er bewegte sich wie selbstverständlich zwischen den Bäumen und Sträuchern. Unvermittelt tauchte die Hütte vor ihm auf. Ein Geräusch ließ ihn innehalten. Es war jemand in der Hütte, er hörte gedämpfte Stimmen. Seiner Neugier folgend, vermied er es, direkt in die Hütte hineinzuplatzen und die Personen dort womöglich zu erschrecken. Er schlich stattdessen näher an die Rückseite der Hütte und versteckte sich hinter einem Baum, um besser hören zu können.

»Wie gefällt es dir hier? Ich setz mich neben dich.« Die Stimme kam Baltasar bekannt vor. Fassoth. Mit wem redete er? War er gar nicht spazieren gegangen, wie er im Büro erzählt hatte, sondern hatte sich hier verabredet?

»Das ist besser so.« Der Ton war einschmeichelnd. Die Antwort zu leise, Baltasar verstand nichts, rückte noch näher heran, sorgfältig darauf bedacht, auf keine Zweige zu treten. Er duckte sich hinter einen Strauch in unmittelbarer Nähe der Rückwand.

»Weiß der Pfarrer, dass du da bist?« Wieder diese schleimige Stimme. »Hast du mit ihm geredet?«

»Neeein, hab nicht gerrredet.« Baltasar blieb das Herz stehen. Teresa! Was, um Himmels willen, machte seine Haushälterin mit dem Mann in dieser Einsamkeit? Baltasar wollte schon empört aufspringen und in die Hütte rennen, besann sich aber rechtzeitig, er hatte kein Recht, sich ins Privatleben anderer einzumischen.

»Das ist gut«, sagte Fassoth. »Weißt du, dieser Mensch ist verbohrt, auf seine Weise ein Fanatiker. Mischt sich ein, bringt das Leben anderer Menschen durcheinander. Er hat ein zweites Gesicht, hinter seiner Scheinheiligkeit verbirgt sich Schlimmes.« Baltasar fühlte den Impuls aufzuspringen und diesem Kerl die Faust in den Magen zu rammen, er atmete mehrmals durch, bis er sich beruhigt hatte, aber der Zorn hatte sich in ihm eingenistet und glomm weiter wie ein Stück Kohle in der Asche.

»Ich glaube nicht, dass Herr Senner schlecht. Ich ihn kenne.«

»Schon gut, schon gut. Aber du berichtest mir, wenn er von mir oder meiner Arbeit erzählt, und sei es nur nebenbei am Küchentisch. Vielleicht kann ich dann was für Herrn Senner tun, ihm helfen.«

»Guttt.«

»Ich bin froh, dass du gekommen bist. Endlich können wir mal alleine sein, wir beide. Ganz allein, hier ist es ruhig, wir sind ganz für uns.«

»Sie sagten, Sie mich wollen ungestört sprechen. Sie letztes Mal beim Einkaufen mit mir geredet.«

»Du kannst mich auch duzen. Aber nur, wenn wir alleine sind. Meine Frau darf nichts von uns erfahren.«

»Wäre so schlimm?«

»Bist du wahnsinnig? Katharina würde an die Decke springen, eifersüchtig, wie sie ist. Wenn sie dabei ist, darf mich keine andere Frau auch nur ansehen.«

»Sie ... ähh ... du meinst, wir uns nicht kennen?«

»Im Ort wird viel getratscht. Da würde es schnell auffallen, wenn wir öffentlich zu viel Vertrautheit zeigen. Für dich ist es auch besser, weil dein Arbeitgeber dann keinen Verdacht schöpft.«

Baltasar konnte sich kaum beruhigen. Dieser Schleimer. Diese Ratte! Machte sich einfach an Teresa heran auf eine plumpe Weise. Wie lange das wohl schon so ging? Fassoth musste unauffällig die Gelegenheit genutzt haben, seine Haushälterin anzusprechen.

»Aber Sie ... du ... nicht zu schämen. Wir machen nix Unanständiges«, war Teresas Stimme zu hören.

»Weißt du, mir ist noch keine Frau wie du begegnet, ganz ehrlich. Du bist mir sofort aufgefallen. Ich bin ganz weg, wenn ich dich sehe. Du gefällst mir sehr.«

»Aber deine Frau ...«

»Vergiss Katharina. Zwischen uns läuft nichts mehr. Jeder lebt sein eigenes Leben. Nur kann ich mich nicht scheiden lassen, noch nicht. Das wäre mein Ruin. Komm, setz dich neben mich, Teresa. Ich sag dir was. Wenn ich dich früher kennengelernt hätte, hätte ich dich sofort geheiratet. Auf der Stelle. Du bist genau mein Typ.«

»Was du ... Sie ... machen? Bitte nicht.« Stille trat ein. Baltasar konnte nichts hören, so sehr er sich auch anstrengte.

»Teresa, nun hab dich doch nicht so.« Das Gesäusel dieses Mannes erzeugte Brechreiz bei Baltasar. Er hörte das Rascheln von Textil. »Ich muss es dir sagen, ich liebe dich, wirklich. Deshalb wollte ich dich sprechen, hier, wo wir für uns sind. Spürst du es denn nicht? Empfindest du gar nichts für mich? Umarme mich. Komm, lass uns die Gelegenheit nutzen.« Fassoths Stimme ging stoßweise. »Du bist mein Ein und Alles. Ich liebe dich, mein Schatz. Komm, fass mich an, mein Liebling. Ah, du ...«

Plötzlich kam Lärm aus der Hütte, jemand war abrupt aufgesprungen. Baltasar hörte ein klatschendes Geräusch und einen dumpfen Ton, gleich darauf einen Aufschrei, offensichtlich Fassoth, gefolgt von einem Stöhnen.

»Was erlauben Sie sich!« Teresas Stimme überschlug sich. »Unverschämt! Sie ... Sie ...« Dann folgte eine Salve polnischer Ausdrücke, die Baltasar nicht verstand, die aber eindeutig wie Schimpfwörter klangen, deren Übersetzung er lieber nicht hören mochte. »Ich Sie nie wiedersehen wollen!«

Baltasar wollte gerade aufspringen und seiner Haushälterin zu Hilfe eilen, aber da flog die Tür auf, und Teresa rannte ins Freie, nur wenige Meter von seinem Versteck entfernt. Ihr T-Shirt war hochgerutscht, ein Teil des offenen Büstenhalters war zu sehen, der Gürtel verrutscht. Sie hatte einen hochroten Kopf und lief zurück in den Ort ohne sich umzusehen.

»Teresa, bitte ...« Fassoths Stimme war schmerzverzerrt. Er kam aus der Hütte gehumpelt, hielt die Hände zwischen die Beine. Nach wenigen Metern sackte er zusammen und fiel zur Seite, stöhnend und wimmernd. Baltasar genoss das köstliche Schauspiel in seinem Versteck, er wartete geduldig, bis sich Fassoth etwas erholt hatte und verschwand, und machte sich dann auf den Heimweg, fröhlich »Feels Good to Me« von Black Sabbath pfeifend.

# 26

Teresa brachte eine frische Kanne Kaffee. Sie wirkte schon den ganzen Morgen etwas fahrig, lief hin und her, auf der Suche nach einer Beschäftigung, räumte Geschirr heraus und wieder ein, füllte die Zuckerdose auf, wischte die Spüle, wischte den Tisch.

»Teresa, was ist denn heute mit Ihnen los?« Baltasar sah von seinem Schreibblock auf, auf dem er sich Stichpunkte für die bevorstehende Hochzeit notiert hatte. »Ihre Wischerei macht mich ganz nervös.«

»Herr Pfarrer?« Die Haushälterin nestelte an ihrer Schürze. »Ich ... muss beichten. Ist möglich?«

Baltasar war überrascht. Solange sie bei ihm arbeitete, hatte Teresa noch nie das Bedürfnis verspürt zu beichten. »Natürlich, das können wir gleich nächsten Sonntag nach der Messe machen.«

»Nein, nicht am Sonntag, jetzt gleich. Ich müssen jetzt gleich reden. Ist möglich?«

»Eine Beichte ist selbstverständlich jederzeit und an jedem Ort möglich. Auch hier in der Küche. Wenn Sie wollen, können wir gleich anfangen. Setzen Sie sich.« Baltasar räumte sein Frühstücksgeschirr beiseite. » Sind Sie bereit?« Teresa nickte. Baltasar sprach die einleitenden Worte.

»Ich müssen mit Ihnen reden. Ich habe Fehler gemacht. Schlimmen Fehler.« Teresas Stimme zitterte, die Sätze mühten sich über die Lippen. Dann berichtete sie über den Vorfall mit Friedrich Fassoth. Baltasar ließ sich nichts anmerken. Sie hatte den Mitarbeiter des Bürgermeisters zufällig beim Metzger Hollerbach getroffen, man war ins Plaudern gekommen, Fassoth hatte sie gefragt, wie sie sich eingelebt hatte und wie es mit der Arbeit ging, und sie anschließend auf eine Tasse Kaffee in die »Einkehr« eingeladen. Warum hatte Victoria ihn nicht früher darüber informiert, dachte Baltasar. »Herr Fassoth sehr nett und höflich gewesen«, sagte Teresa. »Er mich fragen, ob er mich noch mal einladen darf. Er macht Komplimente.« Sie hatte sich mehrmals mit Fassoth getroffen, immer war es ein Gespräch über alltägliche Dinge, er wollte viel über die Arbeit des Pfarrers wissen, was er privat mache. Teresa hatte sich geschmeichelt gefühlt: Ein Mann zeigte Interesse an ihr, schenkte ihr Aufmerksamkeit, ihr, einer Fremden, einer Ausländerin. Fassoth hatte über seine Gefühle ihr gegenüber gesprochen, Andeutungen gemacht, er erhoffe sich mehr. Er hatte das Treffen in der Waldhütte vorgeschlagen, um endlich mit ihr alleine zu reden. »Hat mich ausgenutzt, diese Schwein! Ist verrrheiratet. Pahh!«

Am späten Vormittag rief der Assistent des Generalvikars aus Passau an. »Houston, wir haben ein Problem«, begann Moor das Gespräch. »Dicke Luft, ich möchte Sie warnen, Herr Senner, es ist ein Sturm im Anzug, der Bischof möchte Sie persönlich sprechen.«

»Was ist denn nun schon wieder los?« Baltasars Stimmung sank. »Was will er denn?«

»Seine Exzellenz ist ungehalten. Er hat gehört, Sie wollen einen Evangelischen trauen.«

»Woher er das nur alles wieder weiß.«

»Sie haben eine undichte Stelle in Ihrer Organisation. Einen Spion mit der Lizenz zum Quatschen. Sie sollten dem nachgehen und das Leck endlich stopfen.«

»Leicht gesagt. Ich habe genug mit anderen Dingen zu tun. Leute, die petzen, habe ich schon auf der Schule gehasst.«

»Ich muss Sie jetzt verbinden, Herr Siebenhaar wartet.« Moor senkte seine Stimme. »Übrigens, Ihr Weihrauch ist ein sensationeller Erfolg. Die Besucherzahlen in unserer Nachtmesse sind um ein Drittel gestiegen. Sie glauben gar nicht, wer sich jetzt alles in der Kirche sehen lässt. Ich brauche dringend noch eine Lieferung, das ist der Stoff, aus dem die Träume sind. Adieu!«

Es knackte in der Leitung, nach einer Weile vernahm Baltasar eine bekannte Stimme. »Hallo, wer da? Herr Senner?«

»Genau der, Eure Exzellenz. Sie wollten mich sprechen?« Baltasar bemühte sich um einen neutralen Tonfall.

»Wie geht's denn so in Ihrer Gemeinde? Alles bestens?«

»Viel Arbeit, Sie wissen ja, wie das ist.«

»Hören Sie, ich habe nicht viel Zeit. Ich will nur ein Thema aufgreifen, das wir bereits bei unserem letzten Gespräch diskutiert hatten.«

»Um was geht's denn?«

»Sie nehmen demnächst eine Trauung vor, wie ich erfahren habe. Wobei es sich bei dem Paar um gemischte Konfessionen handelt.«

»Der Bräutigam ist evangelisch, will sich aber katholisch trauen lassen, das hat er erklärt.«

»Das reicht nicht, lieber Herr Senner, das reicht nicht. Ich hatte Ihnen bereits gesagt, es kommt nur eine rein katholische Trauung in Frage. Beide Partner müssen Katholiken sein, das verlangt unsere Kirche. Der junge Mann hat zu konvertieren. Wohl kaum ein Problem, wenn er seine Frau liebt. Bestehen Sie darauf, Senner. Reden Sie mit dem jungen Mann. Setzen Sie ihm die Pistole auf die Brust, machen Sie ihm die Blamage klar, wenn er gar nicht getraut wird.«

»Es passt doch, wenn er sich nach katholischem Ritus trauen lässt. Besser als gar keine kirchliche Hochzeit.«

»Mit so etwas gibt sich die Kirche nicht zufrieden! Die Ansage ist klar, haben Sie mich verstanden? Ich gebe keinen Dispens. Mit solchen Mischehen wollen wir bei uns gar nicht erst anfangen. Kümmern Sie sich darum, es ist Ihre Gemeinde.« Das Schnaufen des Bischofs war durch das Telefon zu hören. Baltasar sagte nichts und wartete. »Übrigens, da ist noch eine Kleinigkeit«, fuhr Siebenhaar fort, »ich hatte seltsamen Besuch. Überaus seltsam.«

»Ja?«

»Zwei Herren von der Kriminalpolizei Passau. Ein Herr Dix und ein Doktor Mirwald. Haben mich über Sie ausgefragt. Was Sie für Aufgaben haben, was Sie privat machen und so weiter. Was, um Himmels willen, geht denn bei Ihnen vor, dass sich jetzt schon die Polizei für Sie interessiert?«

»Ach ... Routineermittlungen wegen eines Unfalls. Ich habe das Opfer gekannt.«

»Wie dem auch sei. Natürlich habe ich Ihnen nur das beste Zeugnis ausgestellt. Was Sie für ein fleißiger, vorbildlicher Priester sind. Sie hätten mich hören sollen. Dafür erwarte ich jetzt Ihr Entgegenkommen. Enttäuschen Sie mich nicht, und erledigen Sie das mit dem Protestanten. Wir sprechen uns später. Gott zum Gruße.«

Die Leitung war unterbrochen. »Sie mich auch«, brummte Baltasar. Er knallte den Hörer auf den Tisch, überlegte, ob ein Besuch bei Victoria den Tag retten könnte. Die Anweisung Siebenhaars war eindeutig gewesen. Der Bischof konnte wirklich ein lästiger Zeck sein. Baltasar vertagte das Thema und beschloss, einige Anrufe zu erledigen. Der erste galt Adam Zech, dem Architekten und ehemaligen Geschäftspartner Plankls. Zech meldete sich nach dem ersten Klingeln. »Grüß Gott, Pfarrer Senner am Telefon. Ich war vor kurzem bei Ihnen. Haben Sie schon etwas wegen des Bauernhofes herausgebracht?«

»Hallo, Hochwürden. Ach, dieser Huberhof bei Ihnen, von dem Sie erzählt haben. Einen Moment.« Baltasar hörte, wie sein Gesprächspartner in Papieren kramte. »Hier, ich habe es mir aufgeschrieben. Ein Kumpel hat mir davon erzählt. Angeblich wurde eine Firma beauftragt, dort Vermessungen vorzunehmen. Warum und wieso wusste er nicht. Die müssten eigentlich schon bei Ihnen tätig sein. Fragen Sie einfach die Angestellten vor Ort. Ich hoffe, Sie haben Glück. Wenn Sie noch etwas brauchen, melden Sie sich.«

Baltasar bedankte sich für die Information. Vermessungen? Mit welchem Ziel? Waren die Mitarbeiter schon beim Anwesen? Er würde einfach auf Verdacht zum Huberhof radeln und dort nachsehen und zuvor bei Philipp Vallerot vorbeischauen.

Sein Freund empfing ihn mit einem Lächeln. »Gut, dass du da bist. Stell dir vor, ich habe unsere Waldmaus aus ihrem Versteck hervorgelockt.« Philipp holte seinen Laptop und klappte ihn auf. »Ich habe nicht aufgegeben und weitere

E-Mails verschickt. Und dabei eine Art digitaler Honigfalle aufgebaut für den Fall, dass die unbekannte Person tatsächlich antwortet. Gestern Abend war es so weit. Schau dir das an.« Eine E-Mail erschien auf dem Bildschirm. Die Botschaft war kurz:

*»An den unbekannten Absender: Bitte keine E-Mails mehr schicken. Kontakt beendet. Ab sofort landet alles im Abfall-Ordner.«*

Ein Absender fehlte.

»Und wie willst du damit die Frau identifizieren? Das scheint mir etwas spärlich.« Baltasar dachte an Beate Wolters in Passau. Steckte sie hinter der Botschaft?

»Der Inhalt der Nachricht ist unwichtig. Aber alles, was übers Internet verschickt wird, hinterlässt Spuren. Diesen Spuren gehe ich jetzt nach und verfolge sie zurück bis zum Absender. Außerdem verknüpfe ich die Informationen mit anderen Spuren im Internet. Am Ende hoffe ich, unsere Waldmaus enttarnen zu können.«

»Dein Optimismus ehrt dich. Möge der liebe Gott dir helfen, aus diesen paar Krümeln die richtigen Daten zu destillieren.«

»Dein Großer Außerirdischer wäre froh gewesen, wenn es früher schon das Internet gegeben hätte. Der Satz fehlt eigentlich in der Schöpfungsgeschichte der Bibel: Am achten Tag schuf der Große Außerirdische das World Wide Web. Der Heilige Geist in der Online-Version. Die Zehn Gebote als Netiquette. Stell dir vor, Jesus hätte Internetzugang gehabt. Wie schnell hätte er seine Botschaften verbreiten können, hätte sich nicht ständig die Hacken ablaufen müssen, um seine Anhänger zu treffen und vor ihnen zu predigen und sie mit Wundern zu beeindrucken. Stattdessen hätte ein Jesus-Profil auf Facebook genügt, alle seine Gläubigen müssten sich dann nur noch als ›Freunde‹ registrieren, und – schwupps – schon wäre per Mausklick eine Weltreligion entstanden. Oder auch nicht, wer weiß, vielleicht hätten die Anhänger lieber die Webseite *Wasser in Wein verwandeln – Gratis-Schnellkurs* besucht.«

»Der Heilige Geist waltet ganz sicher im Internet.« Baltasar grinste. »Er sorgt im Verborgenen dafür, dass die Computer immer wieder abstürzen und sich die Menschen daran erinnern, was das richtige Leben ist.«

Baltasar verabschiedete sich und radelte zum Huberhof. Bereits aus der Ferne sah er ein Fahrzeug, einen Kombi, am Feldweg parken. Ein Mann stand davor. Baltasar schob sein Fahrrad zu dem Wagen und stellte es ab. Der Mann war etwa vierzig Jahre alt, trug eine Schirmmütze und in der Hand ein Stativ mit einer Messeinrichtung.

»Grüß Gott, schöner Tag heute«, sagte Baltasar. »Ich wollte gerade zu dem Anwesen dort.« Er zeigte auf den Huberhof.

»Guten Tag. Sind Sie der Vertreter der Gemeinde?« Der Mann holte einen Zettel aus seiner Jackentasche. »Herr Fassoth?«

»Nein, tut mir leid, ich bin der Pfarrer. Das Anwesen ist für ein Jugendzentrum vorgesehen. Sind Sie deswegen hier?«

»Jugendzentrum? Davon weiß ich nichts.« Der Mann nestelte an seiner Schirmmütze. »Wir vermessen die Straße im Auftrag der Gemeinde.«

»Wusste gar nicht, dass ein Neubau geplant ist.«

»Wir machen nur die Vorarbeiten. Es soll eine geteerte

Zufahrtsstraße entstehen, genau hier, auf dem Feldweg. Und dort rüber.« Der Arbeiter wies auf eine Stelle jenseits des Huberhofs.

»Aber das sind doch Felder. Wozu brauchen die eine Teerstraße?« Die Sache erschien Baltasar immer dubioser.

»Ob die Straße tatsächlich in Auftrag gegeben wird, weiß ich nicht. Ich liefere nur die Daten.« Er holte eine Karte aus dem Auto und breitete sie aus. Es war ein Auszug aus dem Grundbuch, mit Bleistift waren Linien und Zahlen eingetragen. »Wie Sie sehen, ist in der Skizze die Straße eingezeichnet.« Er fuhr eine Linie nach. »Und da sind die Abzweigungen auf die anderen Grundstücke.«

»Sie haben sicher schon eine Menge derartiger Aufträge erledigt. Wie ist Ihre Einschätzung als Experte: Was könnte auf diesen Flächen entstehen?«

»Vermutlich ein neues Gewerbegebiet oder eine Wohnsiedlung. Ohne Zufahrtsstraßen, ohne Kanalisation geht da gar nichts. Das ist die zwingende Voraussetzung, bevor gebaut wird. Die Grundstücke müssen voll erschlossen sein. Fragen Sie doch den zuständigen Mann in der Gemeinde, diesen Herrn Fassoth, wenn er da ist.«

»Das werde ich tun.« Baltasar spürte Zorn in sich hochsteigen. Was ging hier vor? Fassoth hatte ihn brutal angelogen, die ganze Zeit nur Theater gespielt, ihn mit Floskeln eingelullt. »Dem Sauhund werd ich was erzählen!«

# 27

Der Morgen begann mit Böllerschüssen. Der halbe Ort war auf den Beinen, um die Hochzeit im Hause Trumpisch mitzufeiern. Der Progroder, ein Rentner aus dem Nachbarort, besprach mit Baltasar die letzten Details der kirchlichen Trauung. Elisabeth Trumpisch hatte auf einem traditionellen Hochzeitslader bestanden, das habe sie aus ihrer Kindheit bei Bauernhochzeiten so gekannt, außerdem entlaste der Mann beim Organisieren des Tages. Der Progroder war in schwarzer Tracht gekleidet, von der Ferne sah er aus wie ein Gothic-Rock-Opa, mit Weste und Hut, in der Hand einen mannsgroßen Wanderstock, geschmückt mit Bändern. In früheren Zeiten signalisierten diese Bänder, dass die Braut noch Jungfrau war. Wie sich die Zeiten ändern, dachte Baltasar, wenn jemand heute die alten Regeln ernst nähme, gäbe es bald keine solchen Hochzeiten mehr.

Der Bräutigam trug einen schwarzen Anzug, die Braut ein ausladendes Seidenkleid in Weiß mit tiefem Ausschnitt und einem Reif im Haar. Die Orgel intonierte einen Hochzeitsmarsch zum Einzug in die Kirche, die beiden Familien verteilten sich auf die vordersten Plätze, die Bänke füllten sich, einige Zuspätkommende mussten am Rand stehen. Der Weihrauch aromatisierte die Luft, der Schein der Kerzen vergoldete die Gesichter, der Gesang der Gäste erfüllte den Raum und trug die feierliche Stimmung in jeden Winkel.

*So wird Gott bei euch bleiben, im Leben und im Tod, denn groß ist das Geheimnis, und er ist Wein und Brot.*

Baltasar wies den Ministranten an, nochmals das Turibulum zu schwenken. Die Rauchschwaden verteilten sich, und auch Baltasar nahm einen tiefen Lungenzug. Die Show konnte beginnen. Denn eine Show, ein Theater war es mehr und mehr, auch wenn das Sakrament der Ehe in der katholischen Kirche heilig war. Die eigentliche Ehe wurde bereits vorher auf dem Standesamt geschlossen, ein formeller Akt, den am Vortag Bürgermeister Wohlrab persönlich vorgenommen hatte, ein Gefallen dem frischgebackenen Sparkassendirektor gegenüber. Die Zeremonie in der Kirche war im Gegensatz zu früher nicht mehr notwendig, um von Rechts wegen als Mann und Frau zu gelten. Das Eheversprechen vor Gott abzugeben war ein religiöses Ritual, für die Tradition uralter Werte. Es war aber auch ein Zugeständnis an die Gäste, die man nicht mit der mickrigen Aufführung am Standesamt abspeisen konnte, schließlich erwartete man am Ende zufriedene Gesichter und großzügige Geschenke. Ganz zu schweigen vor der Furcht, die Leute im Ort könnten sich das Maul zerreißen und die Brautleute in stummer Anklage verdammen, weil sie um einen Teil des Vergnügens gebracht wurden.

Die Angestellten der Sparkasse waren vollzählig gekommen, ebenso der Kirchenkreis mit den Familien Wohlrab, Birnkammer, Hollerbach, Schicklinger und Fassoth. Baltasar nahm sich vor, Friedrich Fassoth noch auf der Hochzeit wegen des Jugendzentrums zur Rede zu stellen und ihm außerdem einen unmissverständlichen Wink wegen Teresa zu geben. Selbst die beiden Witwen Marlies Veit und Luise Plankl saßen in der hinteren Reihe, beide ganz in Schwarz gekleidet. Die Plankl-Tochter Isabella hielt sich abseits auf der vorletzten Bank.

Baltasar fand es schade, dass die jungen Leute nicht mal eine ganz andere Kirchenfeier wählten, was Fetziges, so wie eine Rockoper, wie bei »Tommy« von The Who.

Er straffte seine Schultern, blickte über die Bänke und hob die Hände, um die Aufmerksamkeit auf sich und den bevorstehenden Akt zu lenken, dann ließ er seine Stimme durch den Raum hallen:

*Florian, ich frage dich vor dem Angesicht Gottes: Nimmst du deine Braut Simone als deine Frau und versprichst du, ihr die Treue zu halten in guten und bösen Tagen, in Gesundheit und Krankheit, sie zu lieben, zu achten und zu ehren, bis der Tod euch scheidet?*

Bei »bis der Tod euch scheidet« waberten Bilder von dem verstorbenen Sparkassendirektor durch das Gehirn, Baltasar wehrte sich gegen den Gedanken, dass Menschen auch mit Gewalt dafür sorgen konnten, dass jemand starb, doch der Gedanke ließ sich nicht verdrängen und blieb haften wie eine Klette. Das Ja des Bräutigams kam krächzend, aber laut. Baltasar wiederholte die Frage an die Braut. Die Besucher hielten den Atem an. Simone hauchte ein Ja, kaum verständlich.

*Nehmt den Ring als Zeichen eurer Liebe und Treue, steckt ihn an die Hand eures Ehepartners und sprecht: »Im Namen des Vaters und des Sohnes und des Heiligen Geistes.«*

Das Anstecken des Ringes geriet für die Braut zu einem Geschicklichkeitsspiel, bis ihre zitternden Finger ihrem Mann den Ring endlich übergestreift hatten. »Ein Ring sie zu knechten, sie alle zu finden, ins Dunkel zu treiben und ewig zu binden«, kam Baltasar das Motto aus *Herr der Ringe* in den Sinn.

*Reicht euch nun einander die rechte Hand. Gott, der Herr, hat euch als Mann und Frau verbunden. Er ist treu. Er wird zu euch stehen und das Gute, das er begonnen hat, vollenden.*

Baltasar legte seine Stola um die Hände der beiden und machte eine Pause, erneut in den Raum blickend. War die unbekannte Frau aus dem Beichtstuhl jetzt wohl auch anwesend? Bestimmt. Die Gesichter rauschten an Baltasar vorbei, er fixierte die Eltern und Schwiegereltern – sie schauten wie hypnotisiert auf seine Lippen – und wählte nun eine etwas höhere Stimmlage. *Im Namen Gottes und seiner Kirche bestätige ich den Ehebund, den ihr geschlossen habt. Die Trauzeugen und alle, die zugegen sind, nehme ich zu Zeugen dieses heiligen Bundes. Was Gott verbunden hat, das darf der Mensch nicht trennen. Hiermit erkläre ich euch zu Mann und Frau.*

Ein Raunen ging durch die Gemeinde. Die Großmütter schienen ergriffener als das Brautpaar selbst, verstohlen wischten sie sich die Tränen aus dem Gesicht, schnäuzten in ihre Taschentücher. Der Chor schmetterte fanfarengleich ein »Gott fügt euch zusammen, lässt Mann und Frau euch sein«, die Hochzeitsgäste fielen ein, die Erleichterung über die gelungene Trauung war herauszuhören, und für einige Augenblicke schien es, als habe der Heilige Geist persönlich ein seltenes Hochgefühl des Gleichklangs, der Einheit hergestellt, dem sich niemand in der Kirche entziehen konnte.

Die Autokolonne fuhr hupend zu einem Vierseithof am Rande des Ortes, der einem Onkel der Trumpischs gehörte und für die Hochzeit in eine Arena der Feierlichkeiten umgerüstet worden war. Das Einfahrtstor war mit Zweigen und Luftballons geschmückt, eine Kapelle spielte zur Begrüßung, Bedienungen drückten jedem ein Glas Sekt oder Bier in die Hand, der Progroder wies die Gäste ein. Der Bauernhof war quadratisch angelegt, eine Seite nahm das Wohnhaus ein. Daran stieß eine Maschinenhalle, gegenüber lag eine Scheune, und die Eingangsseite war gefasst als überdachter Raum für Gerätschaften. Jetzt standen dort der Ausschank mit den Bierfässern und eine improvisierte Küche. Baltasar hielt nach Victoria Ausschau und entdeckte sie, als sie gerade die Warmhalteplatten zurechtrückte. Er traute sich nicht zu rufen und beließ es bei einem kurzen Blickkontakt.

»Herrlich, wie schön alles dekoriert ist«, sagte Emma Hollerbach, »eine richtige Bauernhochzeit eben.«

Baltasar nickte. »Und der liebe Gott hat uns wunderbares Wetter spendiert. Auf die da oben ist eben Verlass.«

»Da ist alles gleich doppelt schön! Elisabeth, ich meine Frau Trumpisch, kennt sich ja mit Bauernhochzeiten aus. Sie stammt schließlich aus einem Bauernhof.«

»Ach, das wusste ich gar nicht. Ich dachte, sie sei aus Nordbayern hergezogen.«

»Das ist nur die halbe Wahrheit, Hochwürden. Genau genommen ist Elisabeth sogar eine Einheimische.« Emma Hollerbach setzte einen verschwörerischen Gesichtsausdruck auf, der geradezu zum Nachfragen einlud.

Baltasar tat ihr den Gefallen. »Eine Einheimische? Interessant. Was Sie alles wissen ...«

»Ist schon lange her. Ihre Eltern hatten einen eigenen Bauernhof. Sie kennen ihn sicherlich – den Huberhof. Wo

Sie Ihr Jugendzentrum planen.« Ihre Stimme vibrierte vor Triumph wegen der gelungenen Überraschung.

Baltasar musste die Neuigkeit erst verdauen. »Dann ist Frau Trumpisch eine geborene Huber?«

»Sie sagen es. Elisabeth Huber. Eine Bauerntochter. Auch wenn sie jetzt so vornehm tut, weil ihr Mann eine bedeutende Position hat. Früher hat sie Schweineställe ausgemistet.«

»Warum hat Frau Trumpisch nie etwas davon erzählt? Ich habe mich mit ihr mehrmals über mein Projekt unterhalten.«

»Vielleicht hat sie sich geschämt. Die Umstände damals waren auch peinlich. Ihr Vater hatte sich mit dem Anwesen übernommen und konnte seine Schulden nicht mehr bezahlen. Die Sparkasse gab kein Geld mehr und ließ den Hof zwangsversteigern. Die Eltern von Elisabeth konnten die Schande nicht ertragen, und die Familie zog weg – in ein Nest irgendwo im Norden. Aber das ist lange her, die meisten werden sich nicht mehr daran erinnern. Ich habe die Geschichte auch nur über zwei Ecken gehört.«

Welch seltsamer Zufall, dachte Baltasar, dass Frau Trumpischs Mann nun Chef genau der Bank ist, die das Unglück mit heraufbeschworen hatte. Das musste eine besondere Genugtuung für die Huber-Tochter sein.

Baltasar ging hinüber in die Maschinenhalle. Sie war leer geräumt, statt der Maschinen standen nun Stühle und Bänke, mit weißen Tischdecken, Windlichtern und Blumengestecken dekoriert. Eine Seite war für die Kapelle reserviert, davor war Raum geschaffen zum Tanzen. Eine Reihe von Gästen hatte sich bereits auf die zugewiesenen

Plätze gesetzt, in einer Ecke entdeckte Baltasar Friedrich Fassoth, der sich mit Clara Birnkammer unterhielt. Rechtsanwalt Schicklinger und seine Frau saßen mit Bürgermeister Wohlrab zusammen.

Mähdrescher, Anhänger und Heuwender waren in die Scheune gebracht worden. Auf einer Seite der Scheune war eine gemauerte Kabine, die bis knapp zum First reichte und auf deren Dach Kisten und Säcke lagerten. Von dort hörte Baltasar das Kichern von Kindern, die sich offensichtlich oben versteckt hatten. »Kommt sofort da runter«, rief ihnen ihre Mutter zu. »Das ist kein Spielplatz da oben.« Sie ging zu einer wackligen Leiter und hielt sie fest. »Runter da. Aber dalli!« Sie drängte sich an Baltasar vorbei. Die Scheune lag im Halbdunkel. Baltasar schlenderte über den Hof. An der Mauer lehnte der Rechtsanwalt Schicklinger, eine Zigarette rauchend. Er winkte. Schicklinger bot eine Zigarette an, Baltasar lehnte dankend ab.

»Mein Laster«, sagte der Rechtsanwalt und blies eine Rauchwolke in die Luft. »Drinnen herrscht leider Rauchverbot. Was macht übrigens Ihr Jugendzentrum? Sie sind da recht rührig unterwegs, hört man.«

»Es ist eine Leidenschaft von mir. Hobby möchte ich das nicht nennen.«

»Bedauerlicherweise sollen Sie Probleme mit dem Mietvertrag haben. Gibt es denn ein Ausweichobjekt, falls die Sache in die Hose geht?«

»Bislang gab es keinen Grund, sich nach einem neuen Gebäude umzuschauen.«

»Seien Sie sich da mal nicht so sicher. Wenn Sie meinen Rat hören wollen, suchen Sie sich eine Alternative.« Schicklinger nahm einen Zug von seiner Zigarette. »Ich kann mich gerne umhören, wenn Sie möchten.«

Baltasar war der gönnerhafte Unterton nicht entgangen. Dieser Schnösel. Zeit für eine Retourkutsche, auch wenn ein Pfarrer eigentlich Demut zeigen und auch die andere Backe hinhalten sollte. Aber danach war Baltasar ganz und gar nicht zumute. »Wie ich höre, Herr Schicklinger, besitzen unser Bürgermeister und Sie Grundstücke in direkter Nachbarschaft zum Huberhof. Rührt daher Ihr Interesse an dem Thema?«

Für einen Moment schien der Rechtsanwalt die Fassung zu verlieren. »Sie ... Sie wagen es, mir zu unterstellen ...« Schicklinger wurde lauter. Er schnippte seinen Zigarettenstummel weg und betrachtete Baltasar eine Weile. »Sie sind mir vielleicht einer!« Die Stimme hatte wieder den normalen Klang. Baltasar bewunderte, wie schnell sich der Rechtsanwalt in den Griff bekam. »Ich weiß wirklich nicht, was ich von Ihnen halten soll, Herr Senner. Sie sind keiner von uns. Sie verstehen manches nicht, was hier im Bayerischen Wald so läuft.«

»Dann erzählen Sie es mir.«

»Ist es die Naivität eines Fremden, oder sind Sie durchtriebener, als ich denke? Jedenfalls stecken Sie Ihre Nase in Dinge, die Sie nichts angehen, wenn ich das mal so direkt sagen darf. Was Herr Wohlrab oder ich privat bei unserer Vermögensverwaltung machen, dürfte nämlich wirklich nicht Ihr Bier sein. Ich frage Sie schließlich auch nicht nach Ihrem Kontostand.«

»Wir können sehr gern einen privaten Finanzabgleich machen, kein Problem. Was interessiert einen Rechtsanwalt ein Feld am Waldrand, dass er es in seine Vermögensverwaltung einbaut? Wollen Sie im Ruhestand auf Landwirt umsatteln? Oder erwarten Sie einen üppigen Gewinn?«

»Vorsicht, Herr Senner. Jetzt gehen Sie zu weit.« Schicklinger trat näher, seine Lippen zitterten, der Atem roch nach Asche, für einen Augenblick glaubte Baltasar, der Mann würde ihn am Kragen packen. »Bei uns im Wald würden Männer das sofort auf unsere Weise regeln. Sie haben Glück, dass Sie Geistlicher sind. Und Sie wissen nicht, was Sie reden, das will ich Ihnen zugutehalten. Das ist nicht Ihre Baustelle. Bleiben Sie lieber bei Ihren Schäfchen in der Gemeinde. Das ist besser so, glauben Sie mir. Ich bin Ihnen keine Rechenschaft schuldig.«

»Dann wissen Sie also nichts von den Vermessungsarbeiten beim Huberhof? Ich habe zufällig die Arbeiter dort gesprochen. Es soll eine Straße entstehen. Davon würde Ihr Grundstück profitieren.«

»Da bin ich der falsche Ansprechpartner, ich habe keinerlei Aufträge erteilt. Was wollen Sie eigentlich? Ist es ein Verbrechen, ein Grundstück zu besitzen? Ist es ein Verbrechen, wenn die Gemeinde die Entwicklung des Ortes plant, neue Arbeitsplätze anbieten will? Die Antwort lautet nein. Für Ihre Probleme mit dem Jugendzentrum kann ich nichts. Sie haben sich verrannt. Und jetzt Schluss mit der Diskussion. Meine Frau erwartet mich. Schöne Feier noch.« Schicklinger drehte sich um und verschwand.

Beim Betreten der umgestalteten Maschinenhalle schlug Baltasar ein Potpourri von Gerüchen entgegen, Schweinsbraten und Bier, Schweiß und Parfum, Schnaps und Suppe. Die Stimmung war aufgeladen wie in einem Bienenstock, die Hitze drückte, Lachen vermengte sich mit Stimmengewirr, dem Klappern der Teller und der Musik zu einem Summen und Brummen, das in Baltasars Ohren kroch und sich in seinem Kopf festsetzte. Bedienungen brüllten »Vorsicht« und rempelten sich mit ihren Tabletts an Baltasar vorbei, jemand rief seinen Namen, ein Hund streifte zwischen den Tischbeinen herum. »Hier ist noch ein Platz, Hochwürden!« Baltasar fühlte, wie an seinem Ärmel gezogen wurde, und gab nach, bis er sicher auf der Bank saß.

»Ziemlich laut hier«, sagte Clara Birnkammer, seine Nachbarin zur Linken.

»Sie haben noch gar nichts zu essen.« Marlies Veit, seine Nachbarin zur Rechten, winkte nach einer Bedienung. »Das Fleisch ist wirklich ausgezeichnet.« Die Witwe des Sparkassendirektors war ganz in Schwarz gekleidet, und wie zur Entschuldigung meinte sie: »Eigentlich wollte ich heute nicht kommen, ich bin noch in der Trauerzeit, aber Elisabeth hat mich so lange bekniet, bis ich zugesagt habe. Mein Korbinian, Gott hab ihn selig, hätte sicher nichts dagegen gehabt.«

»Ich gönne es Elisabeth von Herzen«, sagte Marlies Veit, aber ihr Tonfall verriet das Gegenteil. »Die Gehaltserhöhung wird der Familie guttun. Auch wenn Alexander erst in die Schuhe hineinwachsen muss, die ihm mein Mann hinterlassen hat.«

»Wem der liebe Gott ein Amt gibt, dem gibt er auch Verstand.«

Baltasar versuchte sie auf andere Gedanken zu bringen. »Es gibt viele Dinge, mit denen Sie Ihrem Leben einen neuen Sinn geben können. Engagieren Sie sich zum Beispiel bei meinem Jugendtreffprojekt.«

»Danke für das Angebot. Das ist sehr nett von Ihnen, Herr Pfarrer. Aber ich dachte, das Thema Huberhof sei erledigt.«

»Wie kommen Sie denn darauf?«

»Ich erinnere mich an ein Telefonat meines Mannes kurz vor seinem Unfall, das ich zufällig bei uns daheim mitgekriegt habe. Wer an der Leitung war, weiß ich nicht. Mein Mann sprach jedenfalls davon, dass die Sache mit dem Huberhof eingetütet wäre, wie er sich ausdrückte. Das klang so, als ob er einen Investor für die Immobilie gefunden hätte. Es ging um ein größeres Projekt, glaube ich, bei dem das Grundstück wichtig war. Ich dachte damals, das wäre mit Ihnen geklärt gewesen.«

»Das war es nicht. Momentan ist alles offen. Herr Trumpisch will sich der Sache nochmals annehmen.«

»Na dann viel Glück.«

Zum Nachtisch kreisten Steingutflaschen mit Bärwurz. Das war ein Schnaps, eine Spezialität des Bayerischen Waldes, die aus der Wurzel der Bärwurzpflanze gewonnen wurde. Das hochprozentige Getränk solle heilende Wirkung haben, sagten die Einheimischen, die Verdauung beschleunigen und gegen Magengeschwüre helfen. Baltasar nippte von seinem Glas. Es schüttelte ihn. An den Geschmack konnte er sich nie gewöhnen. Ob das Urrezept für Bärwurz vielleicht von irgendeiner polnischen Großmutter stammte? Auch wenn Kenner behaupteten, es handle sich bei der Flüssigkeit um Schnaps, in Wirklichkeit war es Maschinenöl, versetzt mit Maggi und Kümmel und Glasreiniger. Besonders geeignet für kleinere chirurgische Eingriffe im Mundraum, wo ein Schluck des Gebräus die örtliche Betäubung ersetzte.

Aber letztlich war es den Gästen egal, auf welche Weise sie den Alkohol zu sich nahmen – zur Not auch direkt in die Blutbahn gespritzt. Denn das wusste jeder im Bayerischen Wald – eine Hochzeit ohne Besäufnis war wie die Bundesliga ohne Fußball.

Clara Birnkammer bestellte sich und ihrem Mann ein Wasser, für ihren Sohn eine Apfelschorle. »Wir müssen frisch bleiben, der Tag ist lang«, sagte die Lehrerin wie zur Entschuldigung und wies auf die Tischreihen. »Der Alkoholpegel im Saal steigt von Stunde zu Stunde, es ist dasselbe wie auf jeder Hochzeit, auf der ich bis jetzt eingeladen war.«

»Bei Ihrer auch?« Baltasar trank von seinem Weißwein. Er war immer noch stocknüchtern. »Ich meine, wurde da auch so viel gebechert?«

»Du lieber Gott, ja. Soweit ich mich erinnern kann. Die Rechnung für die Feier war jedenfalls saftig. Aber es hat Spaß gemacht.«

»Die Kosten wird wenigstens der Brautvater übernommen haben, vermute ich.«

»Das ging nicht.« Clara Birnkammer wurde nachdenklich. »Mein Vater war zu der Zeit schon tot. Er hat meine Hochzeit nicht miterleben dürfen.«

»Das tut mir leid.«

»Ist schon gut. Er ist leider zu früh gestorben, bei dem Verkehrsunfall, wie Sie wissen. Er war ein lieber Mensch, herzensgut und fürsorglich. Was gäbe ich dafür, dass er jetzt hier sein könnte. Ich vermisse ihn. Ich vermisse ihn so sehr.« Die Augen der Lehrerin wurden feucht. Sie holte ein Taschentuch heraus und schnäuzte sich. »Entschuldigen Sie, ich werde gefühlsduselig. Die Erinnerung, Sie verstehen.

Aber ich habe ja noch meinen Mann und meinen Sohn. Und meine Schwiegereltern.« Clara Birnkammer lächelte wieder. Sie deutete auf die Stirnseite des Saals, wo der Progroder mit seinem Stab auf den Boden klopfte. »Der wichtigste Teil der Feier.«

Braut und Bräutigam saßen in der Mitte des Tisches, flankiert von Eltern und Schwiegereltern. Die Kapelle spielte einen Tusch. Der Progroder sagte einige Verse auf, die mehr oder weniger humorvoll darauf hinwiesen, dass nun die Geschenkübergabe anstehe. Er rief zuerst die nächsten Verwandten, eine Schlange bildete sich wie bei einer Audienz. Die Gäste gratulierten dem frisch getrauten Paar, in Geschenkpapier gewickelte Kisten und Körbe wechselten den Besitzer. Die Mehrheit der Besucher überreichte die üblichen Briefumschläge. Bares regiert die Welt, dachte Baltasar.

Der Braut war die Erlösung anzusehen, als der Progroder das Weinstüberl ankündigte, einen weiteren festen Programmpunkt einer Bauernhochzeit. Dazu wechselte die Hochzeitsgesellschaft in einen Anbau der Maschinenhalle, der früher als Werkstatt gedient hatte und nun mit primitiven Holzbänken und Tischen ausstaffiert war. Wie der Name bereits ankündigte, ging es beim Weinstüberl ums Trinken, wobei mehr Bier als Wein floss. Die Kapelle schaltete einen Gang hoch und heizte den Gästen mit Rocksongs von Queen, Nirvana und AC / DC ein. Bald brüllten die Besucher die Lieder mit und tanzten auf den Tischen, wie es sonst nur auf dem Münchner Oktoberfest zu sehen war. Baltasar klopfte unbewusst den Takt mit und hielt nach Friedrich Fassoth Ausschau, er entdeckte ihn in einer Ecke, die Haare zerzaust, den Kopf im Rhythmus wippend, einen

Arm um die Hüften von Clara Birnkammer geschlungen, die er vergeblich zu küssen versuchte. Frau Fassoth war nirgends zu sehen.

Natürlich war die Braut, ganz nach der Tradition, plötzlich gestohlen worden, und der Bräutigam musste auf die Suche gehen. Die Gäste feierten unterdessen ungerührt weiter, bis das Paar unter Begleitung und Gejohle wieder eintraf. Florian wankte bereits bedenklich, eine Folge der Brautauslöse, bezahlt mit Schnapsrunden, zwei Freunde stützten ihn. Baltasar sah, wie Fassoth ins Freie ging, und folgte ihm. Der Mann schlingerte wie ein Schiff, immer wieder hielt er an und sah um sich, als habe er die Orientierung verloren. Er steuerte eine Wand an und lehnte sich dagegen. »Kann ich Ihnen helfen?« Baltasar musste zu ihm hochschauen.

Zuerst starrte Fassoth ihn nur verständnislos an, die Stirnfalten schienen ein Eigenleben zu haben. Dann flackerte ein Erkennen über sein Gesicht. »Ach Sie sind's, Herr Pfarrer.« Jedes Wort schien den Mann Kraft zu kosten. »Herr ... Herr Senner, schöne Hochzeit, was?«

»Geht es Ihnen gut, Herr Fassoth?«

»Ja ... Ich ... muss nur kurz ... die Luft ... ich ... Es ist ... alles in Ordnung.«

»Ich wollte mit Ihnen etwas besprechen. Haben Sie einen Moment Zeit?«

»Etwas besprechen? Legen ... legen Sie los, Hochwürden.« Fassoths Atem roch nach Alkohol.

»Ich wundere mich, warum Sie mir bei unserem letzten Gespräch nicht die ganze Wahrheit über den Huberhof erzählt haben.«

»Huberhof? Was soll damit sein?«

»Tun Sie nicht so ahnungslos. Ich habe den Vermessungstrupp beim Anwesen gesehen.«

»Vermessungstrupp? Ach so, *den* Vermessungstrupp meinen Sie.« Fassoth kratzte sich am Kopf. »Und?«

»Das Gebiet um den Huberhof wird erschlossen. Es ist eine Straße geplant. Wozu?«

»Das ... Das ist eine normale Planungsmaßnahme. Der Ort entwickelt sich weiter, expandiert. Wir ... Wir müssen neue Flächen für die Bevölkerung schaffen. Neue Flächen für ...«

»Für?«

»Für ... Ich ... Ich bin nicht befugt, darüber zu reden. Datenschutz, das müssen Sie verstehen. Datenschutz.«

»Warum haben Sie mir dann etwas anderes erzählt? Wollten Sie Ihren Vorgesetzten, den Bürgermeister, schützen? Der besitzt ein Grundstück neben dem Huberhof.«

»Was, was erlauben Sie sich, Sie ...« Fassoth versuchte sich aufzurichten, schwankte dabei wie ein angeschlagener Boxer. »Sie ... Sie sollten besser aufpassen, was Sie reden, Herr Senner. Das kann gesundheitsschädlich sein, sage ich Ihnen.«

»Wollen Sie mir drohen?«

»Ich will Ihnen nur einen guten Rat geben. Kümmern Sie sich um Ihren eigenen Scheißdreck.« Die Aggression in Fassoths Stimme war nicht zu überhören.

»Sie haben mir immer noch nicht meine Frage beantwortet: Was ist auf dem Areal des Huberhofs geplant? Was verheimlichen Sie mir? Raus mit der Sprache!«

Fassoth löste sich von der Wand, machte einen Schritt auf Baltasar zu und baute sich vor ihm auf. »Das geht jetzt zu weit. Sie wagen es ... Sie ... Sie Laberer!« Der Mann ballte die Fäuste. Baltasar machte sich darauf gefasst, gleich einem Schlag ausweichen zu müssen. »Sie sind doch nur ein zugereister Pfaffe. Mit Ihrem Vorgänger konnte man noch reden. Aber Sie ... Sie sind ein sturer Bock! Ihr saublödes Jugendzentrum, glauben Sie, die Gemeinde hat darauf gewartet? Glauben Sie, alle ... alle Welt freut sich über Ihren Missionsdrang? Für wen halten Sie sich, Sie Stoiratz?«

»Herr Fassoth, Sie sind einfach nur betrunken, das will ich Ihnen zugutehalten«, sagte Baltasar, »deshalb bin ich Ihnen wegen Ihrer Ausfälle nicht böse. Aber das Thema habe ich deswegen noch längst nicht abgehakt.«

»Oha, der Herr Pfarrer verzeiht mir. Ich sage Ihnen was: Ich soach auf Ihr ... Ihr Gesülze. Sie können mich mal. Ich geh jetzt wieder rein. Drinnen gibt's was zum Trinken.«

»Moment noch, Herr Fassoth.« Baltasars Worte waren wie Rasierklingen. »Ich habe eine weitere Kleinigkeit mit Ihnen zu bereden, ob Sie nun besoffen sind oder nicht.«

»Ach, lassen Sie mich in Ruhe, ich will feiern.« Fassoth versuchte sich vorbeizudrängen.

Baltasar trat ihm in den Weg und zog ihn am Jackenkragen zu sich. »Ich will noch ein Thema mit Ihnen besprechen, habe ich gesagt. Deshalb bleiben Sie jetzt hier.« Baltasar roch das billige Zedernduft-Rasierwasser, sah die geplatzten roten Äderchen im Gesicht des Mannes. »Es geht um meine Angestellte Teresa Kaminski.«

»Kommen Sie nicht mit Ihren Weibergeschichten.« Fassoth versuchte sich loszureißen, aber Baltasar verstärkte seinen Griff.

»Um es ein für alle Mal klarzustellen: Lassen Sie Ihre Finger von Frau Kaminski. Was Sie sich geleistet haben, ist unerhört. Kommen Sie nicht mal in die Nähe der Frau. Sonst bekommen Sie es mit mir zu tun.«

»Meine Bekanntschaften gehen Sie gar nichts an! Ihre polnische Schlampn hat sich an mich rangeworfen. Hat sich wohl was erhofft, die Dame. Dafür kann ich nichts. Frauen stehen halt auf mich.«

»Noch ein Wort und ich ...«

»Das können Sie gleich haben.« Fassoth schlug plötzlich zu und traf Baltasar in die Seite. Den Schmerz nahm Baltasar nur im Unterbewusstsein wahr. Reflexartig ließ er die Faust vorschießen. Fassoths Gesichtsausdruck änderte sich, er hielt sich die Hände an den Magen, sank in die Knie und erbrach sich auf den Boden.

Aus der Scheune kam Barbara Schicklinger angelaufen. Sie beugte sich zu Fassoth nieder. »Was ist, Friedrich, geht's dir nicht gut?«

»Er hat etwas nicht vertragen«, sagte Baltasar. »Den Alkohol vermutlich. Bringen Sie ihn am besten irgendwo hin, wo er sich erholen kann und wieder zu Sinnen kommt.«

Baltasar ging zurück in den Festsaal. Der Vorfall hatte Adrenalin in seine Adern gepumpt, er fühlte sich euphorisch und niedergeschlagen zugleich. Baltasar sah, wie Friedrich Fassoth zur Tür hereinkam und sich einen Platz suchte. Im Vorbeigehen umarmte er eine Bedienung, die sich mit einigen Schimpfwörtern befreite, und bestellte ein Bier. Draußen wurde es langsam dunkel. Der Progroder rief zum Hochzeitswalzer. Braut und Bräutigam drehten sich mehr oder weniger geschickt zum Takt der Musik, schon bald füllte sich die Tanzfläche mit Paaren. Der letzte Programmpunkt der Bauernhochzeit hatte begonnen, Simone warf ihren Brautstrauß unter dem Gekreische der Jüngeren in die Menge. Bis zum formellen Ende der Feier um Mitternacht hatte die Kapelle die Aufgabe, die Gäste zu unterhalten. Die Sitzordnung löste sich auf, die Menschen standen zu zweit oder in Gruppen zusammen, plauderten, lachten. Baltasar wanderte umher und wechselte mit Bekannten einige Worte. Als die Musik pausierte, beschloss er, die Gelegenheit zu nutzen, sich zu verabschieden und nach Hause zu gehen.

Plötzlich ein Schrei. Er kam von draußen. Sekunden später flog die Tür zum Festsaal auf. Barbara Schicklinger stürmte herein, das Gesicht leichenblass, die Haare wirr.

»In ... In der Scheune ...«, rief sie, nach Atem ringend. »Da liegt jemand. Ich glaube, er ... Er ist tot.«

## 28

Die Hochzeitsgäste drängten sich in die Scheune und am Eingang und starrten auf den leblosen Menschen. Kerzenlicht und Taschenlampen erleuchteten die Szene. Der Körper lag quer auf einem Leiterwagen unterhalb der gemauerten Kabine. Es war ein Mann, bekleidet mit einem schwarzen Anzug, das Gesicht lag nach unten. Die Jacke war verrutscht, ein Schuh fehlte, der nackte Unterschenkel war sichtbar. Man sah auf den ersten Blick, dass der Mann tot war: Der Kopf stand in einem seltsamen Winkel vom Rumpf ab, die Arme waren verdreht. Genickbruch, dachte Baltasar.

»Lebt er noch?«, kam es aus der Menge.

»Man muss Erste Hilfe leisten«, meinte eine Frau.

»Ruft einen Krankenwagen.«

»Oder die Polizei.«

Jemand hatte einen tragbaren Scheinwerfer organisiert, der die Scheune in Helligkeit tauchte. »Dreht doch den Mann mal um«, sagte ein Gast. »Wer packt mit an?« Mehrere Männer traten nach vorne. »Aber vorsichtig. Auf drei.« Sie hievten den Mann hoch und legten ihn mit dem Rücken auf den Boden. Ein Raunen ging durch die Menge.

»Das ist ja Friedrich Fassoth!«, rief jemand. Ein Aufschrei. Eine Frau weinte. Die Mehrheit stand stumm, ein Monument der Fassungslosigkeit.

»Was ist mit meinem Mann? Lasst mich durch!« Katharina Fassoth drängte sich durch die Menge. Vor der Leiche ihres Mannes verlangsamte sie ihren Schritt, ließ sich schließlich auf die Knie fallen. »Friedrich, mein Friedrich.« Sie nahm den Körper in ihre Arme, streichelte das Gesicht. Bis auf eine Wunde an der Stirn war das Gesicht unverletzt. Nur die Augen starrten ins Nirgendwo. »Mein Friedrich.« Katharina begann zu schluchzen, ein Beben durchzuckte ihren Körper. Sie schrie auf. Mehrere Personen versuchten, sie wegzuziehen. »Bitte, Frau Fassoth, wir müssen Ihren Mann untersuchen. Der Arzt wird gleich da sein.« Mit vereinten Kräften gelang es, die Frau aus der Scheune zu geleiten. An der Mauer sackte sie zusammen. Ein Mann fühlte den Puls an Fassoths Halsschlagader, schüttelte den Kopf. »Wir können nichts mehr tun.«

Blaulicht und Martinshorn kündigten den Krankenwagen an. Der Notarzt sprang heraus und lief durch eine Gasse von Menschen zu dem Toten, machte seine Untersuchungen. Er winkte nach der Trage, die Sanitäter hoben den Körper darauf und luden die Trage in den Krankenwagen. An die Gäste gewandt, sagte der Mediziner: »Wir bringen den Mann weg. Bitte gehen Sie nach Hause. Die Feier ist vorbei, fürchte ich.«

»Ist er tot?«, fragte jemand.

»Ja.«

»An was ist er gestorben?«

»Das wissen wir noch nicht mit Sicherheit. Die weiteren Untersuchungen werden das zeigen. Wir müssen überdies die Polizei verständigen. Gute Nacht.«

Der Krankenwagen fuhr ab, die Menge zerstreute sich. Die meisten gingen zu ihren Autos, einige standen unentschlossen im Freien herum, andere sammelten sich im Festsaal und unterhielten sich im gedämpften Ton über das Geschehene. Braut und Bräutigam waren verschwunden. Stille legte sich wie ein Grabtuch über das Anwesen, nach und nach erloschen die Lichter, die Schwärze der Nacht breitete sich aus.

»Schlimm, nicht?« Agnes Wohlrab hatte sich aus einem Grüppchen gelöst und an Baltasar gewandt.

»Ich hoffe, seine Seele findet Frieden. Ich werde für ihn beten.«

»Die arme Katharina! Sie ist ganz aufgelöst. Man hat sie nach Hause gefahren und den Arzt gebeten, bei ihr vorbeizuschauen. Sie hatten es so gut miteinander, die beiden.«.

Baltasar dachte an Fassoths Seitensprünge, seine permanenten Anmachversuche, den Vorfall mit Teresa. »Sind Kinder da?«

»Die beiden haben keinen Nachwuchs. Es hieß, Katharina könne keine Kinder bekommen.«

»Es ist ein großer Verlust für die Gemeinde. Herr Fassoth war ein unersetzlicher Mitarbeiter unseres Bürgermeisters.«

»Xaver steht ebenfalls unter Schock. Er kann es nicht fassen. Vor einer Stunde hatte er noch mit Friedrich geplaudert und dann ... Ich fahre nach Hause. Soll ich Sie mitnehmen, Hochwürden?«

»Nein danke, ich bleibe noch ein Weilchen.«

»Kommen Sie gut heim.«

Baltasar ging zurück zur Scheune. Die Kerzen waren ausgegangen, nur der Scheinwerfer brannte noch und warf Gespensterschatten der Maschinen an die Wand. Baltasar richtete den Scheinwerfer direkt auf den Leiterwagen und die gemauerte Kabine und ließ das Bild auf sich wirken. Irgendetwas irritierte ihn, doch was? Die Leiter, sie fehlte. Er ging um die Maschinen herum und sah die Leiter quer am Boden liegen. Baltasar hob sie auf und lehnte sie an die Kabinenwand. War Fassoth von der Leiter gefallen? Möglich wäre es, zumindest von oben war es hoch genug, sich den Hals zu brechen, wenn man auf die Streben des Leiterwagens fiel. Doch was hatte Fassoth auf dem Dach der Kabine gesucht? Er war stark angetrunken gewesen, warum sollte er in seinem Zustand freiwillig eine Leiter hochklettern?

Das Innere der Kabine barg Werkzeuge, Seile und Bretter. An den Wänden konnte Baltasar nichts Auffälliges entdecken. Er kniete sich auf den Boden und sah unter den Maschinen nach. Etwas Schwarzes lag unter dem Heuwender. Vorsichtig holte er den Gegenstand heraus – es war ein Herrenschuh, der Slipper, den Fassoth verloren hatte. Baltasar legte den Schuh beiseite und kletterte die wackelige Leiter hoch bis aufs Dach der Kabine. Es war eine betonierte rechteckige Fläche, der Boden mit Staub bedeckt. Vorne standen Kisten als eine Art Balustrade, im Eck hatte jemand mehrere Säcke zu einer improvisierten Matratze zusammengeschoben. Wahrscheinlich die Kinder, die hier oben gespielt hatten. Neben den Säcken lag ein kleines Brautsträußchen, wie es die Gäste bei ihrer Ankunft angesteckt bekommen hatten. Baltasar untersuchte es näher. Die Sicherheitsnadel war geschlossen, ein schwarzer Faden darin eingeklemmt. Ein Teil der Seidenblumen fehlte, Baltasar fand sie nach einigem Suchen am Rand des Daches in der Nähe der Leiter. Wem hatte der Hochzeitsanstecker gehört? Einem der Kinder, die hier gespielt hatten? Fassoth selbst? Baltasar konnte sich nicht daran erinnern, ob das Sträußchen beim Abtransport des Toten noch am Anzug befestigt gewesen war. Auf dem staubigen Boden waren einzelne Trittspuren auszumachen, Schuhe von Kindern – und von Erwachsenen. Leider waren die Spuren verwischt, teilweise durch Baltasars Unachtsamkeit, aber die unterschiedlichen Größen ließen nur einen Schluss zu: Es war noch jemand hier oben gewesen, vermutlich zusammen mit Fassoth.

Wer war dieser andere? Für Dienstbesprechungen war die Scheune nicht der richtige Ort. War es möglicherweise eine Frau gewesen? Je mehr Baltasar darüber nachdachte, desto plausibler erschien ihm diese Variante. Das Dach der Kabine war so ziemlich der abgelegenste und ruhigste Platz auf dem ganzen Anwesen, ein ideales Liebesnest ... Man brauchte nur die Leiter nach oben zu ziehen, und schon hatte man seine Ruhe, brauchte keine ungebetenen Besucher zu fürchten. Hatte Fassoth eine Frau bezirzt und hierhergebracht? Den ganzen Abend war der Mann aufgetreten wie ein brunftiger Hirsch. Baltasar war niemand aufgefallen, der mit Fassoth den Festsaal verlassen hatte, aber er hatte auch nicht besonders darauf geachtet. War Fassoth beim Aufstieg in seinem Suff abgestürzt – oder erst beim Abstieg? Eine andere Möglichkeit, die bisher im Nebel von Baltasars Gedanken verborgen war, schob sich nach vorne: Hatte es Streit gegeben? War Fassoth wieder zu weit gegangen, das Schäferstündchen aus dem Ruder gelaufen? Vielleicht war er Opfer einer gewalttätigen Auseinandersetzung geworden, hatte dabei das Gleichgewicht verloren und war hinuntergestürzt. Das würde auch erklären, warum niemand um Hilfe gerufen hatte, sondern sich heimlich davongestohlen hatte.

»Hallo, ist da oben jemand?«

Baltasar blickte über den Rand. Drunten stand Elisabeth Trumpisch, noch in ihrem Festgewand.

»Ach, Sie sind's, Herr Pfarrer. Was machen Sie da oben?«

»Können Sie vielleicht die Leiter halten, ich komme runter.«

Baltasar nahm vorsichtig Sprosse für Sprosse. Unten klopfte er sich den Staub von der Jacke. »Vielen Dank. Ich dachte, ich hätte Geräusche gehört, und habe nachgesehen.«

»Und, was entdeckt?« Elisabeth Trumpisch zog die Augenbrauen hoch. Ihr Make-up war vom Schweiß verwischt, die Haare in Unordnung, die Backen gerötet.

»Fehlanzeige. Waren wohl Ratten. Und was machen Sie so spät noch hier? Ich dachte, Sie und Ihre Familie seien längst heimgefahren.«

»Ich muss noch das Geschäftliche regeln, wegen der Rechnung mit Frau Stowasser sprechen und kontrollieren, ob alles ordentlich abgebaut und wieder in den ursprünglichen Zustand versetzt wird. Das habe ich meinen Verwandten versprochen.«

Baltasar reichte ihr ein Taschentuch und deutete auf den blutigen Handrücken der Frau. »Sie haben da einen Kratzer.«

Elisabeth Trumpisch schien es erst jetzt aufzufallen. »Oh, ja, verdammt, da habe ich mich beim Stapeln der Stühle verletzt. Danke.« Sie wischte das Blut weg. »Ist nicht schlimm, morgen sieht man nichts mehr davon.«

»Wie schade, dass diese wunderbare Hochzeit so enden musste«, sagte Baltasar. »Ich hätte dem Brautpaar und Ihrer Familie einen anderen Schluss gewünscht.«

»Es war eine so schöne Feier ... Meine eigene Hochzeit

war viel bescheidener. Dann das ... Friedrich Fassoth ... Schrecklich. Einfach schrecklich.«

»Haben Sie eine Ahnung, was er da wollte?«

»Du lieber Gott, nein. Die Scheune war eigentlich für Gäste gesperrt, schließlich standen die ganzen Geräte drin. Das ist schon im Hellen nicht ungefährlich, einige Erntemaschinen haben messerscharfe Kanten und hervorstehende Metalldorne. Wenn man darauf fällt ... Ich kann mir nur vorstellen, dass sich Friedrich verlaufen hat. Vielleicht suchte er eine Toilette ... Er hatte ordentlich getankt und war nicht mehr sicher auf den Beinen. Im Suff passieren viele Unfälle.«

»Haben Sie sonst jemanden in die Scheune gehen sehen?«

»Hab nicht darauf geachtet. Als Brautmutter hat man andere Sorgen, damit bei der Hochzeit alles funktioniert. Aufgefallen ist mir niemand. Doch – wo Sie es sagen, einmal habe ich Barbara Schicklinger und ihren Mann dort stehen sehen. Aber ich habe mir gedacht, die wollen nur in Ruhe eine rauchen.«

»Sagen Sie, Frau Trumpisch: Stimmt es eigentlich, dass Sie selbst von einem Bauernhof stammen?«

Elisabeth Trumpisch zögerte einen Moment. »Hmm. Ja, es stimmt, meine Eltern haben früher hier gewohnt, auf einem Bauernhof.«

»Dem Huberhof.« Baltasar räusperte sich. »Demnach müssten Sie eine geborene Huber sein.«

»Richtig. Mein Vater war Karl Huber. Ein Landwirt. Die Familie zog nach Furth im Wald. Meine Mutter starb kurz nach meinem Vater, bald darauf lernte ich meinen späteren Mann Alexander kennen.«

»Sie haben nie davon erzählt.«

»Nun, mit der Heirat begann mein neues Leben als Ehefrau Trumpisch. Die Elisabeth Huber war fortan für mich Vergangenheit. Damals war es selbstverständlich, den Namen des Mannes anzunehmen, genauso, wie Frau Ott den Namen Birnkammer angenommen hat oder Frau Ebner den Namen Plankl.«

»Schade, dass Ihre Eltern die Hochzeit nicht mehr miterleben konnten.«

»Ich habe mit dem Kapitel abgeschlossen. Mögen Vater und Mutter ihren Frieden gefunden haben. Sie mussten viel Ungerechtigkeit erleiden, das haben sie nicht verkraftet. Aber ich habe jetzt meine Tochter und meinen Schwiegersohn – und bald hoffentlich ein Enkelkind.«

»Na dann viel Glück.« Baltasar knöpfte seine Jacke zu. »Richten Sie dem Brautpaar nochmals meine Grüße aus. Ich gehe nach Hause. Mir reicht's für heute.«

## 29

Wolfram Dix rührte in seinem Tee. Neben ihm lagen Stapel mit Berichten. Ungelesen. Er stocherte lustlos in den Papieren. Das ist ein Job für meinen Assistenten, dachte er, ein wenig Training im Aktenwälzen schadete Mirwald sicher nicht, das hielt jeden Kriminalbeamten fit. Der Tee schmeckte bitter, Zucker und Honig hatte Dix' Frau verboten. »Denk an deine Taille«, hatte sie gesagt. »Deine Blutwerte könnten besser sein. Ungesüßter Kräutertee hilft. Habe ich erst neulich wieder in einer Zeitschrift gelesen.« Dix wollte einwenden, dass in den Zeitungen alles Mögliche stand und es deswegen noch lange nicht wahr sein musste. Aber eine höhere Weisheit hielt ihn davon ab, seiner Frau zu widersprechen. Ergeben ließ er sich eine weitere Packung Tee in seine Aktentasche stecken. Er überflog die aktuellen Meldungen aus den Polizeiinspektionen, wollte den Zettel schon weglegen, als ihm ein Name auffiel. »Doktor Mirwald, bitte kommen«, flötete Dix durchs Telefon. »Ich hab hier etwas, das wird Ihnen gefallen.«

Der Assistent trug heute einen dunkelblauen Anzug, elegant geschnitten, sogar das Pistolenhalfter war unter dem Stoff nicht auszumachen. »Wollen Sie auf noch eine Beerdigung?«, begrüßte Dix seinen Kollegen.

»Sie meinen wegen des Anzugs? Mir war heute einfach danach. Man muss nicht jeden Tag Schlabberlook tragen«, antwortete er und ließ dabei seinen Blick über Dix' Kordhose und Jacke gleiten. »Was gibt's?«

»Hier, für Sie. Wenn Sie Zeit haben. Bin gespannt auf Ihre Meinung.« Dix überreichte ihm den Stapel mit Berichten. »Aber deswegen wollte ich nicht mit Ihnen reden. Lesen Sie selbst.« Dix tippte auf den Zettel vor sich und gab ihn seinem Assistenten.

Mirwald überflog das Schreiben. »Eine Meldung des Krankenhauses an die Polizei über einen Unfall mit tödlichem Ausgang. Während einer Hochzeitsfeier in ...« Der Kripobeamte pfiff durch die Zähne. »Mein Lieblingsort. Wo dieser Sparkassendirektor herkam, dessen Todesursache unklar ist. Und wo dieser Pfarrer, dieser Herr ... Herr ...«

»Herr Baltasar Senner.«

»Genau, der katholische Priester«, fuhr Mirwald fort. »Dieser vorlaute Gottesmann, dem es an Kooperationsbereitschaft mit der Kriminalpolizei mangelte und dessen Fingerabdrücke wir im Krankenhaus gefunden haben.«

»Seltsamer Zufall, dass dort schon wieder ein ungeklärter Unfall passiert ist«, sagte Dix.

»Das ist mehr als Zufall. Wir sollten der Sache nachgehen. Vielleicht kommen wir im Fall Korbinian Veit weiter.«

»Machen Sie sich nicht zu viel Hoffnung. Ich war schon drauf und dran, den Akt zu schließen.« Dix schob seine Tasse beiseite. »Aber merkwürdig ist es schon .... Holen Sie die Wagenschlüssel?«

Auf der Fahrt telefonierte Dix mit dem Krankenhaus und ordnete eine Obduktion von Friedrich Fassoth an. Sie mussten sich durchfragen, bis sie den Vierseithof gefunden hatten. Ein Mann kam aus dem Haus, der sich als Bernhard Huber vorstellte und sie begrüßte. Sie wiesen sich aus, was den Mann ins Stottern brachte, er versprach, sofort seinen Schwager, Herrn Trumpisch, herzurufen, und zeigte ihnen die Scheune und die Stelle, wo man Friedrich Fassoth gefunden hatte.

»Oh weia, da werden wir nicht mehr viel finden«, sagte Dix. »Wenn hier Spuren waren, dann sind die längst zerstört worden.« Unmut färbte seine Stimme. »Wie oft habe ich den Kollegen gepredigt, bei Verdacht auf Gewaltverbrechen sofort auszurücken und den Tatort zu sichern. Wie soll man bei dem Saustall noch vernünftig arbeiten können!«

Mirwald holte einen Fotoapparat. »Ich mach ein paar Fotos von der Stelle, man kann nie wissen.«

Dix befühlte die Holzstreben des Leiterwagens. »Wenn da einer mit dem Kopf oder Hals aufschlägt, wirkt das wie eine Guillotine. Sofortiger Tod. Da braucht es nicht mal besondere Kräfte.« Der Kommissar deutete auf eine Stelle. »Das sieht aus wie getrocknetes Blut. Mirwald, nehmen Sie eine Probe.«

Der Assistent nahm ein Messer, schnitt einen Span mit Blut ab und verpackte die Probe in einer Tüte. »Ob jemand den Mann gestoßen hat? Vielleicht bei einer Rauferei?«

»Möglich wäre es. Wir müssen die Obduktion abwarten. Aber ich tippe eher darauf, dass dieser Fassoth gefallen ist. Von dort oben, zum Beispiel.« Dix zeigte auf die Leiter. »Untersuchen wir zuerst den Boden. Taschenlampe bitte.«

Der Kommissar kniete sich nieder und leuchtete unter den Leiterwagen und die Maschinen. »Was haben wir denn da?« Dix zog einen Schuh hervor. »Der dürfte zu diesem Herrn Fassoth gehören. Den nehmen wir mit fürs Labor. Und nun die Leiter hinauf.«

»Sollen wir die Leiter nicht erst auf Fingerabdrücke untersuchen?«

»Im Prinzip haben Sie Recht. Aber meine Erfahrung sagt mir, dass wir Hunderte von alten Abdrücken finden werden, die uns nicht weiterbringen werden. Gehen wir lieber oben nach.«

»Jede Menge Fußspuren. Von mehreren Personen.« Mirwald fuhr mit dem Finger über die Staubschicht auf dem Dach der Kabine. »Leider sind die Abdrücke verwischt. Ich probiere trotzdem einige Fotos.« Er machte Aufnahmen von verschiedenen Positionen. »Die Anordnung dieser Säcke hier ist komisch. Als ob sich jemand eine Unterlage für ein Nickerchen im Verborgenen hergerichtet hat – oder für einen Quickie.«

»Ihr jungen Leute habt seltsame Vorstellungen von der Liebe.« Dix schmunzelte. »Da wir die Leute nicht fragen können, ob sie während der Feier kurz zu einem Quickie raus sind, müssen wir uns mit der klassischen indirekten Methode begnügen. Vielleicht hat jemand Fassoth gesehen, wie er in die Scheune ging.«

Ein Wagen fuhr in den Hof. Dix und Mirwald kletterten wieder die Leiter hinunter. Ein Mann stieg aus und kam auf sie zu. »Guten Tag, mein Name ist Trumpisch, Alexander Trumpisch, ich bin der Vater der Braut. Sind Sie die Herren von der Polizei?«

Die beiden Beamten wiesen sich aus und erläuterten den Zweck ihres Besuches. »Reine Routine«, sagte Dix. »Bei solchen Todesfällen sind wir angehalten, die Umstände des Unfalls auszuleuchten. Uns liegt kein konkreter Verdacht vor. Polizeistandardverfahren, wie gesagt.«

»Das hat mich schon erschreckt, als ich von meinem Schwager gehört habe, die Kripo stehe vor der Tür. Mir ist nicht klar, wie ich Ihnen weiterhelfen kann.«

»Wir untersuchen, wie es zum Tod von Herrn Fassoth kam.« Mirwald zeigte auf die Scheune. »Was hatte der Mann dort zu suchen? Haben Sie eine Idee?«

Trumpisch zuckte mit den Schultern. »Ich hatte an dem Abend nur unsere Gäste in der Festhalle im Auge. Es ging hoch her, die Stimmung war gut, am Abend war Tanzen angesagt. Ständig lief jemand hinaus, um Luft zu schnappen oder eine zu rauchen. Einige verabschiedeten sich früher, vor allem die Familien mit Kindern, denn die Kleinen müssen irgendwann ins Bett.«

»Wie viele Gäste waren denn da?«

»Weit über hundert, ich schätze etwa hundertdreißig Personen. Ich müsste zu Hause in der Gästeliste nachschauen.«

»Es wäre schön, wenn Sie uns eine Kopie geben könnten«, sagte Dix.

»Möglichst mit allen Adressen«, ergänzte Mirwald.

»Das ... Das lässt sich machen«, sagte Trumpisch. »Wobei ich nicht von der Vorstellung angetan bin, dass unsere Gäste nun Besuch von der Kriminalpolizei erhalten.«

»Keine Panik, das haben wir nicht vor. Die Liste dient nur zu unserer Information. Wenn Sie die Namen der Personen ankreuzen könnten, die Ihrer Meinung nach öfters nach draußen gegangen sind oder Kontakt mit Herrn Fassoth hatten.« Dix sah im Geiste schon eine nervtötende Arbeit am Telefon auf sich zukommen, Dutzende Zeugen sprechen, sich deren Erinnerungen an die Hochzeit anhören müssen. Bloß nicht! »Ist Ihnen während der Feier etwas Ungewöhnliches an Herrn Fassoth aufgefallen? War er anders als sonst?«

»Friedrich war ziemlich aufgedreht, soweit ich das beobachtet habe. Er plauderte mit Bekannten, saß mal hier, mal dort, bloß beim Tanzen habe ich ihn nicht gesehen. Wahrscheinlich war er nicht mehr so sicher auf den Beinen, war ziemlich angestochen. Aber da war er nicht der Einzige.«

»Ist er alleine gekommen? Mit Frau?«

»Seine Frau Katharina war mit dabei. Sie ist aber eher gegangen, sagte, sie fühle sich nicht wohl, kam aber später wieder. Möglicherweise war sie gekränkt, weil sich ihr Gatte mehr mit anderen Frauen beschäftigte als mit ihr.«

Dix horchte auf. »Wie meinen Sie das? Hat er mit einer anderen geflirtet?«

»Friedrich hat in der Tat etwas über die Stränge geschlagen. Hat sich für meinen Geschmack zu sehr mit den weiblichen Gästen beschäftigt, mehr als denen lieb war. Eine Bedienung hat ihm sogar eine geschmiert, als er sie betatschen wollte. Er ist sonst ein ausgeglichener, liebenswürdiger Mensch. Er und seine Frau führen seit Jahren eine harmonische Ehe. Die hält schon mal einen Sturm aus. Ein Busserl ist bei uns kein Scheidungsgrund.«

»Ein Busserl kaum, aber fremdgehen?« Mirwald rollte die Worte wie ein Karamellbonbon.

»Auf einer Hochzeit? Schmarrn. Friedrich ist nie als Hallodri aufgefallen. Der ist gar nicht der Typ dafür. Wie ich schon gesagt habe, seine Ehe war tadellos. Es waren harmlose Partyflirts, sonst nichts.«

»Begrabschen nennen Sie harmlos?«

»Manchmal geht es bei uns etwas deftiger zu, Besoffene

vergessen sich und schätzen ihre Grenzen falsch ein. Nüchtern ist das den Menschen dann furchtbar peinlich.«

Dix wandte sich zum Gehen. »Sie denken an unsere Liste und die Personen, die als Zeugen helfen könnten?«

»Wenn ich drüber nachdenke, fallen mir einige Namen ein«, sagte Trumpisch. »Da wäre Victoria Stowasser, die Gastwirtin, die sich ums Essen gekümmert hat und ständig auf Achse war. Barbara Schicklinger, die Frau des Rechtsanwalts, eine starke Raucherin, war oft draußen. Oder Sie fragen Baltasar Senner, unseren Pfarrer. Der war bis zum Schluss da und hat mit vielen Leuten geplaudert.«

»Herr Senner war auf der Feier?« Mirwalds Augen begannen zu leuchten.

»Da schau her.«

# 30

Philipp Vallerot klappte seinen Laptop auf. »Während du dich auf der Hochzeit amüsiert hast, habe ich für dich gearbeitet. Und, was soll ich sagen, endlich haben wir einen Treffer gelandet.«

»Du machst mich neugierig.« Baltasar beugte sich hinüber. Auf dem Tisch waren Papiere verstreut, Ausdrucke von Dateien und E-Mails. »Ich sehe, du warst ausnahmsweise tatsächlich fleißig.«

»Reicht das, damit ich in den Himmel komme?« Vallerot setzte ein Unschuldsengelgesicht auf. »Es würde mich ungemein beruhigen, wenn meine guten Taten von höherer Stelle gewürdigt werden.«

»Ich rede mal mit dem lieben Gott, ob er bei dir eine Ausnahme macht. Für reuige Sünder, die sich wieder dem Glauben zuwenden, wird er wohl ein Auge zudrücken.«

»Ähh, von Glauben war nie die Rede, sondern von guten Taten, wie bei den Pfadfindern.«

»Wille und Absicht zählen genauso. Der Herr sorgt sich um jedes seiner Schäfchen, wie es so schön heißt.«

»Danke, dass du mich mit einem Schaf gleichsetzt. Habe ich da oben eigentlich Anspruch auf die ganze Packung, also Ernennung zum Engel, Heiligenschein, eigene Wolke und so?« Vallerot verdrehte die Augen. »Das wäre himmlisch.«

»Das musst du dir erst verdienen, glaube ich. Engel wird man nicht so ohne weiteres, das ist eine anspruchsvolle Karriere. Da braucht man Beziehungen.«

»Ich will eh kein Engel sein. Ständig in diesen weißen Nachthemden rumlaufen und beim Großen Außerirdischen antreten müssen. Und die Flügel stören sicher beim Schlafen, selbst wenn man sie einklappt. Aber auf meine eigene Wolke bestehe ich, eine Zwei-Zimmer-Wolke muss es schon sein, mit eigenem Bad und Dusche, möglichst Südbalkon, mit Flachbildschirm und einer kompletten Film-DVD-Sammlung.«

»Genug der Vorschusslorbeeren. Jetzt erzähl erst mal, was du gefunden hast. Danach reden wir über die Chancen deiner Himmelfahrt.«

»Also, du wirst überrascht sein. Bei der geheimnisvollen Waldmaus 123 ist meine digitale Mausefalle zugeschnappt.«

»Ja und?«

»Geduld, Geduld. Ich bin bei einer Adresse gelandet.«

»Du machst es wirklich spannend. Also, ich tue dir den Gefallen und frage dich: Wer steckt hinter der Adresse?«

»Das weiß ich nicht.«

»Du weißt es nicht? Tolle Antwort.«

»Ich habe gesagt, ich kenne die Person nicht, die diese E-Mail verfasst hat. Aber ich habe die Adresse, von deren Internetanschluss die Botschaft abgeschickt wurde.«

»Und?«

»Die Adresse ist hier im Ort. Dort wohnt …« Vallerot machte eine Kunstpause, »… die Familie Wohlrab!«

»Der Bürgermeister? Jetzt bin ich baff. Ich hatte bei der Waldmaus auf unsere Dame aus Passau getippt.« Es kam nur Agnes Wohlrab infrage, dachte Baltasar. Ihr Mann würde wohl kaum zweideutige Botschaften an den Bauunternehmer geschickt haben. Aber warum hatte sie das getan? Hatten die beiden ein Verhältnis gehabt? Agnes Wohlrab passte für Baltasar gar nicht in das Bild einer Frau, die fremdging. Oder doch? Vallerot war anderer Meinung.

»In diesem Ort ist alles möglich, glaub mir. Das bigotte Getue ist hier recht ausgeprägt, erst in die Kirche rennen und danach ordentlich sündigen. Es gibt nur einen Weg, es rauszufinden«, sagte er. »Die diplomatische Tour: Du musst mit ihr reden. Horch sie aus. Das solltest du als Priester doch draufhaben.«

Baltasar widersprach, es schien ihm keine gute Idee, fremde Leute vor den Kopf zu stoßen mit Fragen wie »Übrigens, hatten Sie ein Verhältnis mit ...?«. Auch konnte es sich einfach nur um Internetgeplänkel ohne ernsten Hintergrund gehandelt haben. »Vielleicht hat Plankl die Frau gar nicht gekannt. In Online-Foren kannst du hemmungslos deinen Neigungen nachgehen, rein virtuell, ohne Angst haben zu müssen aufzufliegen.«

»Es gibt tatsächlich in den E-Mails keinen Hinweis, dass sich die beiden verabredet hätten. Vielleicht ist Frau Bürgermeister doch vor dem entscheidenden Schritt zurückgezuckt. Oder sie war nur sehr clever und hat doch mit Plankl ... Solche Online-Liebesgeschichten sind doch sehr einseitig. Aller Sex spielt sich dort nur im Kopf ab – wie bei Pfarrern beispielsweise. Entschuldige meinen Vergleich. Viel spannender finde ich allerdings den realen Unfall von diesem Fassoth.«

»Wenn es denn ein Unfall war, das ist nur eine der Möglichkeiten. Ich glaube weniger daran.« Baltasar schilderte seine Entdeckungen in der Scheune. »Fassoth muss mit einer Frau dort oben gewesen sein.«

»Der hat ja ganz schönen Bedarf gehabt«, meinte Vallerot. »Eine Gattin, eine Geliebte in Passau, deren Wohnung von seinem Freund Plankl bezahlt wird, und jetzt jemand unter den Hochzeitsgästen.«

»Theoretisch könnte sich der Mann auch mit einer Frau verabredet haben, die nicht auf dem Fest war. Zum Vierseithof zu fahren und sich unauffällig in die Scheune zu schleichen ist keine Kunst.«

»Ein Besoffener steigt zum Stelldichein mit einer Leiter aufs Dach, fällt besoffen herunter, das soll's geben.« Vallerot zuckte die Achseln. »In Niederbayern nennt man so was Fensterin. Nur der Abschluss der Aktion macht für gewöhnlich mehr Spaß.«

»Oder jemand hat nachgeholfen.«

Zum Mittagessen schaute Baltasar in der »Einkehr« vorbei. Er hatte ein in Geschenkpapier eingewickeltes Päckchen dabei und bestellte sich Kalbsschnitzel in süß-saurer Soße mit Wok-Gemüse und einen Riesling, nicht ohne Gewissensbisse, weil er auswärts aß. Teresa war einkaufen. Sein Leben in der Pfarrei hatte sich verändert, seit er mit einer Frau unter einem Dach wohnte. Auch wenn es genau genommen lediglich eine Angestellte der Diözese war. Baltasar dachte an die vielen kleinen Änderungen in seinem Tagesablauf. Es fing schon beim Aufstehen an: Konnte man jetzt ins Badezimmer oder nicht? Was tat sie gerade? Sollte er den Kaffee selbst aufbrühen? Dann die seltsame Ordnung der Küche, Tassen standen nun im oberen Regal, »weil man die seltener brauchte«, Teller im unteren Regal, die Heiligenbildchen am Fensterbrett, Blumen oder Gestecke oder eine Tierfigur, die Teresa beim Einkaufen entdeckt hatte. Der Geruch von Scheuermitteln im Gang, der Duft der Lavendelsäckchen in seinem Kleiderschrank, seine Hemden in exakten Rechtecken gefaltet, die Hosen auf Bügeln aneinandergereiht. Worte, wo man früher Stille gewohnt war. Momente der Stille, während derer man auf Geräusche des anderen Menschen horchte. Baltasar hatte ganz vergessen, wie es war, mit einer anderen Frau die Wohnung zu teilen.

»Na, schmeckt es Ihnen?«

Baltasar schreckte auf, fing sich aber rechtzeitig, als er Victoria Stowasser vor sich stehen sah.

»Sie haben kaum was angerührt. Ist mit dem Essen was nicht in Ordnung?«

»Nein, nein ... Es ist nur ... Ich war in Gedanken. Es schmeckt wunderbar, wie immer. Wollen Sie sich nicht zu mir setzen?«

»Später gerne, ich muss nur erst noch die Gäste bedienen.«

An den Nebentischen war der Tod Friedrich Fassoths das beherrschende Thema. Es wurde getuschelt und geflüstert, Theorien aufgestellt, Vermutungen geäußert. Was es zu bedeuten hatte, dass die Leiche in die Gerichtsmedizin gebracht worden war? Sogar zwei leibhaftige Kriminalkommissare sollen aufgetaucht sein. Satzfetzen wehten zu Baltasar herüber: »Ein Hundling war er schon, der Fassoth!« – »Genau, ein Fex.« – »Wenn seine Frau das alles wüsste!« – »Ja, ja, der Alkohol, man soll nicht so viel saufen, wenn man's nicht verträgt.« Nur bei der Frage, was der Mann in der Scheune getrieben hatte, herrschte Rätselraten.

Baltasar nahm sein Päckchen und suchte den Hintereingang der Wirtschaft, sich immer wieder umblickend, ob ihn jemand sah. Er klopfte vorsichtig an der Tür und trat in die Küche. Victoria hantierte gerade mit zwei Töpfen gleichzeitig am Herd. Sie blickte verdutzt. »Herr Pfarrer, Sie hier in meinem Allerheiligsten? Ist der Hunger so groß?« Ihre Haare schienen ein Eigenleben zu führen, bewegt unter der Regie des Dunstabzugs, anmutig und eigenwillig. Baltasar nahm den schwachen Duft eines Parfums wahr, konnte den Geruch nicht einordnen zwischen all den Aromen in der Küche. Und wie sie ihn ansah! So als könne sie seine Gedanken lesen. Er wurde verlegen wie ein Schulbub. »Ich wollte Sie sehen ... allein. Ich habe nämlich etwas für Sie.« Baltasar überreichte ihr das Päckchen.

»Ein Geschenk? Für mich?« Victoria war erstaunt. Vorsichtig riss sie das Papier auf.

»Ich ... Ich habe mir gedacht ... Weil Sie doch immer Anregungen suchen ...«

»Oh, ein Kochbuch.« Sie strich über den Einband und las laut: »Johann Rottenhöfer – Anweisung in der feinen Kochkunst mit besonderer Berücksichtigung der herrschaftlichen und bürgerlichen Küche, von achtzehnhundertsechsundsechzig.« Sie blickte ihn an. »Das ist ja eine Rarität, das kann ich nicht annehmen.«

»Bitte, tun Sie mir den Gefallen, und behalten Sie es. Ich habe es von meinem Vater geerbt. Rottenhöfer war der Mundkoch des bayerischen Königshofs. Da finden Sie einige ungewöhnliche Rezepte.«

»Herr Senner, Sie machen mich verlegen. Womit habe ich das verdient?«

»Das wissen Sie nicht? Sie haben alles auf der Welt verdient.«

Er lächelte. »Das von Ihnen zu hören bedeutet mir besonders viel.«

Eine Zeitlang herrschte Stille zwischen beiden. Was wäre, wenn er in diesem Moment kein katholischer Priester wäre, sondern nur ein gewöhnlicher Mann? Ein Mann, der für die Reize der Frauen empfänglich war, für die Liebe? Dem seine Schwächen in diesem Moment gleichgültig waren. Der sich nur von seinen Gefühlen leiten ließ. Nein, nein, es hatte keinen Sinn, darüber nachzudenken, er quälte sich nur selbst. Er hatte seinen Beruf, sein Leben selbst gewählt, wenn auch zu einem hohen Preis. Es war ein katholisches Problem, evangelische Pfarrer plagten solche Sorgen nicht. Doch Baltasars Kirche verbannte diese Art von Liebe aus seinem Leben – oder versuchte es zumindest. Die Kirchengesetze waren altertümlich, aber sie waren nicht in Beton gegossen, ihm schienen sie eher wie ein Gummiband, das alles im Katholizismus zusammenhielt und doch dehnbar war. Es lag nur an einem selber, was man draus machte.

»Tut mir leid, dass wir unser Gespräch nicht fortsetzen können. Der Zeitpunkt ist ein äußerst unglücklicher ... Die Gäste ...«, sagte Victoria. »Aber wir holen es irgendwann nach. Versprochen.«

Baltasar wollte sie um einen konkreten Termin bitten, ließ es dann aber und ging zurück zur Pfarrei. Wieder einmal wurde er das Gefühl nicht los, dass er nicht allein war. Er drehte sich um, aber niemand war zu sehen.

# 31

In der Metzgerei gab es einen Auflauf. Dort traf Baltasar die Lehrerin Birnkammer und Agnes Wohlrab, die gerade von Emma Hollerbach mit dem neuesten Klatsch aus der Familie Trumpisch versorgt wurden. Dazu wurden Schnappschüsse vom Brautpaar und von der Hochzeitsfeier herumgereicht, gefühlte tausend Stück. Das war der Fluch der Digitalkameras: Man knipste wie ein Weltmeister und versäumte es später, den Mist wegzuwerfen und nur die guten Sachen zu behalten. Stattdessen ließ man das Zeug auch noch ausdrucken. Baltasar nahm höflichkeitshalber einen Packen Fotos und blätterte ihn durch: Simone und Florian vor der Kirche, Simone und Florian mit ihren Eltern, Simone und Florian nehmen Gratulationen entgegen, das geschmückte Auto, das Buffet, betrunkene Gäste auf der abendlichen Feier, Paare beim Tanzen – die Metzgersgattin schien alle paar Minuten den Auslöser gedrückt zu haben, und Baltasar fragte sich, ob sie die Abzüge später als Tapetenersatz oder Dachisolierung verwenden würde.

»Hier ist Friedrich Fassoth zu sehen.« Emma Hollerbach deutete auf ein Foto. »Und hier und hier. Ich werde Abzüge für seine Frau nachmachen lassen. Damit sie eine Erinnerung hat, es sind immerhin die letzten Aufnahmen ihres Mannes.« Die Bilder zeigten Fassoth im Gespräch mit Elisabeth Trumpisch und mit Schicklinger, ein Bild beim Tanzen mit Agnes Wohlrab, einmal starrte er in Großaufnahme in die Kamera.

»Da bist du drauf, Agnes«, sagte Clara Birnkammer. »Habt ihr euch zusammen amüsiert?« Der süffisante Unterton war deutlich herauszuhören.

»Wie ich vor kurzem las, kann man sich ja heutzutage auch im Internet vergnügen«, fügte Baltasar hinzu und dachte dabei an Waldmaus 123. »Es soll ganz normal sein, sich bei seinen Online-Ausflügen hinter Pseudonymen zu verstecken. Tiernamen oder Kosenamen sind besonders beliebt. Machen viele.« Er sah Agnes Wohlrab direkt in die Augen.

Die Frau des Bürgermeisters lief rot an. Ihre Äderchen traten deutlich hervor. »Was ... Was ... Das habe ich doch nicht ... Sie sind ...«

Baltasar drehte sich zur Seite. Konnte diese Frau tatsächlich die Verfasserin der Botschaften sein? Verbarg sich hinter der Fassade der anständigen Bürgermeisterfrau in Wahrheit jemand ganz anderes? War sie womöglich die Frau im Beichtstuhl? Er nahm sich vor, die Bürgermeistergattin besser im Auge zu behalten.

»Ich hab noch mehr Aufnahmen, die ich euch zeigen kann«, sagte Emma Hollerbach. »Ich hole sie nur schnell.«

»Nein, nein, danke, Emma, ich muss wieder heim. Zeig sie Agnes.« Clara Birnkammer schien es plötzlich eilig zu haben. »Ein anderes Mal vielleicht.« Baltasar nahm seine Schinkensemmel und verließ mit der Lehrerin den Laden. »Puh, das war knapp«, sagte Clara Birnkammer. »Ich dachte schon, ich komm hier gar nicht mehr weg. Wenn Emma erst loslegt ... Jetzt ist die arme Agnes das Opfer.«

»Gehen wir ein Stück zusammen?«, fragte Baltasar. Die Lehrerin nickte. Sie unterhielten sich weiter über die Hochzeitsfotos und Fassoths Unfall. »Wie schnell so etwas gehen kann«, sagte Baltasar. »Frau Wohlrab hat Recht, erst noch beim Feiern und dann …«

»Eine Tragödie mit Ansage. Leider war der Mann nicht mehr ganz nüchtern, um es vorsichtig zu sagen. Viele Unglücke passieren unter Alkoholeinfluss, gerade im Straßenverkehr. Beispielsweise habe ich null Verständnis dafür, wenn jemand betrunken hinterm Steuer sitzt. Ich weiß, wovon ich rede – mein Vater starb bei einem Unfall, bei dem Alkohol im Spiel war. Genau wie vermutlich bei Herrn Fassoth, nüchtern wäre es nicht passiert, wenn ich auch nicht weiß, wie sich das Ganze zugetragen hat. Aber das will jetzt die Polizei herausbringen, wie ich gehört habe.«

»Herr Fassoth soll einigen Frauen gegenüber aufdringlich geworden sein.«

»Auch bei mir hat er's mit seiner Anmachtour probiert, dieser gscherte Ramme. Hielt sich für den Größten, betatschte mich, lallte was davon, wie attraktiv er mich fände. Es war einfach nur widerlich, richtig abstoßend. Anderen Frauen ist er sogar an die Wäsche gegangen. Agnes hätte uns da sicherlich mehr erzählen können.«

»Wie meinen Sie das?«

»Nun, ich hab sie am Abend auf der Hochzeit mit Friedrich draußen auf dem Hof gesehen. Die beiden schienen sehr vertraut miteinander, wobei ich damit nicht sagen will … Sie verstehen schon, Hochwürden.«

Baltasar verabschiedete sich. Auf dem Weg zur Pfarrei musste er daran denken, wie verlegen Agnes Wohlrab auf seine Waldmaus-Anspielung reagiert hatte. War sie die Person, mit der sich Fassoth in der Scheune getroffen hatte? War ein Streit zwischen beiden ausgebrochen? Damit drängte sich eine Schlussfolgerung auf: Wenn Agnes Wohlrab die Frau auf dem Dach der Kabine war und wenn sie die Frau im Beichtstuhl war, dann ... Baltasar schluckte ... dann war Fassoth vielleicht das zweite Opfer, das die Geheimnisvolle angekündigt hatte. Das würde bedeuten, das Treffen mit Fassoth war geplant gewesen, mit der Absicht, ihn ins Jenseits zu befördern. Je mehr Baltasar sich darüber den Kopf zerbrach, desto verrückter kam ihm die Theorie vor. Sein Kopf schmerzte, er sehnte sich nach seinem Bett, sehnte sich nach dem Duft des Weihrauchs, schlafen, einfach nur schlafen ... Aber er hatte der Witwe Plankl versprochen, noch bei ihr vorbeizuschauen.

Er zog sich um, ging hinüber in die Kirche, zündete eine Kerze an und setzte sich in die erste Reihe wie ein Besucher. Die Gedanken frei kriegen. Er ließ das Gotteshaus auf sich wirken. Baltasar merkte, wie er ruhiger wurde und sich entspannte. Er musste seinem Gefühl folgen. Zu lange hatte er sich etwas vorgemacht.

Man konnte nicht ewig davonlaufen. Sich bequem verstecken unter dem Priestergewand. Zu oft war er in der Vergangenheit in entscheidenden Momenten weggelaufen, war geflohen vor seinen eigenen Ängsten. Doch dieses eine Mal würde er mit Gottes Beistand die Wahrheit ans Licht zerren. Dieses eine Mal würde er sich einmischen. Und was dann zu tun wäre ... Das würde er entscheiden, wenn der Zeitpunkt gekommen war. Baltasar bekreuzigte sich und machte sich auf den Weg zum Haus der Plankls.

Die Witwe sah in ihrem schwarzen Kostüm mit weißer Bluse aus wie eine Internatsleiterin aus der Stummfilmzeit. Unaufgefordert servierte sie Kaffee und Zitronenkuchen.

»Wie steht es um Ihre Recherchen, Herr Senner?«

Baltasar probierte einen Schluck und hätte um ein Haar den Kaffee wieder ausgespuckt. Eine Plörre. Er stellte die Tasse ab und berichtete von den Ergebnissen, von dem Besuch bei Barbara Wolters. Die Frau habe zwar ein Verhältnis gehabt, aber nicht mit Alois Plankl. Der habe die Frau möglicherweise übers Internet kennengelernt, äußerte Baltasar seine Vermutungen. Den Namen Friedrich Fassoth erwähnte er nicht, ebenso wenig die Entdeckung, dass hinter Waldmaus 123 die Frau des Bürgermeisters steckte.

»Was es mit den anderen Überweisungen auf sich hat, konnte ich nicht klären.«

»Das macht nichts.« Luise Plankl hatte ihre Tasse nicht angerührt. »Ich habe mir die Sache nochmals überlegt und bin zu einer Entscheidung gekommen. Ich habe beschlossen, die Vergangenheit ruhen zu lassen.«

»Nach vorne schauen, das klingt vernünftig.«

»Es beruhigt mich, was Sie über diese Frau Wolters herausgefunden haben. Auch wenn ich es nach wie vor seltsam finde, dass mein Mann die Miete bezahlt hat. Andererseits hat Ihre Arbeit für Unruhe gesorgt, Hochwürden. Das kann ich nicht brauchen.«

»Wie gewünscht bin ich diskret vorgegangen.«

»Ich weiß, ich weiß. Dennoch habe ich den Klatsch mitbekommen, die Leute reden wegen Ihrer Fragerei, Herr Senner. Das Kapitel ist abgeschlossen. Mein Mann wird dadurch nicht wieder lebendig. Deshalb möchte ich, dass Sie Ihre Arbeit ab sofort einstellen. Ich danke Ihnen und werde mich mit einer Spende für die Kirche erkenntlich zeigen.«

Der abrupte Sinneswandel der Witwe überraschte Baltasar.

Gerade sie hatte doch in den vergangenen Wochen darauf gedrängt, die Hintergründe aufzuklären. Jetzt sollte das alles nicht mehr gültig sein?

»Frau Plankl, falls ich jemandem auf den Fuß getreten bin …«

»Ich will keinen Ärger. Und ich will nicht, dass Staub aufgewirbelt wird, an dem meine Familie zu schlucken hat. Das ist die Sache nicht wert. Einen Teil der Information, die ich brauche, haben Sie mir geliefert. Nochmals danke. Ich brauche meine Ruhe. Ich habe Herrn Schicklingers Rat angenommen und ihn gebeten, sich die Unterlagen meines Mannes durchzusehen und mit den geschäftlichen Projekten abzugleichen, an denen Alois bis zu seinem Tod gearbeitet hat. Das wird, glaube ich, diese E-Mails und die Überweisungen aufklären.«

Das war also der Grund für den Sinneswandel: Der Rechtsanwalt hatte die Witwe umgestimmt. »Herr Schicklinger wird sich der Sache annehmen? Gut, wie Sie wünschen, Frau Plankl.«

»Das ist das Beste für alle. Ich will Ihre Zeit nicht über Gebühr in Anspruch nehmen. Sie haben noch andere Aufgaben. Wenn Sie mir bitte die Akten meines Mannes wieder vorbeibringen würden, die ich Ihnen überlassen habe.«

Auf dem Rückweg schaute Baltasar bei Vallerot vorbei. »Ich brauche die Plankl-Unterlagen«, begrüßte Baltasar seinen Freund. »Das Mandat für unsere Mission ist abgelaufen.«

»Wieso das?«

Baltasar berichtete von dem Gespräch. »Mich ärgert, dass ich einfach so weggeschickt werde wie ein Dienstbote. Aber ich habe beschlossen, diese Sache zu Ende zu bringen. Um der Wahrheit willen. Um meiner selbst willen. Ich werde nicht einfach hinschmeißen.«

»Bravo, so gefällst du mir. Nur nicht unterkriegen lassen, wie der Marschal in *Zwölf Uhr mittags*. Ich unterstütze dich selbstverständlich mit meinen bescheidenen Mitteln. Für mich ist es eine schöne Fallstudie, in die Abgründe erzkatholischer Familien zu schauen. Und was die Unterlagen angeht, mach dir keinen Kopf. Ich habe längst alle Papiere kopiert und eingescannt.«

Vallerot holte Plankls Ledermappe und breitete den Inhalt auf dem Tisch aus. »Die Frau auf dem Foto ist identifiziert.« Vallerot wedelte mit der Aufnahme. »Frau Wolters aus Passau. Hier sind der Schlüssel zu der Wohnung und der Zeitungsausschnitt. Die Überweisungen und die Drohbriefe bereiten mir noch Kopfzerbrechen.«

Baltasar nahm sich das Taschentuch vor. Es war ein weißes Baumwolltaschentuch mit braunen Flecken, der Rand mit einer auffälligen Bordüre eingefasst, in der Mitte eine Stickerei, ein Tiermotiv. Gehörte es ursprünglich einer Frau? Auch wenn es ein sehr schönes Tuch war – warum hatte Plankl ein schmutziges Stück Stoff aufgehoben? Baltasar untersuchte die Flecken genauer und kam zu dem Ergebnis, dass es Blutflecken sein mussten – wenn auch sehr alte.

Er legte das Taschentuch in eine Schublade und nahm sich als Nächstes den Ausschnitt der Zeitungsseite noch einmal vor. Datum oder Jahresangabe fehlten. Mehrere Lokalmeldungen, daneben der mehrspaltige Bericht über eine erfolgreiche Treibjagd, zu der Alois Plankl eingeladen hatte. Das Foto zeigte eine Gruppenaufnahme der Jagdteilnehmer vor einem Gasthaus des Nachbarortes. Der Gastgeber stand in der ersten Reihe, im Hintergrund glaubte Baltasar Anselm Schicklinger, den Sparkassendirektor Korbinian Veit, den Bürgermeister Xaver Wohlrab und Friedrich Fassoth zu erkennen, aber der Druck war schlecht, das Papier zudem vergilbt. Warum hatte Plankl gerade diesen Artikel in seinem Tresor aufbewahrt? Baltasar drehte das Papier um. Auf der Rückseite befanden sich Kleinanzeigen wie »Zu verkaufen« oder »Gesucht und gefunden« und Reklame örtlicher Handwerksbetriebe. Nichts Auffälliges.

»Schade, dass die Drohbriefe so kurz gehalten sind«, sagte Vallerot. »Sonst hätte man über Schreibstil und Wortwahl vielleicht Rückschlüsse auf den Autor ziehen können. Aber diese banalen Sätze geben nichts her. Auch das Papier scheint eine ganz gewöhnliche Qualität zu sein, kein Wasserzeichen, keine besondere Maserung.«

»Solche Hassbriefe kann jeder geschrieben haben. Alois Plankl hatte jede Menge Feinde.«

»Aber auch einige Freunde, die immer wieder in den Unterlagen auftauchen. Die Jagdleidenschaft war wohl die verbindende Klammer zwischen den Männern. Ansonsten waren sie sehr unterschiedliche Typen, sowohl von der Herkunft als auch von den Interessen und Berufen.«

Baltasar beschloss, das Taschentuch vorerst zu behalten – er wollte es später zurückgeben –, und brachte die übrigen Unterlagen und die Ledermappe der Witwe Plankl zurück. Dann radelte er direkt nach Hause, um seine Sonntagspredigt vorzubereiten. Das Thema, das er kurzentschlossen abgeändert hatte, lautete nun: Misstrauen als Geißel der Menschheit.

# 32

Oliver Mirwald hatte ein Lächeln aufgesetzt, als stünde das Christkind vor der Tür. Kommissar Dix sah von seiner Zeitung noch. »Warum sind Sie am frühen Morgen schon so fröhlich, Mirwald? Irgendwas eingenommen?«

»Es ist kurz nach neun Uhr. Zur Feier des Tages habe ich Ihnen einen Kaffee mitgebracht.« Mirwald stellte die Tassen auf den Schreibtisch. »Für Sie mit Milch und Zucker, wie Sie's am liebsten haben.«

»Woher wollen Sie das wissen? Ich habe in letzter Zeit nur Kräutertee getrunken.«

»Verdeckte Ermittlungen. Bei den Kollegen.«

»Ich darf doch keinen Kaffee trinken, das hat mir meine Frau verboten. Und Zucker – das reinste Gift.« Dix roch an dem Kaffee, er duftete verführerisch, nahm einen Schluck, es war, als hätte jemand die Tür zum verbotenen Paradies aufgestoßen. »Na gut, Ihnen zuliebe trinke ich ihn. Wäre ja Verschwendung, ihn wegzukippen. Also, womit habe ich denn Ihre Großzügigkeit verdient? Sie sind doch sonst nicht so.«

»Ich habe meine Hausaufgaben erledigt, mit einigen Leuten telefoniert, Aussagen protokolliert. Und die Laborergebnisse sind ebenfalls gekommen.«

»Das ist allerdings ein Grund zum Feiern, wenn die Kollegen vom Labor ausnahmsweise mal schnell sind.«

»Es geht um den Fassoth-Fall. Der Mann, der unter ungeklärten Umständen während einer Hochzeit verunglückt ist.«

»Und? Ich sehe Ihnen an, Sie haben gute Nachrichten.«

»In der Tat. Um es auf den Punkt zu bringen: Wir haben diesen Pfaffen am Arsch.«

»Mirwald, bitte, was ist das für eine Ausdrucksweise? Lernt man das heute auf der Polizeischule?«

»Verzeihung, ich meine natürlich, wir haben starke Indizien, die auf eine Beteiligung des Herrn Senner beim Tod des Mannes hinweisen.«

»Na, das sind wirklich Neuigkeiten. Ihr besonderer Liebling ist also in den Fall verwickelt? Erzählen Sie!«

»Zuerst das Resultat der Autopsie. Friedrich Fassoth starb an einem Genickbruch, höchstwahrscheinlich ist er gestürzt und beim Aufprall auf eine Kante des Leiterwagens gefallen. Der Wucht der Spuren nach zu urteilen, muss der Mann aus größerer Höhe gestürzt sein, vermutlich vom Dach des Anbaus in der Scheune. Seine rechte Hand wies einige frische Kratzer auf, aber das hat den Unfall nicht beeinflusst.«

»Alkohol? Hinweise auf sexuelle Aktivitäten?«

»Fassoth hatte eins Komma neun Promille im Blut. Vollrausch. Keine Spuren, die auf sexuelle Handlungen hinweisen würden. Ich bezweifle, dass der Mann in dem Zustand überhaupt dazu fähig gewesen wäre.«

»Und die anderen Ergebnisse? Wo ist die Pointe?«

»Der Schuh. Der schwarze Lederschuh stammte eindeutig von dem Toten, das andere Exemplar war noch bei den persönlichen Sachen im Leichenschauhaus. Nun raten Sie mal, welche Fingerabdrücke wir auf dem Leder gefunden haben.«

»Pfarrer Senner?« Mirwald nickte.

Dix lehnte sich zurück. »Das ist ja ein Ding. Da der Herr

Pfarrer dem Fassoth wohl kaum die Füße gewaschen hat wie einst unser Heiland, fragt sich, wie die Fingerabdrücke auf den Schuh des Unfallopfers gelangten. Ist dieser Senner wirklich so dumm, einfach seine Abdrücke am Tatort zu hinterlassen? Auf mich machte der Mann einen ganz intelligenten Eindruck.«

»Das täuscht. Wahrscheinlich ist er bei der Tat gestört worden, vielleicht kamen Hochzeitsgäste. Es blieb keine Zeit mehr, Spuren zu verwischen, da hilft auch keine Cleverness. Aber das ist noch nicht alles.« Mirwald zog mit großer Geste weitere Papiere aus seinem Ordner.

»Sie machen mir den Mund wässrig. Noch mehr Beweise?«

»Ich habe reihenweise Leute von der Gästeliste der Hochzeit angerufen und befragt. Sie bestätigen, dass Fassoth angetrunken war und bisweilen zudringlich wurde, ganz normal für eine Bauernhochzeit. Nun kommt's: Eine Barbara Schicklinger, Frau des ortsansässigen Rechtsanwalts, sagt aus, sie habe Herrn Senner mit Herrn Fassoth auf dem Hof gesehen, als sie eine rauchen war. Die beiden sind laut geworden, und am Ende gab es eine Schlägerei.«

»Was? Der Geistliche ein Raufbold? Jetzt bin ich baff.«

»Schlägerei nun nicht gerade, aber Herr Senner hat heftig zugeschlagen, Fassoth ging zu Boden und musste kotzen.«

Dix stand auf. »Das eröffnet neue Perspektiven. Wir haben uns gerade eine Dienstfahrt aufs Land verdient.«

Die Kommissare parkten direkt vor dem Pfarrhaus. Dix klingelte. Eine Frau mit auffällig enger Bluse öffnete. »Sie wünschen?«

»Zu Herrn Senner bitte.«

»Ist leiderrr beschäftigt. Messe vorbereiten. Sie müssen warten.«

»Danke, wir gehen rüber in die Kirche.« Dix zog Mirwald mit sich. »Kleiner Überraschungsbesuch. Wahrscheinlich ist er in der Sakristei.« Sie klopften an den Seiteneingang der Kirche. Niemand rührte sich, sie traten ein in einen rechteckigen Raum mit einem Tisch in der Mitte, einem überdimensionalen Schrank und einer Anrichte, die sich über eine Seite des Raums zog. Der Pfarrer stand am Schrank und streifte gerade sein Chorhemd über.

»Sie schon wieder. Was wollen Sie?« Die Stimme des Geistlichen klang ärgerlich. »Die Andacht geht gleich los, und mein Ministrant ist noch nicht da. Die Witwe Plankl hat eine Messe für ihren verstorbenen Mann bestellt. Ich bin in Eile.«

»Das verstehen wir, Hochwürden.« Mirwald bestreute seine Worte mit Kandis. »Aber auch wir haben unsere Arbeit zu erledigen. Es gibt einiges, was wir besprechen sollten. Warum haben Sie auf unser Klopfen nicht geantwortet?«

»Der Gottesdienst geht vor. Da lasse ich mich von niemandem stören, auch nicht von Ihnen. Ihr Anliegen hat auch später Zeit.« Der Pfarrer sah auf die Uhr. »Wo bleibt bloß der Junge?«

Dix ging zur Anrichte und betrachtete das Turibulum. »Darf ich?« Er griff das Gefäß an der Kette und schwenkte es hin und her. »Wissen Sie, Hochwürden, ich war nämlich in meiner Kindheit selbst Ministrant. Ich kann noch alle Handgriffe.« Er entdeckte die Altarschellen, nahm sie vom Tisch und ließ sie mit einer gekonnten Bewegung aus dem Handgelenk erklingen. »Gelernt ist gelernt.«

»Stimmt. So was verlernt man nicht«, meinte Baltasar. »Ich sage Ihnen was: Sie machen jetzt den Ministranten und assistieren mir, Herr Kommissar, danach nehme ich mir Zeit, und Sie dürfen alle Fragen der Welt stellen. Ein passendes Chorhemd müsste sich finden lassen.« Baltasar kramte in dem Schrank. »Wer sagt's denn. Probieren Sie mal an.« Der Pfarrer reichte Dix das Kleidungsstück und musterte dessen Figur. »Ein bisschen eng vielleicht, aber wird schon gehen.«

»Also gut.« Der Kommissar streifte sich das Gewand über. »Wir haben einen Deal.«

Mirwald wurde blass. »Aber Herr Dix, Sie ... Sie können doch nicht ... Wir sind dienstlich hier.«

»Das ist auch ein Dienst, ein Dienst am lieben Gott. Außerdem dauert es nicht lange. Schauen Sie zu, da können Sie noch was lernen.«

Die weiteren Proteste seines Assistenten ignorierte Dix. Er ging vollkommen in seiner Mission auf, verrichtete während der Messe alle Handgriffe fehlerfrei, selbst danach schien er sich, wieder in der Sakristei, nur ungern von seinen Altarschellen trennen zu wollen.

»Das war ein Spaß!«, sagte Dix. Sein Gesicht strahlte. »Da fühlt man sich wieder in seine Jugend zurückversetzt. Wie die Leute geguckt haben, einfach wunderbar! Nur der Weihrauch fehlte.«

»Die Witwe wollte keinen.« Baltasar nahm das Gewand entgegen und verstaute es im Schrank. »Wenn Sie möchten, kann ich Sie mal meine Spezialsorten probieren lassen.«

»Genug mit dem Humbug!«, fuhr Mirwald dazwischen. »Wir sind in einer ernsten Angelegenheit gekommen, wir ermitteln wegen des Unfalls von Herrn Fassoth. Da wollen wir einiges von Ihnen wissen.«

»Bitte sehr, wenn Sie meinen. Wobei ich nicht verstehe, wonach Sie suchen.«

»Tun Sie nicht so naiv.« Mirwald baute sich vor dem Pfarrer auf. Einige Sekunden blickten sich beide direkt in die Augen, ohne ein Wort zu sagen. »Sie waren doch auf der Hochzeit, da haben Sie Herrn Fassoth gesehen, mit ihm geredet.«

»Ich habe mit vielen Gästen geredet.«

»Jetzt reicht's aber!«, donnerte Mirwald. »Wir diskutieren hier nicht irgendwelches Partygeplauder, sondern wollen klare Aussagen, welche Kontakte Sie mit dem Mann hatten!«

»Geht's ein bisschen leiser? Ich bin nicht schwerhörig. Was wollen Sie wissen? Ja, ich habe mit Herrn Fassoth gesprochen.«

»Etwas präziser wäre schon hilfreich, Herr Senner«, sagte Dix. »Um was ging es bei Ihrem Gespräch?«

»Wir trafen uns zufällig im Hof. Ich sprach mit ihm wegen meines Jugendprojekts. Er war ziemlich angetrunken, wurde ausfällig. Wir redeten nur kurz.«

»Weil Sie ihn zusammengeschlagen haben!« Mirwalds Augen funkelten. »Wir haben Zeugen, leugnen Sie nicht. Sie sind ein gefährlicher Gewalttäter!«

»Der Herr ist mein Schild und mein Schutz, heißt es in der Bibel. Fassoth wurde aggressiv und schlug ohne Vorwarnung zu. Ich habe mich nur gewehrt. Ich glaube, das nennt man Selbstverteidigung.«

»Und wenig später war der Mann tot. Komischer Zufall,

was?« Ironie würzte Mirwalds Worte. »Überall, wo Sie auftauchen, liegen nachher Leichen herum.«

»Was soll ich zu Ihren Unterstellungen sagen? Tote gehören zu meinem Geschäft, wenn Sie so wollen. Als Pfarrer muss ich schließlich für ein christliches Begräbnis sorgen.«

Dix räusperte sich. »Ganz konkret gefragt, Herr Senner: Haben Sie nach Ihrem Streit im Hof Herrn Fassoth noch mal gesehen oder mit ihm gesprochen?«

»Weiß nicht, ob ich ihn noch mal gesehen habe. Vermutlich ja. Bei den vielen Gästen auf der Hochzeit habe ich nicht auf einzelne Personen geachtet. Gesprochen habe ich ihn nicht mehr.«

»Waren Sie später in der Scheune?«

»Als die Leiche von Herrn Fassoth gefunden wurde, bin ich mit den anderen Gästen zur Scheune gegangen.«

»Als Zuschauer?«

»Es war sofort klar, dass man nichts mehr für ihn tun konnte. Jemand hatte ihn untersucht und seinen Tod festgestellt.«

»Also haben Sie Herrn Fassoth nach Ihrem Streit weder gesprochen, noch sind Sie ihm nahe gekommen. Habe ich Sie da richtig verstanden?«

»Das sagte ich doch bereits.«

»Lassen Sie mich eine andere Theorie aufstellen.« Mirwald holte etwas aus seiner Jackentasche. »Sie konnten es nicht verwinden, dass Fassoth Ihnen blöd gekommen war, und wollten es ihm heimzahlen. Unter einem Vorwand lockten Sie ihn in die Scheune, brachten oder zwangen ihn dazu, auf die Leiter zu steigen, und stießen ihn von dort herunter. Vielleicht wollten Sie ihm nur einen Denkzettel verpassen, vielleicht kalkulierten Sie den Tod aber auch ein.« Der Kommissar hielt Senner das Foto unter die Nase, das er aus seiner Tasche genommen hatte. Es war eine Aufnahme, die den Körper des Toten zeigte, vermutlich bei der Einlieferung ins Krankenhaus. In seinem Anzug sah Fassoth aus, als ob er schliefe. »Sehen Sie sich das Foto des Opfers an, schauen Sie genau hin. Verspüren Sie Reue wegen Ihrer Tat?«

»Ich bereue viele Taten in meinem Leben und hoffe, der liebe Gott hat mir meine Sünden vergeben. Aber mit dem Tod von Herrn Fassoth habe ich nichts zu tun.«

»Nichts zu tun? So? Haha! Dann erklären Sie mir, lieber Herr Pfarrer, wie Ihre Fingerabdrücke auf den Schuh des Opfers kamen.« Mirwald zeigte Senner ein Foto des Schuhs. »Ich sage Ihnen, wie es lief: Sie wollten die Leiche verstecken, um Spuren zu verwischen, wurden dabei gestört, der Schuh ging verloren.«

»Ach, der Schuh. Jetzt erinnere ich mich wieder. Ich hatte mich in der Scheune noch ein wenig umgesehen, nachdem der Leichnam abtransportiert worden war. Dabei habe ich den Schuh gefunden. Ich maß dem keine Bedeutung bei und habe den Schuh dort zurückgelassen.«

Dix mischte sich ein. »Was hatten Sie denn in der Scheune zu suchen, Herr Senner? Warum sind Sie nicht heimgegangen wie alle anderen auch?«

»Das tragische Unglück ließ mir keine Ruhe, und ich fragte mich, wie es zu dem Unfall kommen konnte.«

»Überlassen Sie Ermittlungen lieber der Polizei. Das ist kein Gebiet für Amateure«, sagte Dix.

»Glauben Sie wirklich, wir nehmen Ihnen Ihre Geschichte ab?« Mirwald blickte finster drein. »Sie klingt zu schön, um wahr zu sein. Wobei Sie ein Talent haben, sich die Dinge zurechtzubiegen, das muss ich Ihnen zugestehen.«

»Was Sie glauben oder nicht, dabei kann ich Ihnen nicht helfen. Wenn es Ihnen an Glauben mangelt, hilft vielleicht ein Besuch des Gottesdienstes. Ist es ein Verbrechen, einen Schuh aufzuheben, der auf dem Boden lag? Herr Fassoth war betrunken, das werden Ihnen sicher auch andere Hochzeitsgäste bestätigen. Ich weiß nicht, was er in der Scheune gemacht hat. Ich weiß nur, dass Unfälle passieren, wenn Betrunkene Leitern hinaufklettern.«

»Woher wissen Sie, dass der Mann hochgestiegen ist?«

»Ich denke es mir. Haben Sie eine bessere Erklärung?« Baltasar sah Mirwald herausfordernd an.

»Wir ermitteln in alle Richtungen«, sagte Dix. »Deshalb gehen wir verschiedene Möglichkeiten durch. Sie müssen uns schon zugestehen, dass eine Rauferei und ein Schuh des Toten mit Ihren Fingerabdrücken einige Fragen aufwerfen. Die sind nun geklärt. Besten Dank für Ihre Zeit, Herr Senner, und schönen Tag noch.«

Die ersten Minuten auf der Rückfahrt schwiegen die beiden Kommissare. »Dieser Mistkerl«, platzte es plötzlich aus Mirwald heraus. »Glatt wie ein Aal. Es gelingt uns einfach nicht, ihn festzunageln.«

»So läuft es im Kriminaldienst nun mal. Wenn sich eine These nicht bestätigt, muss man sich leidenschaftslos von ihr trennen. Vielleicht sagt der Pfarrer tatsächlich die Wahrheit. Es macht nur unnütze Arbeit, sich in eine Sache zu verrennen. Ohne Beweise gibt es keinen Fall. Das müssen Sie noch lernen, Mirwald.«

Zum Abendbrot hatte Teresa selbst eingelegtes Gemüse und Schwarzbrot mit Griebenschmalz hergerichtet. Aus ihrem Zimmer war zu hören, wie sie Lieder aus dem Radio mitsang. Baltasar lag das Gespräch mit den Kommissaren noch im Magen, er aß kaum einen Bissen. Stattdessen stellte er ebenfalls das Radio an, wo gerade der Klassiker »Smoke on the Water« von Deep Purple zu hören war, holte die Blechbox mit den Weihrauchtüten unter der Spüle hervor und überlegte, ob er diesen misslungenen Tag mit einer arabischen Brise beenden sollte. Das Telefon klingelte, verärgert über die Störung hob Baltasar ab.

»Herr Senner?«

»Ja.«

»Sind Sie noch im Dienst?« Eine Frauenstimme, kaum zu verstehen.

»Wer spricht da?«

»Ich möchte noch einmal bei Ihnen beichten, Hochwürden. Hätten Sie kurzfristig Zeit?« Die Stimme klang verfremdet, aber Baltasar war sich sicher, die Unbekannte in der Leitung zu haben.

»Kommen Sie morgen früh vorbei, gleich nach der Morgenandacht.«

»So lange will ich nicht warten. Jetzt gleich wäre mir lieber. Es ist wirklich dringend.«

»Jetzt gleich? Es ist schon dunkel.« Baltasar dachte an seinen Weihrauch und verspürte wenig Lust, heute noch seinen Amtspflichten nachzukommen und sich neue Phantasien anzuhören. »Was ist denn so dringend, dass es nicht bis morgen Zeit hat?«

»Das kann ich Ihnen nicht am Telefon sagen. Nur so viel:

Es geht um Leben und Tod. Ich bitte Sie, Herr Pfarrer, nehmen Sie mir die Beichte ab.«

»Meinetwegen. Kommen Sie jetzt in die Kirche. Ich richte bis dahin alles her und lasse die Tür offen.«

»Nein, nein, nicht die Kirche. Das ist mir mittlerweile zu gefährlich. Jemand könnte mich sehen und sich fragen, was ich zu dieser Nachtzeit dort mache. Nein, ich will einen anderen Ort zum Beichten. Einen versteckten Ort, wo niemand hinkommt. Zum Beichten muss ich doch nicht in die Kirche gehen, oder?«

»Man kann auch auf andere Weise beichten, das ist nicht an die Kirche gebunden. Was schlagen Sie vor?«

»Können Sie zum Huberhof kommen? Der ist unbewohnt und abgelegen. So in einer halben Stunde?«

»Mein künftiges Jugendzentrum? Warum gerade dort?«

»Ich finde es einen passenden Treffpunkt. Ein Ort der Ungerechtigkeit und der Sühne.«

»In Gottes Namen, wenn es sein muss. Wie finde ich Sie?«

»Ich finde Sie. Kommen Sie einfach.«

# 33

Es war kühl, der Wind schnitt ins Gesicht, Baltasar duckte sich und strampelte gegen den Widerstand an. Wolken, mehr zu ahnen als zu sehen in der Schwärze des Himmels, hielten das Mondlicht gefangen. Die Fenster der Häuser waren Rechtecke in Gelb oder Blau, fahl und ohne Leuchtkraft. Die Tonschnipsel der Fernsehprogramme waren die einzigen Lebenszeichen, die nach draußen drangen. Der Ort dämmerte in den Schlaf, verabschiedete sich von der Hektik.

Am Beginn des Feldwegs stieg Baltasar ab, schob das Rad an den Waldrand und lehnte es an einen Baum. Der Wald zeigte sich als schwarzes Loch, schon nach wenigen Metern waren die Umrisse der Stämme kaum mehr auszumachen. Und doch lebte etwas darin, es krächzte und kreischte, es wummerte und schrie. Töne ohne Hoffnung, ohne Trost. Die Quelle der Geräusche lag tief im Herzen des Waldes und war doch nicht zu orten. Zumindest schien es Baltasar so, er fühlte sich an die Märchen erinnert, die Geschichten von Geistern und Hexen, die ihm sein Vater früher erzählt hatte und die er mit entsprechenden Lauten untermalte, was jedes Mal eine Gänsehaut hervorrief.

Schritt für Schritt tastete er sich voran, seine Taschenlampe erfasste die Unebenheiten des Bodens, seine Füße spürten die Schlaglöcher unter dem Gras. Baltasar fragte sich, wie er in der Dunkelheit die Frau finden sollte und ob das Ganze nicht eine törichte Idee war. Ihm war etwas mulmig zumute, was nicht nur an der Umgebung lag. Wenn dieses Treffen nun eine Falle war? Die Unbekannte war zu allem fähig, das hatten ihre Taten in der jüngsten Vergangenheit zur Genüge bewiesen. Wie einfach es wäre, ihm hier aufzulauern und ihn niederzustrecken. Durch diese hohle Gasse muss er kommen ... Niemand wusste, dass er hier war, niemand vermisste ihn. Seine Leiche würde man erst nach Wochen finden. Hoffentlich gab es wenigstens eine schöne Beerdigung – ohne Nelkensträuße, dafür aber mit duftendem Weihrauch.

Baltasar schüttelte die schwarzen Gedanken ab und konzentrierte sich auf den Weg. Der Herr ist mein Hirte, er gibt mir Kraft, dachte er, ich vertraue meinen Instinkten. Vor dem Lichtkegel tauchte der Zaun des Huberhofs auf, Baltasar richtete die Taschenlampe nach vorn, die Fassade war zu sehen, eine grau-braune Wand, tote Fenster. Ein Geisterhaus.

Etwas blitzte auf. Es kam von dem linken Fenster im Erdgeschoss, ein Licht, drei Mal kurz, drei Mal lang, ein Signal mit einer Taschenlampe. Baltasar morste zurück und ging auf das Licht zu. Als er sich bis auf fünf Meter genähert hatte, hörte er eine gedämpfte Stimme.

»Stopp! Nicht weiter. Machen Sie zuerst Ihr Licht aus, Hochwürden, und stecken Sie Ihre Taschenlampe ein. Bitte tun Sie mir den Gefallen. Ich möchte nicht erkannt werden.«

»Wie soll ich in der Dunkelheit ins Haus finden? Da breche ich mir den Hals.«

»Sie brauchen nicht ins Haus. Kommen Sie einfach ans Fenster. Wir reden hier, ich bleibe drin, Sie bleiben draußen.

So kommen Sie nicht in Versuchung, meine Identität aufzudecken.«

In Tippelschritten ging Baltasar zum Fenster. Das Licht der fremden Taschenlampe blendete ihn. »Damit Gleichheit herrscht, wäre es schön, wenn Sie Ihre Lampe ebenfalls ausschalten.«

»Na gut.« Das Licht verschwand. Baltasar sah, dass ein Flügel des Fensters geöffnet war. Die Frau musste hinter dem geschlossenen Fensterteil stehen.

»In der Kirche wäre es gemütlicher gewesen.« Baltasar sprach in das Dunkle des offenen Fensters. »Das hier ist der ungewöhnlichste Beichtort meines Lebens.«

»Meiner auch.« Die Stimme der Frau sank zu einem Flüstern. Nicht einmal ihre Umrisse waren hinter der Scheibe auszumachen.

»Meinen Sie nicht, Ihre Vorsorgemaßnahmen sind etwas übertrieben? Sie können sich nach wie vor auf meine Verschwiegenheit verlassen.«

»Das haben wir bereits früher diskutiert, Hochwürden. Ich zweifle nicht an Ihrer Diskretion, sonst wäre ich nicht hier. Aber die Angelegenheit wird immer gefährlicher. Die Polizei ermittelt. Und Sie stellen den Leuten seltsame Fragen.«

»Ich habe nur ...«

»Schon gut, schon gut. Ich kann es jedenfalls nicht riskieren aufzufliegen, wie Sie verstehen werden. Niemand soll wissen, dass wir uns unterhalten. Ich vermeide jede öffentliche Aufmerksamkeit, um nicht aufzufallen. Meine Tarnung ist die Normalität. Das will ich so beibehalten.«

Sosehr sich Baltasar auch konzentrierte und auf Nuancen achtete, er konnte die Stimme keiner Person zuordnen. Er sprach die rituellen Worte des Beichtsakraments. »Also, was treibt Sie, mitten in der Nacht die Beichte abzulegen?«

»Ich habe gesündigt.«

»Um Himmels willen. Was haben Sie diesmal getan?«

»Ich hatte Ihnen angekündigt, meine Mission fortzusetzen, um Gottes Gerechtigkeit auf Erden walten zu lassen.«

»Sie hatten keinen Namen genannt. Ich hielt das Ganze für eine unüberlegte Aussage vor dem Hintergrund aufgestauter Gefühle.«

»Ja, Zorn habe ich verspürt, und Zorn verspüre ich noch. O Gott, wie ich hasse. Das Gefühl beherrscht mich. Die Wut über die Ungerechtigkeit. Ich hasse. Der liebe Gott mag am Jüngsten Tag über die Menschen richten, ich kann nicht so lange warten. Ich halte es nicht mehr aus. Ich muss was tun. Ich muss.«

»In der Bibel gibt es einen Satz: Selig sind, die da hungert und dürstet nach Gerechtigkeit, denn sie sollen satt werden. Das Streben nach Gerechtigkeit ist also eigentlich gut. Was den Zorn betrifft, ihn unterscheidet von der Wut das Zielgerichtete. Zorn ist eine mächtige Antriebsfeder, Zorn ist durchaus legitim. Die Frage bleibt, warum Sie der Hass antreibt, welche Taten damit verknüpft sind.«

»Ich gestehe meine Sünde: Ich will als Strafe den Tod. Ich muss die Verbrechen rächen. Ich kann an nichts anderes mehr denken.« Ihre Stimme überschlug sich. »Dann ist die Gerechtigkeit erfüllt, die Balance wiederhergestellt.«

»Wie kann ich Sie nur überzeugen, dass der Tod eines anderen Menschen nichts Wünschenswertes ist? Gerechtigkeit lässt sich auf vielen anderen Wegen herstellen. Zeigen Sie die Verbrechen einfach bei der Polizei an.«

»Die Gesetzeshüter können Sie vergessen. Alles Versager. Lauter Luschen. Ist denn der Tod für einen Mörder nicht angemessen? Das frage ich mich wieder und immer wieder. Diese Bestrafung kann nicht falsch sein. Jemand muss es tun. Ich muss es tun. Sonst drehe ich noch durch.«

Baltasar dachte an den jüngsten Todesfall. »Wenn ich Sie direkt fragen darf: Haben Sie mit dem Unfall von Friedrich Fassoth zu tun?«

Eine Weile blieb es hinter dem Fenster still, so als ob niemand anwesend wäre. Baltasar wollte eben seine Frage wiederholen, als die Frauenstimme antwortete: »Ich will darüber nicht reden.«

»Warum nicht? Sie sind doch hier, um Ihre Sünden zu beichten. Geben Sie sich einen Ruck!«

»Ja, Fassoth stand auf meiner Liste. Über sein Ableben bin ich nicht traurig, im Gegenteil. Ich habe meinen Teil dazu beigetragen.« Ein Kichern war zu hören.

»Sie haben ihn umgebracht?«

»Ich werde nichts sagen, was nach einem Geständnis klingt. Der Mann war durch und durch verdorben und kriminell. Ich verstehe gar nicht, wie seine Frau es so lange bei ihm ausgehalten hat. Jetzt ist sie erlöst.«

»Ich hatte mit Herrn Fassoth mehrmals zu tun. Ein angenehmer Zeitgenosse war er nicht gerade, das mag sein ...« Baltasar dachte an die vergangenen Auseinandersetzungen mit dem Mann.

»Es ist bei Fassoth keine Frage von angenehm oder unangenehm, sondern von Leben und Tod. Dieser Mensch hat mehr Schuld aufgeladen, als Sie denken. Er hat seine gerechte Strafe erhalten, Gott sei Dank.«

»Sie waren also auf der Hochzeit und haben Herrn Fassoth …«

»Kein Kommentar. Ich weiß, was vorgefallen ist. Die Drecksau hat bekommen, was sie verdient hatte.«

»Sind Sie nun zufrieden? Haben Sie Ihren Rachedurst gestillt?«

Aus der Fensteröffnung klang ein irres Lachen. Für einen Moment bemerkte Baltasar eine Bewegung hinter dem Glas. Die Frau trägt schwarze Kleidung, dachte er. Zum Schutz in der Dunkelheit.

»Zufrieden? Ich soll zufrieden sein? Was denken Sie! Dazu braucht es mehr. In mir brodelt es. Ich muss mich zusammenreißen, damit man es mir nicht ansieht. Ich bin noch lange nicht zufrieden, noch lange nicht. Im Gegenteil!«

»Wie wollen Sie Ihren Seelenfrieden finden? Sie haben sich schuldig gemacht, das wird Sie ein Leben lang verfolgen.«

»Schuld, Unschuld, das reicht nicht, um das alles zu begreifen. Es geht um mehr. Mich verfolgt das Thema schon lange. Ob ich meinen Frieden finde? Ich glaube nicht. Das ist der Preis, den ich zahlen muss. Aber was ich weiß: Seit Fassoths Tod geht es mir besser. Eine Befreiung. Deshalb fühle ich es tief im Innern: Ich bin auf dem richtigen Weg. Ich überlasse es Gott, am Ende aller Tage zu entscheiden, ob meine Schuld schwerer wiegt als die Schuld der anderen. Hier auf der Erde habe ich eine Aufgabe, die ich erfüllen werde. Das ist meine Mission.« Wieder lachte sie.

War die Frau verrückt? Sie klang völlig übergeschnappt. Und doch war sich Baltasar sicher, dass sie es ernst meinte. Sie mochte ein durchschnittlicher, unauffälliger Mensch sein, aber sie hatte einen fanatischen Willen. »Was verfolgt Sie so, dass Sie nicht zurückkönnen?«

»Das wäre eine lange Geschichte, dafür haben wir keine Zeit. Es liegt lange zurück. Und doch kommt alles wieder hoch, eine Auferstehung der Vergangenheit.«

»Sie sagten, Sie sind noch nicht zufrieden. Was wollen Sie denn noch erreichen?«

»Ich dachte, das wüssten Sie. Deswegen sind wir hier. Ich will Ihre Absolution. Ich muss mein Werk vollenden. Eine Person noch. Ein Mensch, der ebenfalls sein Leben verwirkt hat. Bis dass der Tod euch scheidet ...«

»Sie wollen noch einen Menschen umbringen? Sind Sie völlig ...«

»Kein Wort mehr!« Die Stimme wurde lauter.

Baltasar kam der Tonfall plötzlich bekannt vor, er zermarterte sich das Gehirn, gab es aber auf. Die Frau blieb ein Phantom.

»Was denken Sie von mir? Ich bin nicht verrückt!« Die Unbekannte presste die Worte heraus. »Ich verfolge einen genauen Plan. Sie enttäuschen mich, Herr Senner, Sie enttäuschen mich wirklich. Gerade bei Ihnen habe ich mit mehr Verständnis gerechnet. Und ich sage Ihnen mit klarem Kopf: Jemand muss noch für alles bezahlen. Ich habe noch eine Rechnung offen. Erst dann gebe ich Ruhe.«

»Wie kann ich Sie davon abbringen? Bitte sagen Sie es mir.«

»Niemand bringt mich davon ab. Sie werden merken, wenn es so weit ist. Aber ich sehe, ich vergeude meine Zeit, wir reden aneinander vorbei. Das ist meine letzte Beichte bei Ihnen. Sie werden nicht mehr von mir hören. Erteilen Sie mir die Absolution?«

»Ich kann Ihnen die Absolution nur erteilen, wenn Sie Reue zeigen. Aber das tun Sie nicht.«

»Dann eben nicht. Ist auch egal. Ich tue, was ich tun muss. Ich wünsche mir, dass Sie später einmal Ihre Meinung ändern, wenn Sie die Hintergründe kennen. Bitte gehen Sie jetzt, Hochwürden, gehen Sie. Und versuchen Sie nicht, mich zu verfolgen und meine Identität aufzudecken. Denken Sie an das Beichtgeheimnis. Gehen Sie, ich warte, bis Sie weg sind.«

Baltasar blieb vor dem Fenster stehen. Sekunden später war das Klirren von Glas zu hören, als ob jemand eine Scheibe eingeschlagen hätte. Im nächsten Moment erhellte sich die Umgebung, ein Wechselspiel von Gelb und Rot. Das Licht kam aus dem ersten Stock des Hauses, aus dem Eckzimmer. Benzingeruch breitete sich aus. Feuer, durchfuhr es Baltasar.

»Feuer!«, brüllte er. »Sofort weg hier!« Er klopfte gegen die Scheibe. »Hören Sie, es brennt. Laufen Sie, laufen Sie weg, schnell!«

Niemand antwortete. Es war kein Geräusch aus dem Fenster zu hören. Nur das unheimliche Knacken, als die ersten Flammen die Dachbalken erreichten. Baltasar überlegte, ob er nach der Frau schauen sollte. Er hoffte, sie hatte sich rechtzeitig in Sicherheit gebracht. Funken schwirrten durch die Nacht. Er holte sein Mobiltelefon heraus und wählte den Notruf.

Mittlerweile waren Flammen zu sehen, die hinter dem Fenster ihr Schauspiel aufführten, ein Stück ohne Personen, angetrieben von mächtigen Energien. Glas zerbarst, Splitter regneten auf Baltasar herab. Ein Hitzeschwall traf sein Gesicht wie ein Faustschlag. So muss die Hölle aussehen, schoss es Baltasar durch den Kopf. Er wich zurück bis zum Waldrand, starrte wie betäubt auf das Haus, das Höllenfeuer tanzte einen Freudentanz, umarmte den Dachstuhl, zwängte sich durch die Ziegel, reckte sich zum Himmel.

Baltasar stand da wie gelähmt, jedes Gefühl, jede Regung war aus seinem Körper gesaugt, sein Unterbewusstsein registrierte das Signalhorn des Feuerwehrautos, Scheinwerfer erfassten ihn, er hörte das Schlagen von Türen, knappe Befehle, eine Motorwinde jaulte auf. Das Feuer schien sich lustig zu machen über den Besuch, stieg höher, breitete sich in den anderen Zimmern aus. Menschen liefen durcheinander, noch mehr Befehle, das Zischen von Löschwasser.

»Fehlt Ihnen was? Verstehen Sie mich? Sie müssen zum Notarzt, sich untersuchen lassen.« Ein Mann in Feuerwehruniform berührte Baltasar. Er schüttelte den Kopf. »Ist schon in Ordnung. Alles in Ordnung. Haben Sie noch jemand aus dem Gebäude retten können?« Die Worte fielen aus seinem Mund wie glühende Kohlen. Der Mann schüttelte den Kopf und fragte nach Namen und Adresse. Wie in Trance sagte Baltasar es ihm. Nichts war in Ordnung, dachte Baltasar, gar nichts. Das war das Ende.

Irgendwann löste er sich aus seiner Erstarrung. Er stolperte über den Feldweg, seine Hände zitterten, Brandgeruch klebte an seinem Körper wie Teer, sein Hals war trocken, er musste sich zum Atmen zwingen. Er fand sein Fahrrad, fand nach Hause, wusste nicht, wie lange er gebraucht hatte, warf sich aufs Bett. Erst im Morgengrauen fiel er in einen unruhigen Schlaf.

# 34

Teresa weckte ihn. Besucher seien da, die Polizei, sie hätten einige Fragen. Mühsam kroch Baltasar aus dem Bett, es war, als entsteige er einer Gruft. Am liebsten wäre er liegen geblieben bis zum Jüngsten Gericht, die Bettdecke über dem Kopf, nichts hören, nichts sehen, nichts fühlen. Ewiger Dämmerschlaf. Aufwachen im Paradies, alles wäre vergeben, alles vergessen. Doch der Alptraum der vergangenen Nacht kam zurück, ein Affe, der sich im Genick festkrallte und ihm die Vorkommnisse ins Ohr flüsterte. Baltasar hatte noch die Kleidung vom Vortag an, der Gestank von Rauch und Verkohltem bereitete ihm Übelkeit, ein Blick in den Spiegel zeigte ihm, dass sein Haar angesengt war, sein Gesicht ein Tarnanstrich aus Rußflecken.

Das Waschen musste warten. Baltasar fuhr kurz mit dem Hemdsärmel übers Gesicht und begrüßte die beiden jungen Polizisten in der Küche, die vor einer Tasse Kaffee saßen und ein seltsames Gebäck mit Pockennarben – oder waren es Streusel? – aßen, argwöhnisch von Teresa beäugt. Die Beamten sahen den Hausherrn komisch an, wagten es aber nicht, ihn auf sein Aussehen anzusprechen. Sie hätten nur einige Routinefragen zu dem Brand, sagten sie, die Feuerwehr habe die Adresse von Hochwürden weitergegeben. Baltasar beantwortete die Fragen, ohne recht bei der Sache zu sein. Warum er so spät dort gewesen sei? Er habe nicht schlafen können und sei deshalb spazieren gefahren. Dann habe er die Flammen bemerkt.

»Gibt es schon einen Hinweis, warum es gebrannt hat?«, fragte er.

»Die Feuerwehr meint, die Lage des Brandherdes deute auf einen Brandbeschleuniger hin. Das Feuer ist im ersten Stock ausgebrochen und hat sich dort schnell verbreitet.«

Baltasar erinnerte sich an seinen früheren Besuch beim Huberhof, den Camping-Kocher und das Zusammentreffen mit dem Buben und erzählte alles den Polizisten, die sich eifrig Notizen machten. Den Teil, wo er im Zimmer eingesperrt worden war, ließ er aus. »Haben Sie im Haus weitere Personen gefunden? Gab es Opfer?« Er dachte an die Frau.

»Das Anwesen steht schon lange leer, Herr Pfarrer. Die Feuerwehr hat routinemäßig das Gebäude durchsucht, obwohl Einsturzgefahr besteht. Sie waren der Einzige vor Ort.«

Die Beamten verabschiedeten sich, Teresa wollte ihnen noch einige Gebäckschnitten einpacken, was beide mit gestammelten Entschuldigungen ablehnten. Baltasar verschwand im Badezimmer, ließ sich heißes Wasser ein und legte sich in die Wanne. Die Hitze trieb den Schweiß auf die Stirn, Baltasar spürte, wie sich die Poren öffneten und die Muskeln entspannten. Er lehnte sich zurück, versuchte sein Gehirn völlig leer zu bekommen.

»Hallo, Herr Senner, leben Sie noch?« Ein Klopfen an der Tür hatte ihn geweckt. »Sie sind schon so lange im Badezimmer, geht es Ihnen gut?« Teresa klang besorgt.

»Ich fühle mich schon wieder besser. Komme gleich.« Das Wasser war inzwischen eiskalt. Baltasar fröstelte. Er wickelte sich ein Handtuch um und ging ins Schlafzimmer. An der Türe wäre er beinahe mit Teresa zusammengestoßen.

»Geht es Ihnen wirklich gut? Ich mir Sorgen machen, weil Sie so lange verschwunden sind.« Teresa musterte ihn unverhohlen. »Soll ich Ihnen was zum Anziehen zurechtlegen?«

»Danke, ich komme schon klar. Ich muss noch weg.« Baltasar suchte sich im Kleiderschrank frische Unterwäsche heraus, wählte einen schwarzen Anzug und ein Hemd mit Stehkragen. Als er in die Jackentasche griff, fand er dort ein Brautsträußchen. Es musste vom Dach der Scheune stammen, vermutlich hatte er es in Gedanken eingesteckt. Ein schwarzer Faden hing an der Sicherheitsnadel. Baltasar legte das Fundstück vorsichtig in eine Schachtel. Er würde sich später darum kümmern. Zuerst wollte er zum Huberhof.

Diesmal ging er zu Fuß. Unterwegs sprachen ihn einige Leute auf das Feuer an, jeder lieferte eine andere Version der Ereignisse der letzten Nacht, es war natürlich der Gesprächsstoff des Tages, und die Schilderungen ließen glauben, der Brand von Rom unter Kaiser Nero könne nicht schlimmer gewesen sein.

Der Feldweg war zerfurcht von frischen Fahrspuren, Pfützen zeugten vom Einsatz des Löschwassers. Der Huberhof war mit Absperrband eingezäunt, ein provisorisches Schild warnte »Nicht betreten! Vorsicht Einsturzgefahr!«. Es roch nach Holzkohle und kaltem Rauch. Reste von Dachbalken zeigten als stille Anklage wie Finger in den Himmel, der Boden um das Haus war übersät mit Splittern, Steinen und Resten von Einrichtungsgegenständen. Ein Teil des oberen Stockwerkes war vollständig abgebrannt, auf der rechten Seite standen noch Teile der Mauer und des Dachstuhls. Die Fassade war schwarz vor Ruß und lückenhaft wie das Gebiss einer alten Frau, die Fenster zerbrochen, die Läden fehlten.

Das Erdgeschoss war, abgesehen von den äußerlichen Verwüstungen des Feuers, nahezu unversehrt. Die Nebengebäude wiesen ebenfalls kaum Beschädigungen auf.

Baltasar schlüpfte unter der Absperrung durch und ging zu der Stelle, an der er gestern Nacht gestanden hatte. Er blickte durch das Fenster in das Innere des Zimmers, alles war verrußt, hoffnungslos, hier noch Spuren zu entdecken. Die Frau musste es rechtzeitig geschafft haben zu fliehen. Oder hatte sie das Feuer selbst gelegt? Er konnte sich nicht mehr genau erinnern, wie viel Zeit zwischen ihren letzten Worten und dem Ausbruch der Flammen vergangen war. Hätte sie in der Zwischenzeit nach oben laufen und das Unheil auslösen können, etwa mit Benzin aus dem Campingkocher?

Etwas sträubte sich in Baltasar, dieser Theorie zu glauben, aber sicher war er sich nicht.

Wenn die Frau als Brandstifterin nicht in Frage kommen sollte, waren die Schlussfolgerungen beunruhigend. Es konnte natürlich einer der Jungen gezündelt haben, die sich offenbar hier regelmäßig getroffen hatten. Bloß warum? Sehr wahrscheinlich war das nicht. Blieb nur noch eine weitere, unbekannte Person. Wollte diese Person Baltasar und der Frau nur einen Schreck einjagen, oder war es eine gezielte Attacke auf ihr Leben? Wenn es ein gezielter Anschlag war, wem galt er, der Frau, Baltasar oder beiden?

Ein weiterer Aspekt machte ihn nervös. Hatte es diese Person auf sie abgesehen, musste sie Baltasar oder der Unbekannten heimlich gefolgt sein. Das bedeutete einen Plan, es zeigte, wie rigoros und zielstrebig diese Person vorgegangen war. Außerdem musste sie mitbekommen haben, was während der Beichte besprochen worden war. All die privaten Geheimnisse, Vertrautheiten und Geständnisse – unbemerkt ausgebreitet vor jemand Fremden. Ein gefährliches Wissen. Baltasar mochte sich die Folgen nicht ausmalen. Er betete zu Gott, dass alles nur seiner übersteigerten Phantasie entsprang, und wusste doch, wie vergeblich sein Flehen war.

Auf dem Rückweg dachte er über die Konsequenzen für sein Jugendtreffprojekt nach. Die Antwort kannte er schon im Voraus: Es war damit gestorben. Aus. Vorbei. Finito. Für einen Wiederaufbau aus Gemeindemitteln würde das Geld fehlen, er hatte bereits die Mittel für die Miete und das Umbaumaterial nur mit Not zusammenbetteln können. Die Erkenntnis schmerzte, ein einziges Streichholz hatte sein Herzensprojekt vernichtet. Der Schmerz wuchs, steigerte sich zu Wut, Baltasar hasste diese unbekannte Person. Sie hatte das Werk von mehreren Jahren vernichtet. Die Jugendlichen im Ort würden ohne eigenen Treff bleiben müssen. Baltasars Kopf drohte zu zerplatzen, er schrie, schrie so laut er konnte, schrie seinen Frust und Zorn in die Welt hinaus.

Als er im Pfarrhaus ankam, hatte er sich so weit beruhigt, dass er wieder normal atmen konnte. Er sehnte sich nach einer Extradosis Weihrauch, aber die Entspannung musste warten. Das Drama um den Huberhof hatte ihn auf die Idee gebracht, sich intensiver mit der Vorgeschichte der früheren Eigentümer zu befassen. Vielleicht fanden sich in den alten Kirchenbüchern Hinweise. Baltasar konnte sich daran erinnern, von seinem Vorgänger Kartons mit alten Ordnern und Schriftverkehr geerbt zu haben, sie mussten auf dem Speicher lagern.

Der Speicher war ein Raum unterm Dach, der sich über

die gesamte Fläche des Hauses hinzog. Die schräg gewinkelten Balken des Dachstuhls unterteilten ihn in Segmente, manche waren leer, in anderen standen alte Möbel, Werkzeuge, Koffer und Kartons. Allen gemeinsam war die Staubschicht, die wie eine Zudecke die Gegenstände schützte. Baltasar war erst ein Mal hier oben gewesen. Das Licht der Dachfenster drang kaum durch den Schmutz, die zwei Glühbirnen flackerten wie eine Discobeleuchtung. Baltasar leuchtete mit der Taschenlampe auf die Kartons. Eine Beschriftung fehlte. Er klappte einen Deckel hoch, ein Hustenanfall folgte, der Inhalt waren alte Kirchenzeitschriften. Nach einer halben Stunde Suche und einem Kratzhals wie ein Kettenraucher hatte Baltasar den Karton mit den Kirchenbüchern gefunden. Er wuchtete seine Beute in sein Arbeitszimmer, was zu einem Aufschrei seiner Haushälterin führte, die eine Schmutzspur quer durch das Haus entdeckt hatte.

Die alten Kirchenbücher enthielten handschriftliche Einträge über Geburten, Todesfälle und Eheschließungen in der Gemeinde. Baltasar überschlug, wie alt Elisabeth Trumpisch sein mochte, und suchte sich die entsprechenden Jahrgänge heraus. Die Schrift war schwer leserlich, Baltasar fragte sich, ob seine Vorgänger bei den Einträgen wohl eine Flasche Wein neben sich stehen hatten. Zudem tauchte der Name Huber häufig auf, was wohl an der weitläufigen Verwandtschaft lag, aber auch an der Häufigkeit des Namens in Bayern. Endlich hatte Baltasar den Taufeintrag von Elisabeth Huber gefunden, als Vater war Karl Huber angegeben, als Mutter Walburga Huber.

Baltasar arbeitete sich die Jahrgänge zurück, es war wie

eine Zeitreise, die Taufe von Elisabeths älterem Bruder, ihrer älteren Schwester, die Eheschließung der Eltern, die Geburt von Karl Huber, in Sütterlinschrift registriert. Daneben stand eine weitere handschriftliche Notiz, sie fiel auf, weil sie in anderer Schrift und mit einem Farbstift ausgeführt worden war. Der ergänzende Eintrag vermerkte das Todesdatum von Karl Huber und den Ort: Furth im Wald. Und die Worte »Beerd. ablehn.«, ein kryptischer Vermerk, der Baltasar verwirrte. Er notierte sich die Daten. Weil er gerade dabei war, suchte er sich aus Neugierde die Kircheneinträge über die Teilnehmerinnen aus seinem Bibelkreis heraus: Luise Plankl war eine geborene Ebner, Clara Birnkammer hieß ursprünglich Ott, und Emma Hollerbach war als Emma Rapp vor den Traualtar getreten.

Aus dem Telefonbuch suchte sich Baltasar die Nummer der katholischen Pfarrei in Furth im Wald heraus. Er hatte bereits mit dem ersten Anruf Glück.

»Pfarrer Roth, grüß Gott«, meldete sich eine ältere Stimme. Baltasar stellte sich vor und erklärte seine Bitte. »Ich verstehe, ein alter Eintrag«, sagte sein Kollege aus Furth im Wald. »Am besten kommen Sie morgen vorbei. Das ist nichts, was man am Telefon besprechen sollte.«

Kaum hatte er aufgelegt, klingelte das Telefon. Baltasar dachte, der Pfarrer hätte etwas vergessen mitzuteilen, aber es war der Architekt Adam Zech.

»Ich habe Ihnen doch zugesagt, mich zu melden, wenn ich etwas über Ihre Immobilie höre«, sagte Zech. »Ich habe da eine Information von einem Kollegen beim Stammtisch bekommen, es war mehr eine Bemerkung über Ihren Ort. Jedenfalls gibt es eine Voranfrage für ein Bauprojekt, eine

Kostenkalkulation wird gewünscht. Geplant ist ein Gewerbepark mit einer Futtermittelfabrik, wie es heißt. Dabei dürfte es sich um Ihre Fläche handeln.«

»Ist bekannt, wer die Anfrage gestellt hat?«

»Nein, darüber haben wir beim Bier nicht geredet. Ich glaube, mein Kumpel sagte irgendetwas von der Gemeinde. Aber das muss nichts heißen. Das wär's auch schon. Hoffentlich können Sie damit etwas anfangen.«

## 35

Furth im Wald war eine Stadt, der man ihre Vergangenheit als ehemalige Grenzstation am Eisernen Vorhang ansah. Die Stadt hatte jahrhundertelang als Tor zu Böhmen gedient, eine Zwischenstation auf halbem Weg zwischen München und Prag, samt Zollamt und einem Grenzkommissariat der Kriminalpolizei. Baltasar lenkte das Auto in die Lorenz-Zierl-Straße und parkte. Er ging zu einem kurzen Gebet in der Kirche Maria Himmelfahrt, einem Bauwerk aus dem achtzehnten Jahrhundert, das in der Folge immer wieder umgebaut und erweitert worden war und nun wie ein Mischmasch von Formen und Stilen aussah, ein barocker Hochaltar und ein gotisches Weihwasserbecken kämpften um Aufmerksamkeit neben Rokokofiguren und Elementen der Neurenaissance, selbst der Anbetungskitsch mit einer Lourdesgrotte in der Krypta fehlte nicht.

Baltasar spazierte über den Stadtplatz zum Pfarramt in der Rosenstraße, eine gebeugte Frau mit Habichtblick öffnete auf sein Klingeln und zeigte ihm den Weg. Der Pfarrer saß in einem Lehnstuhl, den Kopf zur Seite geneigt, die Augen geschlossen, sein mächtiger Bauch hob und senkte sich regelmäßig. Die Haushälterin berührte ihn leicht und sagte in gedämpftem Ton: »Besuch für Sie, Herr Roth. Pfarrer Senner ist da.« Der Angesprochene schlug die Augen auf, blickte einen Wimpernschlag verwirrt und sagte: »Oh, ja, danke. Herr Senner? Ich hatte Sie noch gar nicht erwartet.« Er zog sich aus dem Sessel hoch. »Eine Tasse Kaffee wäre nicht schlecht, oder? Mit einem Schuss Cognac? Weckt die Lebensgeister.«

Der Kaffee schmeckte nach Weinbrandbohnen, es gab einen Mohnzopf und selbstgemachte Quittenmarmelade, das Gebäck wunderbar zart und weich. Für einen Moment erwog Baltasar, für Teresa nach dem Rezept zu fragen, dachte dann aber, dass es vielleicht doch keine gute Idee war. Er musste sich nur ausmalen, wie seine Haushälterin in ihrem Ehrgeiz, eine gute Köchin zu sein, mit den Zutaten experimentierte und am Ende wieder mal eine höllische Mischung herstellte. Nach einer Weile Geplauder schilderte er nochmals seine Entdeckung in dem Kirchenbuch. »Haben Sie eine Erklärung, was es mit dem Zusatz ›Beerd. ablehn.‹ auf sich hat?«

»Die Huberfamilie, sagen Sie?« Roth legte den Kopf schräg, als müsse er ein besonders verzwicktes Rätsel lösen. »Der Name ist recht häufig, deshalb habe ich zur Vorsicht nochmals in den alten Unterlagen nachgeschaut. Aber ich war mir schon vorher sicher, dass wir über dieselben Hubers reden. Der Fall sorgte damals kirchenintern für einige Aufregung.«

»Wie das?«

»Die Hubers waren fleißige Kirchgänger, ich erinnere mich gut an Karl Huber und seine Frau. Obwohl sie über ihre Vorgeschichte kaum ein Wort verloren, erzählten nur was von einem Hof, den sie früher bewirtschaftet hatten. Es kam selten genug vor, dass jemand in unsere Stadt zog, die Jüngeren flohen eher, da hatte man Fragen nach dem Warum. Die Familie bewohnte, glaube ich, eine kleine Wohnung am Ortsrand. Der Vater übernahm Aushilfstätigkeiten, die Mutter versuchte, Aufträge für Heimarbeit zu bekommen, Sie wissen, wie schwierig das früher im Bayerischen Wald war. Jedenfalls hatte die Familie kein geregeltes Einkommen, die Kinder waren sauber, aber ärmlich gekleidet. Ich habe Herrn Huber gelegentlich auf dem Friedhof beschäftigt, um ihm einen kleinen Lohn zukommen zu lassen, doch es reichte bei den Hubers hinten und vorne nicht.«

Baltasar nahm sich nochmals von dem Mohnzopf. »Der Mann arbeitete nicht mehr in der Landwirtschaft?«

»Soweit ich weiß, nein. Jedenfalls starb Herr Huber überraschend, seine Frau folgte ihm nur wenige Monate später ins Grab. Beide liegen auf unserem Friedhof. Sie können auf dem Rückweg vorbeischauen, wenn Sie wollen.«

»Was war die Todesursache?«

»Jetzt kommen wir zum Kern des Themas. Herr Huber hat sich erhängt. Selbstmord. Seine Tochter hat ihn gefunden.«

»Elisabeth Huber?«

»Ich glaube, so hieß sie. Es war ein Schock für die Familie, das können Sie sich vorstellen. Der Vater, der Ehemann, der Ernährer – plötzlich weg. Die Polizei nahm ein Protokoll auf, aber die Sache war klar. Selbsttötung. Damit begann das Problem aus katholischer Sicht, denn Selbstmörder werden normalerweise nicht mit kirchlichem Segen beerdigt. Wobei die neueren Vorschriften des Kirchenrechts das Thema lockerer handhaben. Ich plädierte selbstverständlich für ein kirchliches Begräbnis, aber die Diözese Regensburg sah das damals streng und verbot es mir. Daher kommt wohl der Nachtrag in Ihrem Kirchenbuch, als Kürzel für Beerdigung abgelehnt. Ich habe dagegen interveniert, und nach einigen

Diskussionen mit der katholischen Obrigkeit haben die Herren mir freie Hand gelassen, inoffiziell gewissermaßen. So wurde Herr Huber verspätet doch noch mit Gottesdienst und kirchlicher Zeremonie beigesetzt.«

Baltasar musste diese Neuigkeit erst verdauen. »Und seine Frau? Hat sie sich ebenfalls …?«

»Frau Huber starb eines natürlichen Todes. Ich glaube, sie hatte nach dem Tod ihres Mannes einfach den Lebenswillen verloren. Es war ein trauriger Fall. Bald danach zogen die Kinder weg. Ich habe nichts mehr von ihnen gehört.«

Nachdenklich fuhr Baltasar nach Hause, er brachte Philipp Vallerot das Auto zurück und berichtete von den Ergebnissen seines Ausflugs.

»Ganz schön schäbig von euch Katholiken, einem Gläubigen die christliche Beerdigung zu verweigern, nur weil er freiwillig aus dem Leben geschieden ist«, sagte sein Freund.

»Das war im Mittelalter üblich und ist schon lange überholt. Katholiken sind doch keine Unmenschen.«

»Zumal die Missionstaten der frühen Christen und Prediger doch auch geradezu selbstmörderisch waren, weil sie wussten, dass sie mit ziemlicher Sicherheit als Löwenfrühstück im Kolosseum landen würden. Aber das waren Helden, die die Kirche zu Heiligen erhoben hat.«

»Ja, wir haben viele Heilige, die Helden sind. Daran könntest du dir ein Beispiel nehmen, mit frommen Taten würdest du es vielleicht sogar in den Himmel schaffen. Oder zumindest ins Fegefeuer. Das mit der Heiligsprechung kann ich natürlich nicht garantieren.«

»Danke, nein, ich verzichte. Und der Große Außerirdische hätte sicher auch was dagegen. Die Vorstellung schreckt mich, dass wildfremde Menschen vor meinem Bild Kerzen entzünden, niederknien und Opfer bringen würden.«

»Ich nehme übrigens die Kopien von der Witwe Plankl mit und sehe mir alles zu Hause durch, ein letzter Versuch, aus den Unterlagen Honig zu saugen.«

»Nachdem dein Jugendprojekt in wahrsten Sinn des Wortes in Rauch aufgegangen ist …«

Baltasar erzählte, dass er in der Nacht des Brandes vor Ort gewesen war, verschwieg aber das Treffen mit der Unbekannten. »Das tut in der Seele weh. Ich bin noch nicht drüber hinweg. Wenn ich den Brandstifter jetzt vor mir stehen hätte, ich wüsste nicht, was ich tun würde.«

Zu Hause breitete Baltasar die Papiere auf seinem Schreibtisch aus. Er überlegte, wer eigentlich alles für die Rolle des geheimnisvollen Racheengels in Frage kam. Da war zum einen die Witwe des Bauunternehmers Plankl, die von den windigen Geschäften ihres Mannes profitierte und überdies einige bittere Wahrheiten über dessen Frauengeschichten schlucken musste. Da war zum andern Katharina Fassoth, die Frau des Gemeindeangestellten, die möglicherweise seinen Freunden die Schuld gab für die Liebesabenteuer ihres verstorbenen Mannes. Oder Fassoths Geliebte Beate Wolters, die nicht darüber hinwegkam, am Ende nur ausgenutzt worden zu sein. Für Elisabeth Trumpisch, geborene Huber, bedeutete der Tod des Sparkassendirektors einen gesellschaftlichen Aufstieg an der Seite ihres Gatten. Sie mochte zudem verbittert sein über die ungerechte Behandlung, die ihren Eltern widerfahren war und zu deren frühzeitigem

Tod geführt hatte. Auch die Lehrerin Clara Birnkammer schien unversöhnlich gegenüber den Opfern und zeigte ungewöhnlich wenig Mitleid – warum? Und die Bürgermeistersfrau Agnes Wohlrab trieb sich als Waldmaus 123 in dubiosen Internetforen herum und hatte erotische Abenteuer gesucht, womöglich mit jedem der Verstorbenen. Wurde sie erpresst, hatte sie Angst vor der Entdeckung? Die Liste der Verdächtigen wurde länger und länger ...

Und wenn er nun etwas übersehen hatte? Zum wiederholten Male las Baltasar den Zeitungsartikel aus Plankls Tresor. Er beschloss, sich die nächsten Tage das Original des Artikels anzusehen und im Zeitungsarchiv in Passau in früheren Ausgaben zu stöbern. Das Taschentuch mit den Blutflecken bereitete ihm nicht weniger Kopfzerbrechen. Er bemerkte das Hochzeitssträußchen, das er achtlos aufs Fensterbrett gelegt hatte, nahm es und drehte es zwischen den Fingern. Seine Gedanken schweiften ab zu Victoria. Was sie wohl jetzt gerade tat? Es war Zeit zum Abendessen, wahrscheinlich stand sie mit ihrer Schürze in der Küche des Lokals. Noch immer hielt Baltasar die Miniaturblumen in der Hand. Plötzlich kam ihn eine Idee. Es war nur eine Möglichkeit, eine winzige Chance, das Rätsel zu klären. Aber er musste es versuchen!

Sein Entschluss machte ihn euphorisch. Feierabend für heute. Er lauschte nach Teresa, machte vorsichtig die Tür zur Küche auf und schaute auf den Herd. Offensichtlich war kein warmes Essen geplant, im Kühlschrank stand ein Teller mit frischer Salami und einem Stück Appenzeller Käse. Baltasar jubilierte. Das Essen war morgen auch noch gut, niemand konnte ihm einen Vorwurf machen, wenn er heute – ausnahmsweise – auswärts speiste.

# 36

Zur Beerdigung von Friedrich Fassoth hatte Baltasar einen Weihrauch der Sorte Eritrea-Tränen gewählt, bernsteinfarbig mit säuerlichem Geruch. Die Witwe hatte auf einem Bouquet roter Rosen bestanden, eine Heuchelei, dachte man an die zahlreichen Beziehungen mit anderen Frauen, die der Verstorbene gepflegt hatte. Leider war Baltasar der Gottesdienst von vornherein vergällt, Katharina Fassoth hatte beschlossen, zum Leichenschmaus ins Rathaus einzuladen. Das Essen wurde von einem Passauer Caterer geliefert, der einen guten Ruf in den besseren Kreisen genoss. Welch ein Frevel! Ihm würde nichts anderes übrigbleiben, als den Leichenschmaus zu boykottieren.

Bürgermeister Xaver Wohlrab ließ es sich nicht nehmen, sich mit seiner Frau Agnes neben der Witwe in die erste Reihe zu setzen. Baltasar versuchte sich vorzustellen, wie die Bürgermeistersgattin unter dem Pseudonym Waldmaus 123 frivole E-Mails verfasste. Ob sie auch dem Verstorbenen solche Botschaften geschickt und sich daraus mehr entwickelt hatte? Die örtliche Prominenz war vollzählig anwesend, Rechtsanwalt Schicklinger mit Frau, Sparkassendirektor Trumpisch mit Frau, die Witwen Plankl und Veit, das Lehrerehepaar Birnkammer und der Metzgereibesitzer Hollerbach mit Frau, dazu verschiedene Vereinsvorsitzende und Lokalpolitiker, alle in der richtigen Partei, Baltasar kannte sie nur von Fotos aus der Zeitung.

Eine Frau mit Hut und Sonnenbrille in der vorletzten

Reihe fiel Baltasar auf. Sie saß unbeweglich da, blickte weder links noch rechts. Sie kam ihm bekannt vor. Er beobachtete sie aus den Augenwinkeln, dabei hätte er beinahe seinen Einsatz zum Anstimmen des Gesangs verpasst, er überspielte es mit einem symbolischen Falten seiner Hände, als wolle er ein weiteres Gebet gen Himmel schicken, die ideale Verlegenheitsgeste, von Außenstehenden als besondere Frömmigkeit gedeutet. Als sich die unbekannte Frau doch einmal zur Seite drehte, erkannte Baltasar sie wieder: Es war Beate Wolters, Fassoths Geliebte aus Passau. Was trieb sie in seine Kirche? Wollte sie nur von dem Verstorbenen Abschied nehmen? Er nahm sich vor, sie nach der Messe anzusprechen.

Die Predigt kürzte er ab, er hatte einfach keine Lust, den Lebensweg des Toten mit hübschen Worten zu kommentieren, wie sie die Witwe aufgeschrieben hatte. Stattdessen improvisierte er zum Thema Schuld und Sühne, er sprach von den Versuchungen, denen Menschen ausgesetzt waren, redete von Liebe und Partnerschaft, von der Chance auf Vergebung. Baltasar war froh, als er den abschließenden Segen sprechen konnte, die Aussicht auf frische Luft beflügelte ihn.

Er führte den Auszug aus der Kirche an, die Trauergäste folgten und sammelten sich auf dem Vorplatz, bereit, dem Wagen mit dem Sarg zum Friedhof zu folgen. Die Besucher standen in Gruppen zusammen, einige nutzten die Wartezeit für eine Zigarette. Baltasar hielt nach der Frau mit Sonnenbrille Ausschau, ging von Gruppe zu Gruppe, aber Beate Wolters war spurlos verschwunden. Ein Junge, der mit seiner Mutter an der Kirchenmauer stand, weckte seine Aufmerksamkeit. Die Mutter plauderte mit mehreren Bekannten, Baltasar kam wie zufällig vorbei, begrüßte die Herumstehenden und ging zu dem Jungen. Im selben Moment wusste er, wen er vor sich hatte, seine Ahnung hatte ihn nicht getäuscht: Es war der Knirps, der ihn damals im Huberhof ins Zimmer eingesperrt hatte. Er trug eine schwarze Hose und ein weißes Hemd, das Haar hatte offenbar dem Kamm erfolgreich einigen Widerstand geleistet. Der Bub erschrak, als er Baltasar wiedererkannte, der in seinem Messgewand ganz anders aussah als in seiner Zivilkleidung beim letzten Zusammentreffen.

»Erkennst du mich wieder?« Baltasar bemühte sich um einen freundlichen Tonfall, obwohl ihm die Erinnerung daran, wie er sich hatte reinlegen lassen, Magengrimmen verursachte.

»Ähh ... Sie sind ...« Der Junge versuchte davonzulaufen, aber Baltasar hatte das vorhergesehen und hielt ihn an der Schulter fest.

»Wie heißt du? Wo kommst du her?«

»Ich ... ich ... Mein Name ist ... Sebastian. Bin ... bin ... vom Nachbardorf. Meine Mutter ... Sie hat mich mitgenommen. Ich wollte ... wollte eh nicht herkommen. Langweilige Beerdigung.«

»Lauf bitte nicht weg, Sebastian. Oder willst du, dass ich mit deiner Mutter über den Vorfall von neulich rede? Sie dürfte nicht allzu erfreut sein, von den Taten ihres Sprösslings zu hören.« Baltasar ließ den Jungen los.

Der begann am ganzen Körper zu zittern. »Bitte, bitte ... Meiner Mutter nichts sagen. Die erzählt es meinem Papa, und dann setzt's was. Bitte sagen Sie nichts.«

Baltasar sah sich unauffällig nach der Mutter um, sie war

immer noch in ein Gespräch vertieft. »Also gut, unter einer Bedingung: Du musst mir jetzt die Wahrheit sagen, versprichst du mir das?« Der Junge hielt den Kopf gesenkt und nickte. »Es wird dir auch nichts passieren. Ich werde nicht petzen.«

Wieder nickte der Bub, diesmal traute er sich, Baltasar ins Gesicht zu schauen.

»Du hast sicher von dem Brand auf dem Bauernhof gehört, wo du und deine Freunde sich herumgetrieben haben.«

»Ja.« Es war mehr ein Hauchen.

»Ich will nur eines wissen, und ich wiederhole, du hast nichts zu fürchten: Warst du oder deine Kumpels in jener Nacht in dem Bauernhof? Habt ihr das Feuer gelegt? War es vielleicht nur ein Unfall mit dem Campingkocher?«

Der Junge schüttelte energisch den Kopf. »Bestimmt nicht, Herr Pfarrer. Ganz sicher. Ich war seitdem nicht mehr dort. Hätte mich auch gar nicht getraut. Und meine Freunde auch nicht. Das hätten die mir erzählt.«

»Bei Gott, du sagst ganz sicher die Wahrheit? Sieh mir in die Augen.«

»Ich lüg nicht, Herr Pfarrer, das ist die Wahrheit. Außerdem dürft ich so spät in der Nacht nie im Leben mehr aus dem Haus gehen. Oder meine Freunde. Zu der Zeit bin ich längst im Bett, ich muss ja am nächsten Tag in die Schule. Meine Eltern verstehen da keinen Spaß. Außerdem – es tut mir leid wegen damals, als ich Sie eingesperrt habe. Ich hatte Angst, dass mein Vater was erfährt.«

Die Erklärung des Jungen klang glaubwürdig. Baltasar bekam von den Helfern ein Zeichen, ging zu dem Wagen mit dem Sarg, die Prozession setzte sich in Bewegung, ein zähfließender Strom in Schwarz. Die Frau mit der Sonnenbrille blieb verschwunden. Baltasar hielt die Zeremonie an der offenen Grabstelle kurz, ein paar Worte, ein Trompeter blies einen Trauermarsch, wieder so ein überspannter Einfall der Witwe. Mögest du deinen Frieden finden, dachte Baltasar und verspritzte Weihwasser. Die Helfer stellten sich an den Seiten des Grabes auf und ließen den Sarg hinunter in die Erde. Es gab ein dumpfes Geräusch, als das Holz auf den Boden schlug. Die Trauergäste defilierten vorbei, ließen Erde auf den Sarg prasseln, kondolierten der Witwe, die schluchzend neben Baltasar stand. Auffällig war, dass niemand sonst Tränen vergoss, die Besucher stellten ernste Mienen zur Schau, innerlich unberührt, wie Zuschauer bei einem Drama, dessen schlimmes Ende man von vornherein kannte. Bloß nicht Teil dieses Schauspiels sein, der Tod war eine einsame Figur, keiner wollte ihm auch nur nahe kommen. Das offene Grab war der unumstößliche Beweis seines Wirkens, der Zugang zu einer dunklen Welt, zum Jenseits, ein Schlund, bereit, jederzeit wieder zuzuschnappen und sich jemand anderes zu holen.

Beim Rückweg traf Baltasar auf Luise Plankl und Elisabeth Trumpisch, die sich beim Friedhofstor unterhielten.

»Eine ergreifende Beerdigung«, sagte die Witwe Plankl, »wer hätte gedacht, dass ich in so kurzer Zeit schon wieder an einem Grab stehe. Erst Alois, dann Korbinian und jetzt Friedrich.«

»Der Herr gibt's, der Herr nimmt's«, sagte Elisabeth Trumpisch. »Wie schnell man so einem Unfall zum Opfer fallen kann ...«

»Ist denn noch etwas bei den polizeilichen Ermittlungen herausgekommen?«, fragte Baltasar.

»Unfall«, antwortete Elisabeth Trumpisch. »Das hat die Polizei festgestellt und ihre Arbeit beendet.« Sie hob ihre Hände beschwörend zum Himmel. »Warum musste das gerade auf unserer Hochzeit passieren? Es war eine so schöne Feier gewesen, bis …«

»Was machen Sie nun mit Ihrem Jugendzentrum, Hochwürden? Haben Sie schon einen Plan?« Luise Plankl zupfte an ihrem Kleid. »Wollen Sie das Anwesen weiterhin mieten?«

»Das wird die Zukunft zeigen«, sagte Baltasar, »momentan habe ich andere Sorgen. Aber es wäre doch schade um das alte Gemäuer.«

»Ich fände es überhaupt nicht schade«, erklärte Elisabeth Trumpisch. »Das Haus war uralt und nicht mehr bewohnbar. Ihren Ehrgeiz mit der Renovierung in allen Ehren, Herr Pfarrer, aber mit einem anderen Bau wäre Ihnen mehr geholfen. Der Hof war ein Relikt aus einer vergangenen Zeit.«

Baltasar wusste nicht, ob sie damit ihre eigene Vergangenheit meinte, die Tragik ihrer Familie, deren Symbol das frühere Elternhaus war. »Aber, meine Damen, Erinnerungen haben doch auch was Schönes.«

»Sicher«, sagte die Witwe Plankl. »Es gibt Phasen, da denkt man gerne zurück, an seine Kindheit, die Eltern, eine Reise ans Meer. Vieles andere würde man lieber verdrängen, wegschieben. Aber das ist nicht so einfach. Gedanken lassen sich nicht so einfach steuern.«

»Du sagst es.« Elisabeth Trumpisch nickte. »Wir sind Gefangene unserer Biografie. Da auszubrechen kostet immens Kraft. Wie geht es übrigens deiner Tochter?«

»Isabella konnte nicht zur Beerdigung kommen. Sie hatte einen wichtigen Termin. Wir reden nur wenig miteinander. Aber das wird sich schon einrenken, da bin ich mir sicher.«

»Du musst sie auch verstehen. Kinder haben es nicht immer leicht mit ihren Eltern, die wollen ihren eigenen Kopf durchsetzen.«

»Alois' Tod hat sie genauso aus der Bahn geworfen wie mich. Sie muss lernen, damit klarzukommen. So wie ich es auch gelernt habe. Mein Gott, ich war anfangs zu nichts zu gebrauchen. Allein zu sein in dem riesigen Haus, mit all den Gegenständen, die mich an Alois erinnerten ... Jetzt habe ich mich aufgerafft und beschlossen, Veränderungen anzupacken. Ich muss etwas tun, aktiv werden. Als Erstes werde ich das Haus neu einrichten. Und dann reisen. Ich bin gerade dabei, Pläne zu schmieden. Ihr werdet sehen.«

## 37

Baltasar erwachte, lag still im Bett, horchte auf die Alltagsgeräusche im Haus. Er fühlte sich frisch und voller Tatendrang. Der Morgen war noch jung, das Tageslicht mild wie durch Gaze gefiltert. Duschen, anziehen, die Morgenmesse zelebrieren – Baltasar absolvierte alles mit einer Beschwingtheit, die ihn selbst verwunderte. Er schöpfte Kraft mit jedem Schritt, mit jeder Handbewegung. Selbst Teresas Quarkbrötchen aß er mit großem Appetit nach der Methode: ein Biss – ein Schluck Kaffee – und runter damit. Er beschloss, den Tag für Recherchen zu nutzen und die Puzzleteilchen in seinen Händen an den richtigen Platz zu schieben.

Sein erstes Ziel war die Metzgerei. Dort herrschte gerade Hochbetrieb, die Schlange reichte bis zur Tür, Max Hollerbach verkaufte Würste, Aufschnitt und belegte Semmeln für die Brotzeit. Baltasar wartete, bis er drankam.

»Guten Tag, Herr Pfarrer, Sie wünschen?«

»Eigentlich wollte ich Ihre Frau sprechen. Ich habe eine Bitte an sie. Ist sie da?«

»Tut mir leid, ist gerade unterwegs. Sie wollte eigentlich schon längst wieder zurück sein. Ich bräuchte sie dringend hier im Geschäft.«

Baltasar verließ den Laden und wollte sich gerade auf den Heimweg machen, als er in der Ferne Emma Hollerbach heranradeln sah. Er wartete, bis sie auf seiner Höhe war, und begrüßte sie.

»Ach Sie sind's, Hochwürden. Schönen Tag auch.« Sie stieg von ihrem Fahrrad, ihr Gesicht war erhitzt, feine Schweißtropfen perlten an der Stirn. »Ich habe Sie schon kommen sehen.« Auf dem Gepäckträger war ein Drahtkorb befestigt, darin stand eine Ledertasche.

»Warten Sie, ich helfe Ihnen.« Baltasar hob die Tasche aus dem Korb. »Die ist ganz schön schwer.« Der Reißverschluss war offen, Baltasar bemerkte zwischen den Utensilien ein großes Fernglas, wie es Jäger benutzten, er setzte jedoch eine unbeteiligte Miene auf.

»Geht schon, das schaff ich alleine.« Emma Hollerbach riss ihm die Tasche aus der Hand. Ihr Mundwinkel zuckte, ihr Gesicht war gerötet. »Ich bin doch keine alte Frau.«

Sie waren am Haus angekommen. Die Metzgersfrau schob ihr Rad in einen leeren Lagerraum im Hinterhof. Baltasar war überrascht, wie groß der Raum war. »Ich habe ein Anliegen, Frau Hollerbach. Beim letzten Mal hatte ich keine Zeit, mir Ihre Bilder von der Trumpisch-Hochzeit in Ruhe anzusehen. Ob Sie mir vielleicht Ihre Fotos eine Weile überlassen könnten? Ich würde mir gerne Abzüge machen lassen.«

»Kein Problem, ich gebe Ihnen zusätzlich die Foto-CD mit.« Baltasar wartete in der Diele. Am Garderobenständer hingen Jacken und Hüte, in der Eckte stand ein Paar Gummistiefel, die Anrichte schmückte ein Trockengesteck. An der Wand neben der Eingangstür ein Hochzeitsfoto des Ehepaars Hollerbach, daneben ein handgeschnitztes Kruzifix und ein weiteres Foto. Zu Baltasars Verblüffung zeigte es Bischof Vinzenz Siebenhaar. Es war eine offizielle Aufnahme, die Seine Exzellenz an Stelle von Autogrammkarten zu verteilen pflegte.

»Hinten drauf ist eine Widmung«, sagte Emma Hollerbach. Stolz schwang in ihrer Stimme mit. Sie überreichte eine Tüte mit Fotos. »Ich habe Seine Exzellenz einmal bei einem Gottesdienst in Passau getroffen.«

»Äh, das ist ... Das ist schön. Ein schönes Andenken. Danke nochmals für die Fotos. Ich bringe sie selbstverständlich bald wieder zurück.«

»Keine Eile, Hochwürden. Alle anderen haben sie schon gesehen. Auf Wiedersehen.«

Zu Hause gönnte sich Baltasar einen weiteren Kaffee und ein weiteres Quarkbrötchen, Teresa setzte sich einen Moment dazu und betrachtete zufrieden, wie er kaute.

»Heute Abend Golabki – Krautwickel, mit leckerrr Füllung. Ist recht?«

»Äh ... Vielleicht einen Salat dazu?« Baltasar wagte nicht nach der Füllung zu fragen. Im Notfall konnte er sich an den Salat halten.

In seinem Arbeitszimmer packte er die Fotos aus. Fingerabdrücke zeugten davon, dass sie durch viele Hände gegangen waren. Leider waren sie völlig ungeordnet. Die Laboraufdrucke auf der Rückseite halfen auch nicht weiter. Es war eine gefühlte Million Aufnahmen. Baltasar fragte sich, ob der Metzgersfrau der Finger am Auslöser festgeklebt war, und versuchte Ordnung in die Sammlung zu bringen. Er bildete Häufchen, auf die er die Fotos während und nach der kirchlichen Trauung legte und die Fotos der Hochzeitsfeier auf dem Vierseithof. Leider ließ sich bei den Innenaufnahmen nicht genau sagen, zu welcher Uhrzeit sie aufgenommen worden waren.

Baltasar holte eine Lupe, um die Details auf den Aufnahmen besser zu erkennen. Nach einer Stunde hatte er sich bis zum Weinstüberl durchgearbeitet. Seine Augen schmerzten, Kopfschmerzen kündigten sich an. Es waren die immer gleichen Motive, die Brautleute, die Verwandten, die Tischnachbarn, das Essensbuffet, Tanzpärchen, zusammengesunkene Gestalten auf Stühlen. Emma Hollerbach hatte die meisten Gäste eingefangen, die Trumpischs, die Schicklingers, die Birnkammers, die Wohlrabs, die Fassoths und auch die Witwen Plankl und Veit. Baltasar erinnerte sich nicht, die Witwen noch am Abend auf der Feier gesehen zu haben, konnte aber nicht einordnen, zu welcher Uhrzeit die Schnappschüsse aufgenommen worden waren.

Friedrich Fassoth war auf einer Reihe Fotos zu sehen. Zu Baltasars Bedauern aber nur in unverfänglichen Posen, beim Essen beispielsweise oder bei einer Unterhaltung. Vielleicht hatte die Hobby-Knipserin Rücksicht genommen oder war nicht zum richtigen Zeitpunkt zur Stelle gewesen. Oder sie hatte die entsprechenden Fotos vorher aussortiert. Außenaufnahmen im Dunkeln fehlten völlig, was daran liegen mochte, dass die Kamera zu lichtschwach war und der Blitz kaum Leistung brachte. Das zeigte sich gerade bei den Innenaufnahmen. Die vorderen Figuren waren grell erleuchtet, die Personen im Hintergrund verschwammen im Schatten.

Nach einer weiteren Stunde hatte Baltasar alle Fotos durchgesehen. Er war enttäuscht: Er hatte nicht gefunden, was er erhofft hatte. Übriggeblieben war ein Häuflein von etwa zwanzig Aufnahmen, die Gruppen von Personen zeigten, wobei das Dunkel einige überdeckte. Nichts zu machen, trotz Lupe und Extralicht. Blieb nur noch eine letzte Chance: Philipp Vallerot. Zehn Minuten später stand er vor dessen Haustür.

»Wieder mal mit deiner göttlichen Weisheit am Ende?«

»Jetzt ist ein Spezialist gefragt«, antwortete Baltasar. »Jemand, der in die Abgründe des Computers abtaucht und aus diesen Fotos das Beste herausholt.«

»Ich dachte, ihr Geistlichen könnt Seelen erkennen, aber für einfache Fotos reicht es nicht, oder was?«

Philipp nahm die Foto-CD. »Ich lese die Daten ein und bearbeite sie dann mit einer Software. Wäre doch gelacht, wenn wir die Schattenwesen nicht ans Licht zerren könnten. Willst du inzwischen was zum Trinken?«

»Danke nein. Heute muss ich fit bleiben. Ich will noch nach Passau fahren, wenn du mir dein Auto leihst, versteht sich.«

»Hast du plötzlich neue Vorsätze gefasst? Sonst bist du doch immer für einen Schluck zu haben.«

»Ich habe mir vorgenommen, noch einen letzten Anlauf zu nehmen und dem merkwürdigen Zeitungsartikel auf den Grund zu gehen, der in Plankls Akten war.«

»Hartnäckig bist du, das muss man dir lassen. Gib Nachricht, falls du was findest.« Philipp legte die Bilder nacheinander in das Gerät und startete das Programm. »Das dauert jetzt ein wenig. Was hoffst du denn auf den Fotos zu entdecken?«

»Ideal wäre eine Großansicht der Personen, vor allem der Frauen, zumindest ein Brustbild, auf dem man Details erkennen kann.«

Philipp verdrehte die Augen.

»Nein, mein Lieber. Es ist nicht, was du denkst. Könntest du jetzt bitte zur Tat schreiten?«

Philipp lud die Dateien in das Programm und rief die Fotos nacheinander auf. »Ich verstelle jetzt einige Parameter und vergrößere anschließend die Aufnahmen. Guck her, auf dem Bildschirm siehst du es am besten.«

Die Hochzeitsfotos im Festsaal flimmerten über den Monitor. Baltasar war erstaunt, wie viel sich mit der Software noch aus den Bildern herausholen ließ. Nacheinander gingen sie die Aufnahmen durch, Gruppen von Personen im Gespräch, die sich für die Fotografin in Pose geworfen hatten oder zufällig in die Linse blinzelten. Den Gesichtern nach zu urteilen, war es spät am Abend. Aber das, was Baltasar erhofft hatte, war nicht dabei. Philipp lud das vorletzte Bild. Wieder eine Gruppe an einem Tisch.

»Stopp!«, rief Baltasar.

»Was entdeckt?«

Baltasars Aufmerksamkeit erregte eine Person am linken Bildrand. Eine Frau. »Kannst du die noch vergrößern und etwas aufhellen?« Kurz danach erschien der bearbeitete Ausschnitt auf dem Monitor. »Das ist es.« Baltasar starrte auf den Bildschirm. Die Frau war nur verschwommen zu erkennen, doch klar genug, um den Unterschied zu den anderen Menschen auf dem Foto auszumachen.

»Siehst du es? Danach habe ich gesucht.«

»Was soll ich sehen?« Philipp kratzte sich am Kopf. »Hochzeitsgäste, die miteinander plaudern. Was soll daran besonders sein?«

»Na, das ist der Beweis.«

Die Frau auf dem Foto hatte eine dunkle Jacke an. Im

Gegensatz zu den anderen Personen fehlte ihr etwas: An ihrem Kragen war kein Hochzeitssträußchen zu sehen, alle anderen hatten es noch an ihrer Kleidung befestigt. Bei der Frau fehlte es, weil es jemand abgerissen hatte – Friedrich Fassoth. Die Frau musste mit Fassoth zum Stelldichein in die Scheune gegangen sein. Die Erkenntnis traf Baltasar wie eine Keule. Vor ihm auf dem Monitor war die Frau, die er kannte, mit der er regelmäßig gesprochen hatte. Ein anderer Gedanke formte sich in seinem Kopf: Aber war sie auch die geheimnisvolle Frau im Beichtstuhl, die mehreren Männern den Tod gewünscht und sie womöglich ermordet hatte? Baltasar musste sich Gewissheit verschaffen. Nicht auszudenken, wenn …

»Und, was ist jetzt? Was hast du entdeckt? Willst du deine Erleuchtung nicht mit einem Unwissenden teilen?«

»Später, mein Lieber, später. Jetzt brauche ich erst dein Auto. Ich muss nach Passau, eine Sache überprüfen.«

»Soll das heißen, du willst mir nichts sagen, nachdem ich dir geholfen habe? Ist das der Dank? Ein schöner Freund bist du.«

»Glaube mir, glaube mir nur dies eine Mal, ich kann es dir im Moment nicht sagen. Später vielleicht. Es hängt mit meiner Funktion als Pfarrer zusammen. Ich melde mich. Gib mir jetzt die Autoschlüssel, ich muss los.«

Ganz wohl fühlte sich Baltasar nicht gegenüber seinem Freund und seinem Vorhaben. Und ob es das Richtige war, musste sich erst noch herausstellen.

# 38

Baltasar verließ die Autobahn bei der Ausfahrt Passau Mitte, nahm die Staatsstraße 2018 Richtung Altenmarkt und fuhr bei Haarschedl auf die Medienstraße. Das Verwaltungsgebäude des Zeitungsverlages der *Passauer Neuen Presse* war ein Flachbau in einem Gewerbegebiet, umgeben von Feldern und Wald. Beim Empfang fragte Baltasar nach dem Archiv, eine Frau geleitete ihn ins Untergeschoss, wo ihn eine weitere Frau begrüßte. Er zeigte die Kopie des Artikels mit dem Bericht über die Jagdgesellschaft.

»Ich weiß leider nicht genau, nach welchem Jahr ich suchen muss«, sagte Baltasar. »Wie Sie sehen, fehlt eine Datumsangabe. Ich vermute, es war im Herbst.«

Die Archivarin betrachtete den Zeitungsausschnitt. »Nach dem Layout zu urteilen, ist es mindestens fünfzehn Jahre her, eher noch länger. Leider haben wir unsere alten Ausgaben nicht digitalisiert, deshalb kann ich nicht zielgerichtet nach dem Bericht suchen. Ich bringe Ihnen einfach nacheinander einige Jahrgänge, jeweils die Bände mit dem vierten Quartal. Nehmen Sie dort drüben Platz.« Sie zeigte auf einen Arbeitstisch, verschwand und kam mit einem Rollwagen wieder. Darauf befanden sich überdimensionale Bücher mit den gebundenen Tageszeitungen.

»Viel Spaß damit. Melden Sie sich, wenn Sie damit durch sind.« Die Frau verschwand in einem Büro. Baltasar wuchtete das erste Buch auf den Tisch und begann zu blättern. Er beschränkte sich auf die lokalen Berichte und suchte die Seiten nach der Aufnahme von Plankl und seinen Freunden ab. Zwei Stunden später, die Archivarin hatte für Nachschub gesorgt, stieß er auf eine Lokalseite mit dem Foto. Das Datum war der fünfte Oktober vor sechzehn Jahren. Er legte seine Kopie daneben, kein Zweifel, er hatte ins Schwarze getroffen und murmelte ein Dankesgebet.

Der Bericht über die Jagd war der Aufmacher auf der zweiten Seite des Lokalteils. Das Foto gab mehr Details preis als die Kopie, neben Plankl war die örtliche Prominenz zu erkennen, Fassoth, Veit und Bürgermeister Wohlrab. Warum nur hatte der Bauunternehmer diesen Artikel in seinen Tresor gelegt? Baltasar las den Bericht nochmals, obwohl er ihn schon halb auswendig konnte, er konnte einfach keine versteckten Hinweise entdecken, die ihn weitergebracht hätten.

Er begann die anderen Artikel auf der Zeitungsseite zu lesen, sein Auge blieb bei einem Wort hängen. Ein Name. Ein Name in einer kleinen Meldung. Baltasar überflog die Meldung. Er kannte diesen Namen. Er las die Notiz nochmals, vergegenwärtigte sich jedes einzelne Wort. Die Erkenntnis durchfuhr ihn, als habe ihn der Heilige Geist höchstpersönlich berührt. Ihm wurde heiß, sein Herzschlag beschleunigte sich. Baltasar legte seine Zeitungskopie neben das Original, er brauchte gar nicht hinzuschauen, er wusste bereits, dass diese Meldung auch auf seiner Kopie zu finden war. Warum hatte er sich nicht intensiver mit den anderen Artikeln befasst? Er war so auf den Bericht über die Jagdgesellschaft fixiert gewesen, dass er die anderen Meldungen auf der Kopie nur überflogen und dann vergessen hatte. Was für eine Nachlässigkeit!

Baltasars Hände zitterten. Nun fügte sich alles zusammen. Die Bausteine fanden ihren Platz. Das wahre Motiv der Frau. Sie war die Unbekannte aus dem Beichtstuhl, die anderen nach dem Leben trachtete. Die Frau, der auf dem Hochzeitsfoto das Blumensträußchen fehlte. Das ihr Fassoth abgerissen hatte, was in der Folge seinen Tod bedeutete. Doch zwei Teile des Rätsels fehlten noch. Warum hatte sich die Frau gerade diese Männer ausgesucht? Und wer würde ihr nächstes Opfer sein?

Baltasar erkannte, dass er nicht länger warten durfte. Er konnte die drohende Gefahr förmlich spüren. Die Frau würde nicht ruhen, bevor sie ihr Werk vollendet hatte. Und wenn er sich nicht täuschte, würde sie auf einen gefährlichen Gegner stoßen. Die Zeit drängte, er musste etwas unternehmen. Er brauchte die Querverbindungen. Er brauchte einen weiteren Namen. Es gab nur einen, der ihm helfen konnte, auch wenn es Baltasar zutiefst widerstrebte. Er ließ sich von der Archivarin eine weitere Kopie der kompletten Zeitungsseite machen und bat um ein Telefonbuch. Nach dem zweiten Klingeln wurde abgenommen.

Baltasar schilderte sein Anliegen. »Ginge es heute noch? Es ist wirklich eilig, glauben Sie mir. Je schneller, desto besser.«

»Dann kommen Sie doch gleich.« Der Mann am Telefon beschrieb den Weg.

Baltasar rief Vallerot an, erzählte, was er vorhatte und dass es länger dauere, dann erteilte er seinem Freund einen Spezialauftrag, setzte sich ins Auto und fuhr los. Er hatte Mühe sich zu konzentrieren, immer wieder drifteten seine Gedanken ab, hin zu der Frau und was sie vorhatte. Nervosität kroch in ihm hoch. Er fuhr nach Passau hinein, suchte die angegebene Straße und die Hausnummer und parkte schließlich direkt vor dem Gebäude.

»Ich habe nicht geglaubt, Sie so schnell wiederzusehen, Hochwürden.« Der Kommissar schüttelte Baltasar die Hand. »Sie haben mich neugierig gemacht. Nehmen Sie Platz.« Wolfram Dix lächelte. »Wollen Sie vielleicht einen guten Kräutertee?«

Nervös wehrte Baltasar alles ab. »Entschuldigen Sie meinen kurzfristigen Besuch, aber Sie sind der Einzige, der die Sache vielleicht aufklären könnte. Hier ist der Zeitungsausschnitt, von dem ich Ihnen am Telefon erzählt habe.«

Dix las sich den Text sorgfältig durch. »Um diesen Unfall geht es also?«

Baltasar nickte.

»Die Akten habe ich kommen lassen. Der Fall klingt reichlich mysteriös. Ich hoffe, Sie erklären mir die Hintergründe – wenn ich Ihnen schon diesen Gefallen tue und auf dem inoffiziellen Dienstweg alle Hebel in Bewegung setze.«

»Bitte gedulden Sie sich noch. Ich muss mir selber erst über ein paar Dinge klar werden. Außerdem bin ich bei einer Beichte darauf gestoßen und deshalb durch das Beichtgeheimnis gebunden.«

»Das verstehe und respektiere ich. Trotzdem – wenn hier Straftaten vorliegen, muss ich es wissen.«

»Bisher habe ich nichts Konkretes. Lediglich Vermutungen. Später kann ich Ihnen mehr sagen.«

»Nun gut, schauen wir uns die Unterlagen an. Da ich Ihnen offiziell die Akten nicht aushändigen darf, lese ich sie einfach laut für mich, denn laut lesen fördert bekanntlich die Merkfähigkeit. Ich kann ja nichts dafür, wenn Sie zufällig danebensitzen.« Dix klappte einen Ordner auf. »Es ging um einen Todesfall. Die Polizei hatte damals routinemäßig ermittelt. Erst später befasste sich die Kriminalpolizei damit. Laut Bericht war das Opfer ein einundfünfzigjähriger Mann aus Ihrer Gemeinde. Ein Spaziergänger fand ihn morgens abseits der Landstraße hinter einem Busch liegend. Der Mann war zu dem Zeitpunkt schon mehrere Stunden tot, laut Befund des Arztes starb er in der Nacht zuvor gegen dreiundzwanzig Uhr.«

»An was ist er gestorben?«

Dix las weiter in den Papieren. »Hier wird es ein bisschen seltsam. Es wurde keine Obduktion veranlasst, da man anfangs kein Fremdverschulden annahm. Der Arzt diagnostizierte einen Oberschenkelbruch, einen Bruch des linken Armes, eingedrückte Rippen, Platzwunden und innere Verletzungen. Was genau diese Verletzungen verursacht hatte, steht nicht in dem Bericht. Der Doktor schrieb, der Tod sei wahrscheinlich durch innere Blutungen eingetreten.«

»Für mich als Laie klingt es wie die Beschreibung eines Unfallopfers«, sagte Baltasar.

»In der Tat fragt man sich, warum bei solchen Verletzungen nicht weitere Untersuchungen veranlasst wurden.«

»Was war die Ursache für die tödlichen Verletzungen? Was hat die Polizei damals herausgefunden?«

»Das ist ja das Merkwürdige. In dem ersten Protokoll steht, der Mann habe in einer Wirtschaft im Nachbardorf mit Freunden getrunken und sei auf dem Heimweg gewesen. Danach, so vermuten die Beamten, sei er alkoholisiert auf der Straße gestürzt und den Abhang hinuntergefallen. Daher die Verletzungen.«

»Das klingt total unglaubwürdig. Hat denn keiner nachgehakt? Was sagten die Freunde und die Ehefrau?«

»Da beginnt der zweite Akt dieses Dramas. Die Zechkumpel sagten aus, ihr Freund sei mit dem Fahrrad gekommen, und sie nahmen an, er sei mit dem Fahrrad auch wieder gefahren. Aber dieses ominöse Rad war verschwunden, bei der Leiche fand man es nicht. Es ist nie wieder aufgetaucht. Die Polizei vermutete, jemand habe es bei der Gastwirtschaft gestohlen.« Der Kommissar blätterte weiter. »Hier ist das Protokoll der Frau. Sie bestätigte, dass ihr Mann mit dem Rad unterwegs war. Sie glaubte nicht an die Version von einem unglücklichen Unfall und drängte auf weitere Ermittlungen.«

»Kam es dazu?«

»Nun, die Beamten mussten weiter ermitteln, weil die Frau Anzeige gegen unbekannt wegen Totschlags stellte. Sie behauptete, ihr Gatte sei Opfer eines Unfalls geworden, und die Täter hätten Fahrerflucht begangen.«

Baltasar zog die Augenbrauen hoch. »Worauf stützte die Frau ihre Behauptungen? Hatte sie Beweise?«

»Ein Bekannter der Frau, der als Gast auf der Jagdgesellschaft war, erzählte ihr, er habe auf der Heimfahrt ihren Mann auf dem Fahrrad überholt. Später zog er diese Aussage zurück und behauptete, er sei sich nicht sicher, wen er in der Dunkelheit auf der Straße gesehen habe. Die Ehefrau beharrte auf der ursprünglichen Aussage und meinte, wenn ihr Mann heimgeradelt sei, müsse jemand ihn umgefahren und das Rad versteckt haben, jemand, der die Tat vertuschen wollte.«

»Und nach der Anzeige wurde Ihre Behörde aktiv, vermute ich.«

»Genau. Ein Kollege, der mittlerweile längst im Ruhestand ist, überprüfte den Fall routinemäßig. Er ließ den Toten nochmals untersuchen, ebenso dessen Kleidung. Was ziemlich unergiebig war, denn das Opfer lag bereits gewaschen im Leichenschauhaus. Zumindest Hemd, Hose und Jacke konnte der Beamte noch sicherstellen.« Dix holte einen weiteren Ordner. »Hier müssen die Berichte drin sein.« Er blätterte. »Da haben wir's. Der zweite Arzt, der hinzugezogen worden war, bestätigte im Wesentlichen den Befund seines Kollegen. Er wies auf einige Merkwürdigkeiten hin, beispielsweise waren die Rippenbrüche die Auslöser für die inneren Blutungen, die Art der Brüche deutete auf eine hohe, eher kleinflächige Krafteinwirkung.«

»Was heißt das auf gut Deutsch?«

»Nach meiner Berufserfahrung mit Todesfällen würde ich sagen: vermutlich ein heftiger Tritt mit dem Fuß gegen die Brust, oder jemand stieg mit seinem ganzen Körpergewicht auf den Brustkorb. Aber um Genaueres zu sagen, müsste man Fotos sehen. Leider hat man damals versäumt, Beweisfotos anzufertigen. Die Kollegen haben schlampig gearbeitet.«

»Also doch Totschlag?«

»Die Verletzungen lassen sich mit einem Sturz nicht erklären. Auch bei einem Zusammenstoß mit einem Fahrzeug sehen die Wunden anders aus. Aber damit ist die Liste der Merkwürdigkeiten noch nicht zu Ende: Die Untersuchungen an den Kleidern haben Spuren von Erde und Gras ergeben, die sich in Streifen von oben nach unten zogen. Das weist darauf hin, dass das Opfer über den Boden geschleift wurde. Wäre der Mann einfach den Hang abwärtsgerollt, etwa durch einen Sturz oder Aufprall, müssten an allen Seiten der Kleidung die Schmutzspuren zu finden sein.«

»Nimmt man all die Hinweise zusammen, würde das bedeuten, jemand hat den armen Mann absichtlich ins Jenseits befördert.«

»Die Schlussfolgerung liegt nahe. Aber es sind nur Indizien. Jedenfalls hat die Polizei weiter ermittelt, die Ausgangsthese war, der Mann sei angefahren worden, und der Täter habe ihn liegen lassen und Fahrerflucht begangen. Man befragte eine Reihe von Menschen. An diesem Punkt kommt die Jagdgesellschaft ins Spiel, über die in dem Zeitungsartikel berichtet wird. Die Feier war in einem Nachbarort, und mehrere Zeugen erinnerten sich, Autos auf der Heimfahrt von eben diesem Ort gesehen zu haben. Der Rest war Fleißarbeit, die Beamten besorgten sich die Gästeliste und klapperten die Teilnehmer der Jagd ab. Dabei interessierten sich die Polizisten vor allem für die Autos in den Garagen.«

»Sie suchten nach Unfallspuren. Hatten sie Erfolg?«

»Wenigstens hier haben die Kollegen ihren Job gut gemacht. Sie landeten tatsächlich einen Treffer.«

»Der Täter wurde geschnappt?« Baltasar richtete sich auf. »Wie ist sein Name?«

»Langsam, Herr Senner, der Reihe nach. Die Polizisten fanden an dem Auto Beschädigungen am rechten Kotflügel, das Blech war eingedrückt, und das Scheinwerferglas war gesplittert. Beschädigungen, wie sie typischerweise von einem Zusammenstoß herrühren. Hier wurden Fotos gemacht. Sehen Sie selbst.« Der Kommissar legte die Aufnahmen auf seinen Schreibtisch. »Die Deformationen passen zu einem Aufprall auf ein Fahrrad. Der Fahrzeughalter behauptete jedoch, die Schäden rührten von einem Wildunfall her, er sei zwei Tage zuvor mit einem Reh kollidiert und habe den Wagen danach gereinigt, aber noch keine Zeit für die Reparatur gehabt. Das erklärt, warum nur winzige Lackspuren an dem Kotflügel gefunden wurden. Aber ohne Fahrrad konnte man diese Spuren nicht eindeutig zuordnen.«

»Aber wer war der Mann?«

»Geduld, Geduld, Hochwürden, es kommt noch besser. Zeugenaussagen belegten, dass der Fahrzeughalter mit zwei Bekannten von der Jagdgesellschaft losfuhr, angeblich machte er einen angetrunkenen Eindruck. Der Name des Mannes war Korbinian Veit.«

Korbinian Veit. Er hatte einen Menschen totgefahren. »Aber Veit ist, soweit ich weiß, nie dafür belangt worden.«

»Korrekt. Zum einen konnte die Polizei damals nicht ermitteln, ob tatsächlich Herr Veit hinterm Steuer saß oder einer seiner beiden Freunde. Die drei behaupteten, sie könnten sich nicht mehr erinnern, wer von ihnen gefahren war. Entscheidend war jedoch etwas anderes: Die drei hatten ein Alibi.«

»Inwiefern?« Baltasar war verwirrt. »Was meinen Sie mit Alibi?«

»Eine andere Person gab zu Protokoll, er habe mit seinen drei Freunden zur fraglichen Zeit des Unfalls zusammengesessen, sie hätten eine andere Autoroute genommen und seien gar nicht auf der besagten Straße gefahren. Bevor Sie jetzt fragen, Hochwürden – der Name dieses Mannes ist Alois Plankl.«

Baltasar fühlte sich wie von einem Felsen überrollt. Der Bauunternehmer steckte mit drin in diesem Fall. Er hatte seine Bekannten gedeckt, sie vor der irdischen Gerechtigkeit geschützt, das war offensichtlich. Was hatte ihn dazu getrieben?

»Mit der Aussage Plankls waren die drei Männer aus dem Schneider«, fuhr Dix fort. »Die übrigen Indizien reichten nicht für eine Anklage. Die Polizei ermittelte weiter gegen unbekannt, aber die Staatsanwaltschaft schloss bald die Akten, es blieb bei der Version mit dem Unfall ohne Fremdeinwirkung.«

»Und Sie? Beim lieben Gott, was glauben Sie?« Baltasar hatte einen Frosch im Hals.

»Fragen Sie mich als Kriminalbeamten? Oder als Privatmann?« Dix beugte sich vor. »Als Kommissar sehe ich viele Fehler und Versäumnisse in den Ermittlungen sowie eine Reihe von Indizien. Einiges wird durch die Unfalltheorie mit Fahrerflucht nicht erklärt, etwa die Verletzungen des Opfers. Andererseits fehlten die Beweise für eine Anklage. Plankls Zeugenaussage war nicht zu erschüttern.« Der Kommissar klappte die Akten vor ihm zu. »Wenn ich spekulieren müsste, würde ich sagen, die drei Männer haben das Opfer angefahren, hatten Angst vor der Entdeckung, sind ausgestiegen und haben den am Boden liegenden Mann weggeschleift. Dabei muss etwas passiert sein, das die Sache eskalieren ließ. Am Ende war der Mann jedenfalls tot. Aber das sind, wie gesagt, nur Spekulationen eines Privatmannes. Die Beweise fehlen.«

»Wie ging es weiter? Was hat die Ehefrau damals unternommen?«

»Sie versuchte hartnäckig, zusätzliche Ermittlungen zu erzwingen, sie war fest von der Schuld der drei Männer überzeugt. Aber die Herren schlugen zurück und drohten der Frau, sie wegen falscher Verdächtigung und übler Nachrede anzuzeigen. Danach gab die Frau auf.«

»Wer waren nun die anderen beiden Männer, die neben Veit im Auto saßen?«

»Auf diese Frage habe ich nur gewartet. Ich schreibe die beiden Namen auf einen Zettel und lasse ihn einfach hier liegen.« Dix kritzelte etwas auf ein Stück Papier.

Baltasar nahm den Zettel und las ihn.

Der Name des zweiten Mannes war Friedrich Fassoth.

Der dritte Name war ... Baltasar starrte auf den Namen, es war, als wollten sich die Buchstaben in seine Netzhaut einbrennen. Der Schock löste einen Dominoeffekt des Erkennens in ihm aus, wie ein Steinchen, das weggezogen wird, so dass alle anderen Steinchen damit an ihren richtigen Platz rutschten. Jetzt ergaben die Hinweise der jüngsten Vergangenheit einen Sinn, fand sich eine Erklärung für das Verhalten bestimmter Menschen ... Er bekam eine Ahnung, was es mit dem Taschentuch auf sich haben könnte, das er in Plankls Tresor gefunden hatte.

Baltasar sah die Konsequenzen, tödliche Konsequenzen und wusste, dass er sofort etwas unternehmen musste. Vielleicht war es schon zu spät. Dieser dritte Mann ... Die Frau im Beichtstuhl ... Nicht auszudenken, wenn ...

»Ich muss fahren, Herr Dix, ich muss los. Ihre Informationen waren wirklich sehr hilfreich. Eine Frage noch: Wenn es neue Beweise gäbe, wäre die Sache verjährt?«

»Auf keinen Fall. Totschlag verjährt erst nach zwanzig Jahren.« Dix hielt Baltasar am Arm fest. »Ich sehe ein gefährliches Funkeln in Ihren Augen, Herr Pfarrer. Meine Erfahrung sagt mir, dass Sie gerade dabei sind, eine Dummheit zu begehen. Eine gefährliche Dummheit. Lassen Sie das, bei Gott, bleiben Sie besonnen.«

»Danke für Ihren Rat, Herr Dix. Wir sprechen uns noch.« Baltasar sprang auf. »Ich muss los.«

Der Kommissar drückte ihm eine Visitenkarte in die Hand. »Meine Telefonnummer. Rufen Sie an, wenn Sie Unterstützung brauchen.«

# 39

Baltasar fuhr mit durchgedrücktem Gaspedal, gleichzeitig versuchte er, Vallerot mit dem Mobiltelefon zu erreichen. Das ging natürlich schief. Der Wagen geriet ins Schlingern, Baltasar verriss das Steuer, der Wagen schlitterte in die andere Richtung und blieb am Ende am Straßenrand stehen. Nach einer Weile hatte sich Baltasar wieder gefangen, sein Herz pochte nur mehr leicht. Er würde sich noch selbst umbringen, wenn er nicht aufpasste. Dann fuhr er weiter.

Vallerot begrüßte ihn an der Tür. »Ich habe deinen Spezialauftrag durchgeführt wie befohlen. Die Zielperson war die ganze Zeit zu Hause, bis vor einer halben Stunde. Da ist sie zu Fuß aufgebrochen, Richtung Wald. Ich bin zurückgekehrt und habe auf dich gewartet.«

»In welche Richtung genau? Wald haben wir hier genug.« Baltasars Tonfall verriet seine Ungeduld.

»Zum alten Feldweg.«

»Du meinst den, der am Huberhof vorbeiführt?«

»Genau den. Wohl ein kleiner Spaziergang.«

»Spaziergang?« Baltasar merkte, wie seine Stimme kippte. »Das war kein zufälliges Spazierengehen. Da steckt mehr dahinter. Ich muss telefonieren.« Er suchte die Nummer heraus, wählte. Nach dem dritten Klingeln meldete sich eine Frauenstimme. Baltasar nannte den Namen, den er zu sprechen wünschte, den Namen aus den Akten des Kommissars. »Tut mir leid, ist gerade außer Haus«, sagte die Frau am Telefon. »Möchten Sie eine Nachricht hinterlassen?«

»Danke, nein.« Baltasar legte auf. Seine Befürchtungen bestätigten sich. »Ich muss nochmals los, sofort. Ich nehm dein Auto. Bleib zu Hause am Telefon, bis ich mich melde.«

Philipp hielt ihn fest. »Würdest du mir bitte erklären, um was es hier die ganze Zeit geht? Ich führe für dich äußerst seltsame Aufträge aus, mache Beschattungen wie ein Geheimagent. Es wäre schön, wenn du mich mal in deine Pläne einweihen würdest.«

»Später. Mir läuft die Zeit davon. Vertrau mir. Ich muss los. Es geht um Leben und Tod.«

»Wie melodramatisch das klingt. Hoffentlich verrennst du dich nicht in etwas. Pass auf dich auf. Versprochen?«

Baltasar nickte und stürmte aus dem Haus. Er nahm eine andere Strecke als sonst zum Wald, um nicht gesehen zu werden. Das Auto parkte er zwischen den Bäumen. Er lief durch den Wald, hielt sich parallel zum Feldweg. Zweige knackten unter seinen Füßen, die Wipfel ächzten unter dem Wind, sonst war es merkwürdig still. Dem Gefühl nach musste der Huberhof auf gleicher Höhe sein, dachte Baltasar. Er verlangsamte seinen Schritt und schlich bis zum Waldrand.

Das Anwesen lag etwa zwanzig Meter oberhalb. Selbst im Tageslicht sah es gespenstisch aus mit den verkohlten Resten des Dachstuhls und den zerfallenen Wänden des ersten Stocks. Das Gelände war weiträumig mit Absperrband gesichert, ein Auto oder Fahrrad war nirgends zu entdecken. Kein Geräusch, kein Lebenszeichen aus dem Gebäude. Baltasar achtete darauf, ob er irgendwo eine Bewegung ausmachen konnte. Nichts. Sollte er sich getäuscht haben? Vielleicht war der Huberhof gar nicht das Ziel – obwohl er einen perfekten Ort für dunkle Pläne abgab: abgelegen, abgeriegelt, unbewohnt.

Es half nichts, Baltasar musste selbst nachsehen und sich Gewissheit verschaffen. Er nutzte einige Büsche als Deckung, um unbemerkt näher ans Gebäude zu gelangen, und kroch die letzten Meter bis zur Hauswand. Seine Knie taten ihm weh, die aufgescheuerten Handflächen brannten. Baltasar lehnte sich an die Außenwand, bis sich sein Puls wieder normalisiert hatte. War da nicht eine Stimme zu hören? In geduckter Haltung schlich er unter den Fenstern entlang zur Rückseite des Hofes, wo die Scheune und der Eingang lagen. Die Haustür stand offen, das Türblatt war am oberen Scharnier aus der Verankerung gerissen. Tatsächlich waren jetzt leise Stimmen zu hören. Sie kamen aus dem Inneren des Gebäudes. Baltasar richtete sich neben dem Eingang auf und konzentrierte sich auf die Stimmen. Er glaubte einen Mann und eine Frau zu hören, konnte aber kein Wort verstehen. Sie mussten in einem der Zimmer im Erdgeschoss sein.

Was sollte er tun? Baltasar holte sein Mobiltelefon aus der Tasche. Er war unschlüssig. Kommissar Dix anrufen? Die Sache konnte gefährlich werden. Der Impuls zu fliehen durchzuckte Baltasar. Überlass dem Kommissar den Fall, flüsterte der Affe auf seiner Schulter. Misch dich nicht ein. Du hast genug getan, deine Aufgabe ist erfüllt.

Baltasar hielt das Telefon noch immer in der Hand. Er nahm denselben Weg zurück, den er gekommen war. Stoppte nach wenigen Metern. Wollte er wirklich wieder weglaufen? Sich verkriechen, wie schon so oft in seinem Leben? Alles um ihn herum ausblenden? Er musste sich der

Gegenwart stellen. Jetzt war der Zeitpunkt gekommen. Baltasar traf eine Entscheidung. Was immer passieren möge, er würde seinem Affen nun entgegentreten. Mit Gottes Hilfe.

Er kehrte um und schob sich durch die Tür in den Gang, darauf achtend, nicht auf die Steine und Holzreste am Boden zu treten. Er hielt den Atem an, lauschte. Die Stimmen waren nun deutlich zu unterscheiden. Ein Mann und eine Frau. Baltasar tastete sich zwei Meter nach vorn.

»Meine Geduld hat langsam ein Ende.« Die Stimme des Mannes war ruhig, aber von einer unterschwelligen Aggression. »Sagen Sie mir endlich, was Sie wissen. Sonst ...«

Ein Schrei schluckte die restlichen Worte. Der Schrei einer Frau in Angst. Todesangst.

»Schreien hilft gar nichts, meine Gute. Hier draußen kann uns niemand hören. Da können Sie so laut schreien, wie Sie wollen. Wir beide sind unter uns, ganz allein.« Es waren Schritte zu hören, der Mann ging offenbar im Zimmer hin und her. »Machen Sie es sich nicht so schwer. Am Ende bekomme ich doch, was ich will, glauben Sie mir. Nur für Sie sieht es anders aus. Warum sollten Sie Schmerzen erleiden? Das können Sie sich sparen. Wir sind doch zivilisierte Menschen, Sie und ich. Sie brauchen mir nur zu erzählen, was Sie wissen. Wen Sie noch eingeweiht haben. All das. Nun reden Sie schon.«

Einige Sekunden herrschte Ruhe.

»Sie wollen nicht? Bockig wie der Vater. Wer nicht hören will, muss fühlen.« Wieder ein Schrei, der in ein Wimmern überging.

»Was habe ich Ihnen gesagt? Das haben Sie nun davon. Böses Mädchen. Böse, böse. Nun erleichtern Sie Ihr Herz, und reden Sie! Wo haben Sie Ihre Beweise versteckt? Glaubten Sie wirklich, Sie könnten gegen mich ankommen?« Ein heiseres Lachen.

Die Frau sagte etwas, was wie »Wuidsau« klang. Gleich darauf wieder ein Schrei.

»Wir können das ewig so weitertreiben. Bloß will ich nicht so viel Zeit investieren, verstehen Sie? Ich kann Sie erlösen, jetzt sofort. Reden Sie endlich, verdammt noch mal!«

Als Antwort kamen einige gezischte Worte.

»Also gut, Sie wollen es nicht anders. Obwohl mir das zuwider ist, meine Gute, sehr zuwider. Ihr schönes Gesicht, Ihre glatte Haut. Wirklich schade. Aber Sie werden verstehen, dass ich mir mein Leben nicht durch eine dahergelaufene Schlampn ruinieren lassen kann. Die ihr hübsches Näschen in Dinge steckt, die sie nichts angehen. Ihre hübsche Nase ... Warten Sie, ich habe da eine Idee ...«

Baltasar wusste, dass er keine Sekunde länger warten durfte. Die Situation eskalierte. Das Leben der Frau war in Gefahr. Er suchte am Boden nach etwas, das als Waffe taugte, fand einen größeren Stein und den Rest einer abgebrannten Dachlatte. Den Stein steckte er ein. Lieber Gott, hilf!, dachte er und umklammerte die Dachlatte wie Erzengel Gabriel das Schwert. Ein weiterer Schrei ertönte, Baltasar stürmte nach vorn, versetzte der angelehnten Tür einen Tritt. Die Tür flog auf und krachte gegen die Wand.

In der Mitte des Raumes stand ein Stuhl. Darauf saß eine Frau, die Hände nach hinten gebunden, die Füße an den Stuhlbeinen fixiert. Ihr Haar war wirr, ihr Pullover verschmutzt. Die rechte Gesichtshälfte war rot eingefärbt, als hätte jemand einen Becher Farbe ausgeschüttet. Blut. Der

Schmutz auf ihrem Pullover war ebenfalls Blut. Eine Wunde ging von der Schläfe über die Backe zum Halsansatz. Baltasar brauchte einen Wimpernschlag, bis er die zusammengesunkene Frau erkannte.

Clara Birnkammer.

Der Mann hinter ihr hatte gerade ihr Haar gepackt. In der rechten Hand hielt er ein Messer mit einem speziellen Hirschhorngriff, es sah aus wie eines der Jagdmesser, die Baltasar im Haus der Witwe Plankl bewundert hatte. Der Mann trug eine abgewetzte Stoffhose und ein altes Hemd – und Handschuhe. Baltasar erkannte ihn sofort: Anselm Schicklinger, der Rechtsanwalt.

Das alles registrierte Baltasar in Sekundenbruchteilen. Er schleuderte die Dachlatte nach Schicklinger. Der hatte etwas länger gebraucht, sich von der Überraschung zu erholen. Jetzt aber reagierte er erstaunlich schnell und drehte sich zur Seite, die Latte traf nur seine Schulter. Baltasar blieb mitten im Raum stehen. Clara Birnkammers Kopf hob sich, sie sah ihn an, als sei der Heilige Geist persönlich erschienen. Aber ihr Blick war seltsam, gebrochen, wie abwesend.

Schicklinger machte einen Satz auf Baltasar zu, drückte ihn gegen die Wand, zückte sein Messer und hielt es ihm an die Kehle.

»Welch überraschender Besuch, Hochwürden höchstpersönlich, der weiße Ritter.« Der Rechtsanwalt machte ein Zeichen und dirigierte Baltasar in die Ecke des Zimmers. »Bleiben Sie hier ruhig stehen, und rühren Sie sich nicht. Nicht mal ein Zucken mit den Augenbrauen. Zwingen Sie mich nicht, von meinem Messer Gebrauch zu machen. Als Jäger kann ich damit umgehen, glauben Sie mir. Und versuchen Sie nicht wegzulaufen, meinem weiblichen Gast bekäme das nicht gut.«

Baltasar ließ den Mann nicht aus den Augen. Anselm Schicklinger. Der Strippenzieher. Der dritte Mann, dessen Name sich in den Akten der Kripo fand. Die Spinne in ihrem Netz. Und Clara Birnkammer. Täterin und Opfer. Baltasars Alpträume hatten sich als wahr herausgestellt, seine Schlussfolgerungen waren richtig gewesen. Doch das half ihm nun wenig. Er hätte mit Unterstützung anrücken sollen, mit Philipp. Jetzt war es zu spät. Dieser Schicklinger war zu allem fähig. Clara Birnkammer tat ihm trotz ihrer Vergehen leid, wie sie apathisch dasaß und ergeben der Dinge harrte. Dennoch war bewundernswert, welchen Widerstandsgeist sie selbst in dieser Situation noch aufbrachte.

Der Rechtsanwalt griff sich Clara Birnkammer und strich mit der Messerklinge über ihr Haar. »Ich habe euch beide beobachtet, in jener Nacht hier auf dem Bauernhof. Zuerst dachte ich, ein geheimes Techtelmechtel, doch dann war ich mir nicht mehr sicher. Ich habe gehört, wie Frau Birnkammer einige verstörende Sachen gesagt hat.«

»Sie haben unser Gespräch belauscht?« Baltasar sah nach der Frau. Sie saß bewegungslos auf dem Stuhl. »Haben Sie deswegen den Brandanschlag verübt?«

»Ich habe Frau Birnkammer schon eine Weile beobachtet, nicht wahr, meine Gute?« Schicklinger tätschelte den Rücken der Frau. »Ihr Ausflug spätabends schien mir verdächtig, ich bin ihr gefolgt. Und was musste ich sehen? Ein verborgenes Treffen mit dem Pfarrer. Das machte mich neugierig, ich schlich ins Haus. Leider habe ich nur einen Teil Ihres

Gesprächs mitbekommen, aber das reichte mir. Deshalb habe ich kurzfristig improvisiert.«

»Und dabei den Tod von zwei Menschen riskiert?« Baltasar ließ den Mann seine Verachtung spüren.

»Was heißt riskiert? Mein Plan hatte einen gewissen Charme. Ich wäre das Problem mit der Frau losgeworden, es hätte wie ein Unfall ausgesehen, zwei Liebende, die bei ihrem intimen Zusammensein versehentlich einen Brand auslösen. Die Leute hätten sich die Mäuler zerrissen, das können Sie mir glauben. Zugleich erledigte sich mit dem Abfackeln des Gebäudes Ihre lästige Verrücktheit, hier unbedingt ein Jugendzentrum einrichten zu wollen. Alles nur noch Schall und Rauch, wie es so schön heißt.«

»Das Ganze nur wegen einer miesen Geschäftemacherei? So gierig sind Sie nach Geld, Herr Schicklinger? Sie tun mir leid.«

»Beleidigen Sie nicht meine Intelligenz, Herr Pfarrer, bitte nicht, sonst werde ich ärgerlich. Ihr lächerliches Lieblingsprojekt hatte nie eine Chance. Es hat mich amüsiert anzusehen, wie Sie sich abstrampelten. Korbinian hat mich über alles auf dem Laufenden gehalten. Glauben Sie wirklich, wir lassen uns bei unseren Projekten von einem Landpfarrer aufhalten? Da geht es ums Prinzip. Ihr Jugendzentrum diente nur als Alibiveranstaltung. Außerdem kann die Gemeinde einen Gewerbepark gut gebrauchen, das bringt Arbeitsplätze und Kaufkraft. Wir haben bereits einen Mieter, ein Tierfutterfabrikant aus dem Norden will sich bei uns ansiedeln. Was zählen da ein paar Kinder, die sich langweilen und sich auf einem Bauernhof treffen wollen? Absurd!«

»Wie haben Sie den Bürgermeister dazu bekommen, bei Ihren Plänen mitzuziehen?«

»Wir brauchten Herrn Wohlrab gar nicht zu überzeugen. Ein Ackergrundstück zum Freundschaftspreis für einen Parteifreund, daran ist nichts Illegales. Er hat die Sache abgenickt, zum Wohle der Gemeinde, war aber ansonsten außen vor. Kein Politiker ließe sich das entgehen; wer in dieser Gegend Arbeitsplätze schafft, dem sind die Wählerstimmen sicher. Da passte es, als ein Unternehmer aus Niedersachsen anfragte, der seinen Betrieb zu uns verlagern wollte, weil er zu Hause Schwierigkeiten mit den Aufsichtsbehörden und einem übereifrigen Staatsanwalt hat. Bei uns werden Investoren noch mit offenen Armen empfangen, wir haben Verständnis für die Sorgen der Unternehmer. Das Projekt haben Korbinian, Friedrich und ich gemanagt. Wir wollten unser Gemeindeoberhaupt nicht mit Details belasten.«

»Und Alois Plankl war ursprünglich auch mit im Boot, oder nicht?«

»Natürlich, er war Bauunternehmer, er hatte das meiste Geld, er hatte die besten Verbindungen. Wir haben ihm viel zu verdanken. Aber das Projekt wird auch ohne ihn zu Ende geführt. Auch ohne die anderen. Ich mache das alleine, dazu brauche ich niemanden. Niemand wird sich mir mehr in den Weg stellen.«

»So wie Clara Birnkammer? War sie Ihnen im Weg? Haben Sie sie deshalb so übel zugerichtet?« Baltasar beobachtete die Frau aus den Augenwinkeln. Sie wirkte ernsthaft angeschlagen. Wie lange würde sie das noch durchstehen? Die Wunde hatte aufgehört zu bluten. Er musste einen Weg aus der Zwangslage finden, versuchen, Schicklinger abzulenken, ihn mit anderen Dingen beschäftigen.

»Diese Dame hier …«, der Rechtsanwalt fasste sie am

Kinn und zwang sie, den Kopf zu heben, »... diese Dame hat in der Tat meine Kreise empfindlich gestört, nicht wahr, meine Gute?« Schicklinger ließ das Kinn wieder los. »Sie glaubte, besonders schlau zu sein. Glaubte, dass ich nichts merkte. Sie musste unbedingt in alten Sachen herumstochern, wollte die Vergangenheit wieder heraufbeschwören.«

»Sie meinen, den tödlichen Unfall mit Frau Birnkammers Vater, an dem Sie und Ihre Freunde beteiligt waren?« Baltasar hatte einen Pfeil abgeschossen, und er saß. Clara Birnkammer richtete sich auf, Schicklinger sah ihn verdutzt an.

»Sieh an, der Herr Pfarrer weiß Bescheid. Aha. Welch überraschende Erkenntnis. Also hat die Dame doch einen Mitwisser. Ihr beide steckt unter einer Decke. Ich hätte euch doch an jenem Abend ...« Der Rechtsanwalt richtete die Messerklinge auf Baltasar. »Zumindest kann ich mich nun darauf einstellen. Um Ihre Frage zu beantworten, Herr Senner, ja, diese Frau hatte sich in den Kopf gesetzt, den Fall ihres verunglückten Vaters neu aufzurollen und sich an uns allen zu rächen. Sie werden verstehen, Hochwürden, dass ich das nicht zulassen kann. Ich habe leider andere Pläne ...«

»Für Ihre Taten werden Sie lange in den Knast wandern.«

»Ein Gefängnisaufenthalt gehört nicht zu meiner Lebensplanung. Deshalb sind wir ja hier und besprechen alles. Ich wurde bereits misstrauisch, als nach dem Tod Alois Plankls auch noch Korbinian Veit in einen Unfall verwickelt wurde, ausgerechnet in einen Fahrradunfall. Dann tauchte diese Frau in meiner Kanzlei auf mit dem fadenscheinigen Vorwand, ich solle sie in einer Rechtsfrage beraten. Sie stellte komische Fragen, die gar nichts mit ihrem Anliegen zu tun hatten. Zugleich hörte ich, dass sie sich bei anderen Personen über mich und meine Freunde erkundigte, in unserem Ort bleibt einfach nichts geheim. Als auch Friedrich auf der Hochzeitsfeier überraschend den Tod fand, war mir klar, wer dahintersteckte und was das Motiv war.«

»Nichts wissen Sie, Sie Schwein!« Clara Birnkammer rüttelte an ihren Fesseln. »Zur Hölle mit Ihnen!«

»Aber, aber, meine Gute. Für wie blöd halten Sie mich? Ich kann eins und eins zusammenzählen. Wissen Sie, Herr Senner, diese Frau rief mich gestern an und bat um eine private Unterredung. An einem abgelegenen Ort. Drohte mir, sie habe Beweise wegen des Unfalls von damals, die mich überführen würden, wenn ich nicht käme. Also haben wir uns hier verabredet. Unser gemeinsames Gespräch war recht kurz, nicht wahr, meine Gute?« Schicklinger kippte den Stuhl zu sich hin, sodass die Vorderbeine in der Luft schwebten, und beugte seinen Kopf zum Ohr der Frau. »Wieder redete die Frau von Beweisen, die sie besäße, doch plötzlich zückte sie dieses Messer und wollte zustechen. Aber sie war zu langsam, nicht wahr, meine Gute?«

»Sie Sauhund, lassen Sie mich los.«

»Gerne.« Der Rechtsanwalt ließ den Stuhl mit der Frau wieder auf den Boden krachen.

»Das Messer kommt mir bekannt vor«, sagte Baltasar, um die Aufmerksamkeit von der Frau abzulenken. »Aus dem Waffenschrank der Plankls, vermute ich?«

»Sie haben es erraten. Feine Beobachtungsgabe, Hochwürden. Ist es nicht ein hübsches Detail, wenn die Polizei dieses Messer als Mordwaffe identifizieren wird, offensichtlich gestohlen, mit den Fingerabdrücken von Frau Birnkammer darauf?«

»Lassen Sie die Frau gehen, Schicklinger, sie hat genug durchgemacht.«

»Wie ritterlich Sie sind, Herr Pfarrer. Leider kann ich Ihrem Wunsch nicht entsprechen. Die Dame hat von einem Beweis gesprochen, und ich muss erst wissen, wo dieser Beweis versteckt ist.«

»Sie meinen den Beweis, den Alois Plankl aufbewahrt hat?«

»Was? Sie ... Sie wissen von dem ... dem Pfand?« Schlicklingers Stimme klang erstmals unsicher.

»Plankl hatte Sie doch in der Hand, Sie, Veit und Fassoth. Wegen des falschen Alibis.«

»Den Beweis ... Haben Sie ...?«

»Es war ein Pfand, sagten Sie. Damit wurden Sie und Ihre Freunde unter Druck gesetzt.«

»Alois hat uns nie erpresst, wenn Sie das meinen. Er hat uns geholfen, uns einen Gefallen getan. Wir waren ihm dankbar dafür. Es war der Beginn einer wundervollen Geschäftsbeziehung, davon haben alle profitiert. Wir haben ihm alles mit Zins und Zinseszins zurückgezahlt.«

»Sie mussten spuren, weil Sie wussten, er konnte Sie mit einem Fingerschnippen ins Gefängnis bringen, ein Anruf genügte. Ein cleveres Arrangement.«

»Natürlich haben wir ihm einige Gefallen getan, bei Erbschaftsfragen oder Baugenehmigungen oder günstigen Finanzierungen. Eine Hand wäscht die andere.«

Baltasar versuchte, unauffällig seine Taschen abzutasten. »Und das alles, weil Sie bei dem Unfall nach der Jagdgesellschaft die Nerven verloren hatten.«

»Eigentlich hatte Korbinian die Nerven verloren. Er war der Fahrer für die Heimfahrt und sturzbesoffen. Friedrich und ich hatten ebenfalls einiges intus. Da tauchte plötzlich im Scheinwerferlicht dieser Kerl mit dem Fahrrad auf; wir hatten es nicht gesehen, weil es kein Licht hatte. Korbinian versuchte noch zu bremsen, aber zu spät. Er erwischte ihn mit dem Kotflügel, der Mann segelte in den Graben und blieb dort liegen.«

»Warum haben Sie nicht einen Notarzt verständigt?«

»Korbinian bekam es mit der Angst zu tun und meinte, wir sollten erst nachsehen, ob dem Mann überhaupt etwas fehlte. Also sahen wir nach. Der Mann, dieser Ott, lag auf dem Rücken und starrte uns an. Blut rann aus seinem Mund. Er erkannte Korbinian und mich und sprach uns mit Namen an. ›Sie haben mich umgefahren‹, röchelte er. ›Sie sind schuld an dem Unfall. Dafür werde ich Sie anzeigen.‹ Statt dass dieser Trottel das Maul gehalten hätte, provozierte er uns noch mit seinem Gerede. Wir drei wurden etwas nervös und beratschlagten, was zu tun sei. Das Resultat war: Am besten wäre es, wenn dieser Mensch niemandem mehr etwas erzählen könnte.«

Ott war der Name des Opfers. Der Name, der in der Zeitungsnotiz erwähnt worden war, der Geburtsname Clara Birnkammers. Plankl hatte den Zeitungsausschnitt als Beleg aufgehoben, als moralisches Druckmittel für seine Geschäfte. Baltasar hätte die Zusammenhänge früher erkennen müssen. »Sie haben Ott umgebracht?«

»Der Mann wäre sowieso gestorben. Er sah ziemlich ramponiert aus. Wir schleiften ihn in ein Gebüsch und sprangen abwechselnd auf seine Brust. Es dauerte nicht lange. Das Fahrrad nahmen wir mit und vergruben es an einer abgelegenen Stelle.«

»Sie Mörder! Mein Vater! Sie haben ihn umgebracht. Ich

wusste es!«, brüllte Clara Birnkammer und rüttelte wieder an ihren Stricken. Kurz danach sackte sie zusammen und gab nur noch ein Wimmern von sich.

»Der Kerl hatte es sich selbst zuzuschreiben.« Schicklingers Stimme war schneidend. »Musste unbedingt die große Goschn führen, ganz wie die Tochter. Plankls Alibi hat uns gerettet. Frau Ott versuchte uns eine Zeitlang Ärger zu machen, aber wir brachten sie mit dem Hinweis auf eine Gegenklage zum Schweigen. Nun muss ihre Tochter von neuem damit anfangen. Ein Dickschädel, wie ihr Vater. Sie wird auch genauso enden wie ihr Vater, befürchte ich.«

In seinen Taschen fühlte Baltasar den Stein, seine Schlüssel und sein Mobiltelefon. Er versuchte die Tasten zu erreichen. »Was hätten Sie zu befürchten gehabt, jetzt, wo Plankl tot ist und keine Aussage mehr machen kann?« Baltasar wusste die Antwort bereits.

»Frau Birnkammer sprach von Beweisen, die sie hätte. Diese Beweise sind bei mir besser aufgehoben. Als Rückversicherung. Nicht dass es eine große Bedeutung hätte. Die Polizei hat den Fall längst abgeschlossen. Aber trotzdem – ich will mir auch künftig den Rücken frei halten. Ich hatte bereits überall in Plankls Unterlagen gesucht, die ich von seiner Frau hatte, und in den Dokumenten, die sie Ihnen leichtsinnigerweise anvertraut hatte, Herr Senner. Aber da war nichts zu finden. Zumindest konnte ich die Witwe überzeugen, nicht mehr mit Ihnen zusammenzuarbeiten.«

»Suchten Sie vielleicht einen Zeitungsartikel und ein Taschentuch?« Baltasar probierte es weiter mit den Telefontasten. »Da hätten Sie nur mich nur fragen brauchen.«

Schicklinger ließ für einen Moment sein Messer sinken.

»Sie ... Sie hatten die Sachen die ganze Zeit bei sich? Wenn ich das gewusst hätte ... Dann war das Gerede von dieser Dame hier also nur ein Bluff?«

»Sie haben es erfasst. Ich hatte in den vergangenen Wochen den Eindruck, jemand beobachtete mich. Das waren doch Sie?«

»Was reden Sie für wirres Zeug? Ich hatte Besseres zu tun, als hinter einem Pfaffen her zu sein. Aber im Nachhinein war es ein Fehler, da gebe ich Ihnen Recht.«

»Die Dinge sind bei mir gut verwahrt. Das Taschentuch ist sicher ein interessantes Beweisstück für die Kripo.«

»Sie müssen es mir aushändigen, Herr Senner!« Der Rechtsanwalt spielte mit dem Messer. »Und Sie werden es mir aushändigen, das ist sicher. Denn es ist mein Taschentuch, ein Erbstück meiner Großmutter. Darauf ist bedauerlicherweise das Blut von diesem Ott und von mir zu finden, eine kleine Wunde, die ich mir bei dem Unfall zugezogen habe. Ich hatte mir damals mit dem Tuch das Blut des Mannes abgewischt und es unvorsichtigerweise weggeworfen. Alois hat es heimlich mitgenommen. Solche Anfängerfehler würden mir heute nicht mehr passieren.«

»Kriminelle machen immer Fehler, auch Sie.« Baltasar merkte, wie ihm die Zeit davonlief, die Situation spitzte sich zu. »Die Polizei wird sich nochmals mit Ihnen beschäftigen, das ist sicher. Machen Sie es nicht noch schlimmer, und lassen Sie Frau Birnkammer gehen. Sie braucht dringend einen Arzt. Sie haben ja immer noch mich.«

Schicklinger lachte auf, ein Lachen voller Boshaftigkeit. »Wirklich amüsant, Herr Senner, Sie als Held, der sich opfern will wie Jesus am Kreuz, eine nette Vorstellung. Aber so naiv werden Sie nicht sein zu glauben, ich plaudere so über die Vergangenheit und ließe Sie oder diese Dame hier einfach gehen. Tut mir leid, daraus wird nichts. Vielleicht kommen Sie ins Paradies, bei Frau Birnkammer bezweifle ich das. Zuerst sagen Sie mir aber, wo Sie das Taschentuch gelassen haben – und zwar ein bisschen plötzlich!«

»Es ist vorbei, Herr Schicklinger.« Baltasar versuchte, überzeugend zu klingen. »Ihr Geständnis hatte nämlich noch weitere Zuhörer.« Er holte sein Mobiltelefon heraus und hielt es hoch. »Ich habe beim Kommen einen Freund angerufen und das Telefon die ganze Zeit während unseres Gesprächs angelassen. Er ist Zeuge Ihrer Verbrechen. Es ist aus. Legen Sie das Messer weg!« Mit der anderen Hand umklammerte Baltasar den Stein in seiner Tasche.

»Sie ... Sie bluffen nur, Sie ...« Die Stimme des Rechtsanwalts verlor an Kraft. »Zeigen Sie mir Ihr Handy. Sofort. Werfen Sie es mir zu! Aber seien Sie vorsichtig!«

Baltasar warf das Telefon in die Luft und zielte so, dass es in einem Bogen knapp über den Kopf Schicklingers flog. Für einen Sekundenbruchteil war der Rechtsanwalt abgelenkt, als er das Gerät auffing. Diesen Moment nutzte Baltasar, er riss den Stein aus seiner Tasche und schleuderte ihn nach seinem Gegner. Der Stein traf Schicklinger an der Schläfe. Er taumelte. Baltasar warf sich gegen Schicklinger und versuchte gleichzeitig, das Messer abzublocken. Sie fielen zu Boden. Baltasar spürte einen stechenden Schmerz in seinem Unterarm. Schicklinger rollte sich auf Baltasar, drückte ihm die Kehle zu.

»Verabschieden Sie sich von dieser Welt, Herr Senner.« Der Rechtsanwalt holte zu einem neuen Stoß aus.

Ein Krachen. Schicklinger kippte zur Seite. Ein Schlag auf Baltasars Füße. Es dauerte einen Wimpernschlag, bis er begriff: Clara Birnkammer hatte sich mitsamt dem Stuhl zu Fall gebracht und war erst auf Schicklinger und dann auf seinen Füßen gelandet.

»Machen Sie ihn fertig!« Mehr ein Stöhnen als ein Rufen. Die Frau war immer noch an ihren Stuhl gefesselt.

Baltasar befreite seine Füße und versuchte aufzustehen. Schicklingers Tritt traf ihn auf der Brust. Es war, als ob jegliche Luft aus seinem Körper gepresst wurde. Ihm wurde schwarz vor Augen. Zwei Hände legten sich wie Greifzangen um seinen Hals und zogen ihn nach oben. Lieber Gott, gib mir Kraft! Baltasar sah nichts, hörte nichts, fühlte nichts. Er umklammerte den Körper seines Gegners wie ein Schiffbrüchiger den Mast, schob diesen Körper von sich weg, drückte weiter, merkte, dass Schicklinger das Gleichgewicht verlor, drückte ihn in Richtung Fenster, stieß ihn mit letzter Kraft von sich fort. Scheiben klirrten. Der Würgegriff löste sich.

Wie verwundert betrachtete Schicklinger die Glasscherbe, die er aus seinem Hals gezogen hatte. Sein Gesicht war mit Schnitten übersät. Blut floss aus der Wunde am Hals, auf dem Boden hatte sich bereits eine Lache gebildet.

»Sie ... Sie ...« Der Rest von Schicklingers Worten ging in Gurgeln unter. Wie in Zeitlupe sackte der Mann zusammen. Er spuckte Blut. »Sie ...«

Baltasar stand da, fühlte den schmerzenden Arm, das schmerzende Knie, den schmerzenden Hals, spürte, wie sich die Lungen wieder mit Luft füllten. Er hatte überlebt. Er wusste nicht, wie lange er so dagestanden war. Er sah in die gebrochenen Augen Schicklingers. Dem Rechtsanwalt konnte nur noch der liebe Gott helfen. Oder der Teufel.

Baltasar hievte Clara Birnkammer mit ihrem Stuhl hoch, sie stöhnte vor Schmerzen, er hob das Messer vom Boden auf und schnitt die Fesseln durch.

»Sie müssen sofort ins Krankenhaus. Ich rufe Hilfe.« Baltasar suchte nach seinem Telefon, fand es in einer Ecke. Auf Tastendruck leuchtete das Display auf. Er wählte den Notruf und gab die Adresse durch.

»Ist er tot?« Die Stimme der Frau war kaum zu verstehen. Baltasar beugte sich zu ihr und nickte. Ihr Blick blieb nicht bei ihm haften, sondern richtete sich auf einen Punkt irgendwo im Raum, sie wirkte seltsam abwesend, als spiele sich ihr Leben gerade in einer anderen Wirklichkeit ab.

»Das ist gut. Das Schwein hat es verdient. Mit wem haben Sie vorhin telefoniert?«

»Es war ein Bluff. Ich hatte niemanden angerufen.« Baltasar untersuchte die Wunden der Frau. »Geht es?« Der Schnitt im Gesicht war tief, das Blut hatte bereits eine Kruste gebildet.

»Meine Mission ist erfüllt. Alles andere ist unwichtig.«

»Bald wird Ihnen die Polizei Fragen stellen. Sie müssen mir jetzt alles erzählen. Können Sie reden?«

»Meine Mission ... Das Schwein ...«

»Beichten Sie, Frau Birnkammer. Jetzt. Sofort. Sonst kann ich Ihnen nicht helfen. Was hat Sie zu Ihrem Kreuzzug bewogen? Der Tod Ihres Vaters liegt doch schon lang zurück.«

»Meine Mutter ... Sie hat es nie verkraftet.« Die Worte verließen nur widerwillig den Mund der Frau. »Als ich sie in ein Pflegeheim bringen musste, ordnete ich ihre Unterlagen und fand die alten Polizeiakten. Meine Mutter hatte mich immer über die wahren Ursachen des Ablebens meines Vaters im Unklaren gelassen. Dann diese ... diese Erkenntnis. Diese himmelschreiende Ungerechtigkeit. Ich ... musste etwas tun, das Unrecht begleichen. Die Mörder meines Vaters durften nicht ungeschoren davonkommen. Ich zog Erkundigungen über deren Geschäfte ein, spionierte ihnen nach.«

»Haben Sie Alois Plankl auf dem Gewissen?«

»Ich wollte ihn mit Drohbriefen aus der Reserve locken, das hat nicht funktioniert. Die Ironie des Ganzen ist, der Mann ist eines natürlichen Todes gestorben, bevor ich etwas unternehmen konnte. Aber wenn ihn der liebe Gott bestraft hat, dann geht das auch in Ordnung.«

»Und beim Sparkassendirektor Veit?«

»Ich wartete auf eine gute Gelegenheit, beobachtete sein Tun, sah, wie er sein Fahrrad nahm. Darauf hatte ich gewartet. Er sollte sterben, wie mein Vater gestorben war. Leider war er nicht sofort tot.« Clara Birnkammer hustete, ihr Blick war immer noch in die Ferne gerichtet. »Ich besuchte ihn im Krankenhaus, just als Sie mir über den Weg liefen. Er war kein Verlust für die Menschheit.«

In der Ferne hörte man Sirenen. Baltasar blickte in das maskenhafte Gesicht der Frau. »Was passierte auf der Hochzeitsfeier?«

»Mit Fassoth anzubandeln war ganz einfach. Er hielt sich für unwiderstehlich. Ich machte ihm Versprechungen und lockte ihn zu dem Versteck in der Scheune. Wir stiegen auf das Dach.« Clara Birnkammer schüttelte sich. »Plötzlich wurde Fassoth aggressiv, mir ekelte vor ihm, er packte mich, ich stieß ihn von mir weg. Er fiel. Tief.«

»Nur mit Schicklingers Gerissenheit hatten Sie nicht gerechnet. Ihre Falle für ihn wurde für Sie selbst zur Falle.«

»Was zählt, ist sein Tod. Der Herr vergebe mir meine Sünden. Ich musste es tun, der Gerechtigkeit willen.« Ein irres Lachen brach aus ihr heraus, überraschend, unheimlich. »Er ist tot, tot, tot. Gott vergibt mir. Mein ist die Rache.« Sie richtete sich auf, sah Baltasar in die Augen.

»Vergeben Sie mir auch? Was werden Sie der Polizei erzählen?«

»Bei Gott, ich weiß es nicht.«

# 40

Wolfram Dix legte die Zeitung beiseite. »Der Artikel ist sehr vorsichtig formuliert. Keine Hinweise in dem Bericht, ob ein Verbrechen vorliegen könnte.« Der Kommissar schlürfte seinen Kaffee und stach ein Stück von der Prinzregententorte ab.

»Nanu? Heute gar nicht gesundheitsbewusst? Was ist in Sie gefahren? So kenne ich Sie gar nicht.« Oliver Mirwald grinste.

»Möchten Sie was abhaben?«

»Aber nein. Ich will Ihre Freude nicht schmälern. Es ist nur das halbe Vergnügen, wenn man seine Sünde teilt.«

»Wir haben allen Grund zum Feiern. Der Fall, oder besser gesagt, die Fälle, bei denen unser lieber Herr Pfarrer beteiligt war, sind abgeschlossen.«

Mirwald runzelte die Stirn. »Wie das? Die Fakten sind zwar eindeutig, oberflächlich gesehen, aber die Hintergründe und die Motive sehe ich nicht klar. Dieser Herr Senner verschweigt uns was.«

»Er erklärte, ein Großteil seiner Informationen beruhte auf Gesprächen während einer Beichte. Deshalb sei er an sein Beichtgeheimnis gebunden und dürfe nichts sagen. Außerdem würde es nichts an den Tatsachen ändern.«

»Und Sie glauben ihm? Dieser Pfarrer hat es faustdick hinter den Ohren. Mich würde es jucken, ihn dranzukriegen ...«

»Mal langsam, Mirwald. Er ist von diesem durchgedrehten Rechtsanwalt attackiert und verletzt worden. Und er hat vermutlich dieser Frau mit seinem mutigen Eingreifen das Leben gerettet. Sie wäre sonst wahrscheinlich zu Tode gequält worden.«

»Wir waren nicht dabei, sondern haben nur die Aussagen des Priesters und dieser Birnkammer. Wobei die Aussagen der Frau kaum zu verwerten sind. Sie ist momentan in psychiatrischer Behandlung.«

»Herr Birnkammer hat seine Frau in einem Pflegeheim in Passau untergebracht, in demselben Pflegeheim, in dem auch ihre Mutter lebt. Totaler Zusammenbruch, sagen die Ärzte. Sie hat offenbar die Stunden auf dem Huberhof nicht verkraftet. Es ist unklar, ob sie je wieder im Schuldienst arbeiten kann.«

»Und das alles wegen eines Unfalls vor so vielen Jahren?«

Dix setzte seine Kuchengabel ab. »Genau. Herr Ott, der Vater der Frau, wurde überfahren und vermutlich absichtlich getötet. Das war eine ungesühnte Tat, die nun gesühnt ist. Das sollte uns als Kriminalbeamte freuen, auch wenn wir eigentlich nur für die Aufklärung der Straftaten zuständig sind.«

»Obwohl wir den Fall nicht wieder aufrollen und die Beweislage schwach ist.«

»Wir nennen in unserem Abschlussbericht den Unfall als Motiv für die Attacke des Rechtsanwalts auf Frau Birnkammer, damit ist es aktenkundig und dokumentiert.«

»Und die anderen Todesfälle? Dieser Sparkassendirektor und der Gemeindemitarbeiter, was ist mit denen? Bleiben die ungesühnt?« Mirwald trommelte mit den Fingern auf den Tisch. »Wir sollten weitere Ermittlungen durchführen.«

»Mirwald, sind Sie noch bei Trost? Da fehlen uns die Beweise. Wir können uns nur blamieren. Das müssen Sie für Ihre Karriere als Kriminalkommissar erst noch lernen, Mirwald. Verrennen Sie sich nie, ich wiederhole nie, in einen Fall, der keiner ist. Und ein Fall ist keiner, wenn die Beweise fehlen, dass überhaupt ein Verbrechen vorliegt.« Dix nahm einen Schluck Kaffee. »Das führt mich zu der anderen Grundregel: Vermeiden Sie Aktenarbeit, wo immer möglich. Wenn Sie jetzt weiterrecherchieren, müssen Sie obendrein lange Berichte schreiben, in denen zu lesen sein wird, dass Sie mit Ihren Ermittlungen gescheitert sind. Dann dürfen Sie sich, das garantiere ich Ihnen, beim Chef dafür rechtfertigen und müssen sich seine spitzen Bemerkungen anhören. Wollen Sie das, Mirwald?«

»Nein, natürlich nicht.«

»Wiederholen Sie: Wie lautet die goldene Regel für den Papierkrieg?«

»Wenn möglich, immer unnötige Aktenarbeit vermeiden.«

»Bravo! Aus Ihnen wird noch mal ein guter Kriminalbeamter, Mirwald.«

Der Weihrauch der Sorte »Aden« duftete nach Gewürz und Zitronen. Die Kirche war an diesem Sonntagvormittag bis auf den letzten Platz besetzt, obwohl es kein Beerdigungsgottesdienst war. Barbara Schicklinger hatte die Einäscherung ihres Mannes verfügt und beschlossen, ihn in seinem Geburtsort in Marktredwitz beerdigen zu lassen. Die Neugierde hatte die Gemeinde in die Kirche getrieben, eine verschämte Neugierde, typisch für die Menschen in dieser Gegend, versteckt unter dem Mantel der Frömmigkeit, neuen Stoff für Klatsch aufzunehmen.

Baltasar wusste, die Neugierde galt ihm. Er dachte an ein unerquickliches Telefonat mit Bischof Siebenhaar, der sich kurz nach dem gesundheitlichen Befinden erkundigt hatte, den aber in Wahrheit einzig sein Versagen bei den Missionsbemühungen des evangelischen Bräutigams interessierte. »Ich bin zutiefst enttäuscht von Ihnen als Seelsorger, Herr Senner«, war der einzige Kommentar seines Vorgesetzten. »Und erst Ihr Umgang mit diesem Franzosenketzer. Das wird noch Konsequenzen haben.«

Baltasars Tat hatte sich in Windeseile herumgesprochen. Nun wollte jeder wissen und leibhaftig sehen, wie schwer der Pfarrer wirklich verletzt war und was er zu den Vorfällen zu sagen hatte. Das war aufregend, das war bestes Live-Programm, besser als jede Fernsehsendung. Als Baltasar zur Beginn der Messe an den Altar humpelte, ging ein Raunen durch die Menge. Er biss die Zähne zusammen und nahm sich vor, sich nichts anmerken zu lassen. Das war leichter gedacht als getan, denn die Wunde am Unterarm brannte, und die Kniescheibe schmerzte. Baltasar hatte sein extra weites Messgewand angezogen, ein Stoffzelt, das seinen Verband verdeckte, da fiel es nicht auf, wenn er beim Heben der Arme die Ellbogen leicht abgewinkelt hielt und breitbeiniger dastand als sonst; er hoffte nur, der Weihrauch überdeckte den Geruch von Franzbranntwein an seinem Körper. Denn Teresa hatte darauf bestanden, frühmorgens seine geschundenen Glieder mit der Fichtennadelessenz einzureiben, eine Spezialmischung aus dem Bayerischen Wald, wie sie betonte, schon ihre Großmutter habe auf das Hausmittel geschworen. Nun wurde Baltasar den Fichtennadelgeruch in seiner Nase nicht mehr los. In Zeitlupe stieg er auf die Kanzel, die Kirchenbesucher schienen derweil den Atem anzuhalten, als versuche der Pfarrer, freihändig die Eiger-Nordwand zu besteigen.

In seiner Predigt sprach er von menschlichen Abgründen, von Gier und Gewalt und der Möglichkeit, in der Hölle zu landen oder durch Gott Gnade und Absolution zu erhalten. Er dachte dabei an Clara Birnkammer, ihre unglückselige Verstrickung in Rache und die Suche nach Gerechtigkeit, ihren Fanatismus; er beugte sich der Weisheit des Herrn, die Frau und ihre Familie waren genug gestraft – was sollte sich ein Priester zusätzlich zum Richter aufschwingen? Zumal ihm das Beichtgeheimnis den Mund versiegelte.

Nach dem Segen leerte sich die Kirche. Als Baltasar zurück in die Sakristei ging, hielt ihn Emma Hollerbach an.

»Hochwürden, ich möchte beichten.«

»Wollen wir für morgen einen Termin vereinbaren?« Baltasar sehnte sich nach einer Tasse Kaffee im Pfarrheim. So aufgebrüht, wie er es mochte.

»Bitte sofort. Mir liegt etwas auf der Seele.«

»Nun denn.« Baltasar seufzte. »Kommen Sie mit.« Sie nahmen im Beichtstuhl Platz, Baltasar sprach die einleitenden Worte.

»Herr, vergib mir, denn ich habe gesündigt«, flüsterte Emma Hollerbach. »Übrigens, ist Ihnen schon aufgefallen, Hochwürden, hier im Beichtstuhl riecht es nach Fichtennadelschaumbad.«

»Worin besteht Ihre Sünde?« Baltasar überging den Hinweis und konzentrierte sich lieber auf das Stück Nusskuchen, Teresas neues Rezept.

»Herr Pfarrer, ich habe Ihnen nachspioniert.«

Er setzte sich ruckartig auf, traute seinen Ohren nicht. »Mir nachspioniert, wie denn das?«

»Ich habe Sie immer wieder von der Ferne beobachtet, bin Ihnen gefolgt und habe geschaut, was Sie tun.«

»Dann war das Fernglas in Ihrer Tasche ...«

»Ja, damit habe ich Sie ...«, hauchte es durch das Gitter. »Vergeben Sie mir?«

»Aber warum haben Sie das getan?«

»Bischof Siebenhaar hat mir ...«

»Siebenhaar?« Wie einen unverdaulichen Bissen hatte Baltasar das Wort hervorgewürgt.

»Ich hatte den Bischof einmal während einer Messe im Passauer Dom angesprochen. Ich wollte ihn bitten, ob er vielleicht zur Kommunion meines Patenkindes kommt. Als er erfuhr, dass ich von hier stamme, fragte er mich, ob ich ihm einen Gefallen tun könne, im höheren Auftrag der Kirche. Dafür würde er die Kommunion höchstpersönlich vornehmen. Ich fühlte mich geschmeichelt. Er wollte Informationen, was Sie in Ihrer Gemeinde so tun, Herr Pfarrer. Vor allem Ihr Verhältnis mit diesem Atheisten war dem Bischof ein Dorn im Auge.«

»Deshalb haben Sie mich verraten, wegen eines Auftritts des Bischofs in Ihrer Verwandtschaft?« In Baltasar brodelte der Zorn. Dieser Siebenhaar, am liebsten würde er ihn ... Daher hatte der Bischof also seine Informationen bezogen. Und Hollerbach, diese Verräterin, hatte ihm alles gesteckt. ... Das war unverzeihlich, bei allen Heiligen!

»Tut ... Tut mir leid. Ich schäme mich auch dafür. Ich dachte, ich tue der Diözese etwas Gutes. Der Bischof hat mich ... gelobt und gesagt, ich hätte nichts Unrechtes ...«

»Der Bischof ... Pah!«

»Bitte, Hochwürden, ich habe Ihnen alles gebeichtet. Es tut mir leid. Bitte erteilen Sie mir die Absolution.«

Baltasar wollte ihr zurufen, dass sie ewig in der Hölle schmoren werde und diese Sünde für immer an ihr hafte wie ein Kainsmal. Was bildete sich dieses Klatschweib eigentlich ein? Er atmete drei Mal ein und aus, bis er sich wieder beruhigte. Bei Gott, was musste ein Pfarrer alles aushalten! Eine Idee schlich sich in seinen Hinterkopf, und sein Zorn verrauchte. Es gab etwas Besseres. Für was war er Geistlicher? In diesem Amt hatte man schließlich einige Vollmachten. »Sind Sie bereit, die Sühne anzunehmen, auch wenn sie hart ausfällt? Sie haben gegen einen Priester der katholischen Kirche gesündigt.«

»Ich bin dazu bereit, Hochwürden.« Erleichterung mischte sich unter die Worte.

»Dann tun Sie etwas für unsere Gemeinde, und stellen Sie den Lagerraum auf Ihrem Grundstück für die Jugendlichen als provisorischen Treff zur Verfügung. Wie ich gesehen habe, steht er leer.«

»Gassnbuam bei uns auf dem Hof?« Der Schreck war der Frau anzuhören.

»Das ist der Schwere Ihrer Verfehlungen angemessen. Oder haben Sie was gegen Kinder?«

»Nein ... Nein. Ich meinte nur, dass ...«

»Dann ist es hiermit vereinbart. Amen. Und wenn Sie mich jetzt entschuldigen, ich habe noch einen Termin.«

Baltasar verließ den Beichtstuhl, ohne sich ein einziges Mal umzudrehen, und ging hinüber ins Pfarrheim. Eine grimmige Genugtuung erfasste ihn, die schlechte Laune war weggewaschen wie Staub nach einem Regen.

Was regte er sich überhaupt auf? Er hatte – endlich – sein altes Leben wieder. Musste sich nicht mehr in Dinge anderer Leute einmischen. Konnte sich ganz auf Bibelnachmittage und Beerdigungen konzentrieren.

Und heute war sowieso sein Tag. Der Tag der Tage. Victoria Stowasser hatte ihn zum Essen eingeladen, ihr Lokal blieb geschlossen. Freude. Jubel. Der Himmel voller Elektrogitarren. Die Engel sahen aus wie Metallica und sangen »Nothing Else Matters«. Sie kochte für ihn, für ihn allein. Ein Abendessen zu zweit. Nur sie beide.